国家社会科学基金一般项目"基于创业生态系统的新创企业商业模式及其动态演化研究"（项目编号：17BGL026）

苏州大学人文社会科学学术专著出版资助

新创企业商业模式
及其动态演化

李晶 著

中国社会科学出版社

图书在版编目（CIP）数据

新创企业商业模式及其动态演化 / 李晶著. -- 北京：中国社会科学出版社，2024. 6. -- ISBN 978-7-5227-3839-0

Ⅰ．F276.44

中国国家版本馆 CIP 数据核字第 2024A74Z59 号

出 版 人	赵剑英
责任编辑	谢欣露
责任校对	周晓东
责任印制	王　超

出　　版	中国社会科学出版社
社　　址	北京鼓楼西大街甲 158 号
邮　　编	100720
网　　址	http://www.csspw.cn
发 行 部	010-84083685
门 市 部	010-84029450
经　　销	新华书店及其他书店
印　　刷	北京明恒达印务有限公司
装　　订	廊坊市广阳区广增装订厂
版　　次	2024 年 6 月第 1 版
印　　次	2024 年 6 月第 1 次印刷
开　　本	710×1000　1/16
印　　张	17
字　　数	280 千字
定　　价	98.00 元

凡购买中国社会科学出版社图书，如有质量问题请与本社营销中心联系调换
电话：010-84083683
版权所有　侵权必究

前　言

新创企业是"双创"经济生力军，经济增长贡献率高，带动就业成效明显，但当前随着成本上升、技术变革、产业链格局的变化和金融系统变革等诸多因素的出现，新创企业成长困难、创业失败率高。数字技术加速了新创企业外部环境的动态性和不确定性，新创企业需要根据新的机会和市场环境变化进行商业机会的识别和开发，并结合已有的资源和能力进行商业模式设计及创新，从而实现企业成长。以往的研究虽然证实商业模式对企业的重要作用，但较少从创业生态系统理论视角对新创企业商业模式进行研究，也缺乏从新创企业商业模式的动态演化出发探究新创企业成长，以及新创企业商业模式演化、新创企业成长与创业生态系统的协同共演研究。基于现实与理论背景，尝试提出本书的基本问题"基于创业生态系统的新创企业商业模式及其动态演化"。首先，要解决的问题是什么是新创企业商业模式。这关系到如何分析新创企业商业模式的动态演化，以及新创企业商业模式对企业成长的意义等方面。其次，还需要考虑创业生态系统对新创企业商业模式作用机理如何，是否有中介传导因素，新创企业商业模式、企业成长是否会与创业生态系统共演。

这一过程主要是通过以下几个研究设计逐步实现的：

研究一：新创企业商业模式的概念构思

采用深度访谈和焦点小组讨论研究方法，对本书的核心概念——新创企业商业模式进行初步构思。从与新创企业成长匹配的视角出发，基于对经典理论和以往文献的梳理，对新创企业的15位创业者或创业企业高管进行半结构化的深入访谈，并进行两场焦点小组讨论；基于创业和商业模式领域专家意见对访谈材料的编码；基于编码结果的分析与讨论，捕捉新创企业商业模式的特征与内涵，形成了新创企业商业模式的三维概念构思。新创企业商业模式不仅是由多要素组成的，利用多要素之间的相互联系来创造和获取价值的系统，也是动态调整的过程，从而新创企业实现生存和成长。它是一个系统的、动态的多维构思，包括价值主张、价值经营、价值获取三个维度，并以价值主张为引导，价值经营为途径，价值获取为最终目的，形成了一个价值创造的循环。以此概念框架为基础，了解创业实践者对创业生态系统的内涵和作用的理解，以及创业生态系统对新创企业商业模式的影响。

研究二：创业生态系统对新创企业商业模式的作用机理

基于社会学习理论构建的环境、认知、行为互动因果框架，构建和验证了创业生态系统对新创企业商业模式的作用机理模型。采用结构方程建模方法对问卷数据进行了分析，对创业生态系统、创业学习对新创企业商业模式的作用机理进行了较为深入的分析。结果表明，创业生态系统对新创企业商业模式有直接作用，且对其三个维度的影响模式有差异，创业生态系统还通过创业学习对新创企业商业模式产生间接影响。本书对这一模型的验证丰富了社会学习理论的环境、认知、行为因果互动的理论内涵，为理解尚未被充分研究的创业生态系统对新创企业商业模式的作用机理提供了有益的思路。

研究三：基于创业生态系统的新创企业商业模式多元组态

结构方程模型方法只能依据理论构建固定的变量路径，进行单一变量的简单统计验证，忽视了多变量间的协同交互对新创企业商业模式的复杂作用机理，没有回答创业生态系统的这种多元逻辑互动对新创企业商业模式的影响。因而，在研究二的基础上，本书还进一步运用模糊定性比较分析（fsQCA）和必要条件分析（NCA）相结合的方法来探索新创企业商业模式创新的多元组态，分析了创业生态系统（政府政策、资源基础、创业文化、创业网络、创业服务）和创业学习（利用式学习和探索式学习）对新创企业商业模式创新的组态效应。结果表明，新创企业商业模式创新并不存在单一必要条件。新创企业商业模式创新的前因组态包括创业生态系统主导型和创业学习推动型两种类型。研究结论在一定程度揭示了新创企业商业模式影响因素的多样性和驱动机理的复杂性，为新创企业商业模式的进一步研究提供了新的视角。

研究四：新创企业商业模式动态演化与企业成长

新创企业成长过程的一个显著特征就是商业模式的动态演化，商业模式演化既是一个不断互动、持续匹配的过程，也是一个创业学习的过程。本书运用跨案例分析方法，分析新创企业商业模式演化的触发和转化的动力和机制，以及商业模式与创业生态系统协同演化过程，得到了四个命题。

第一，从商业模式演化动因来看，由命题1的论证分析得到，创业生态系统下的新创企业在多主体协同作用下实现知识信息共享和资源整合，通过创业学习识别和开发涌现的创业机会，触发形成商业模式原型。新创企业成长过程中，通过与其他生态主体互动产生资源新属性或联结成新资源组合，通过创业学习来不断检验商业模式设计，进行价值创造活动的迭代，实现商业模式创新。研究证实，商业模式并不是静态的（云乐鑫等，2013），当外部技术或制度环境发生变化后，创业者会对资源进行优化和重组（Teece，2010），从而设计出最优的价值获取模式（纪雪洪等，2019）。

第二，从商业模式演化过程来看，本书将创业学习引入新创企业商业模式演化过程。由命题2的论证分析得到，在企业初创阶段，新创企业主要通过利用式学习进行资源拼凑、整合，识别创业机会来实现效率型的商业模式设计；随着新创企业的不断成长，利用式学习效果减弱，新创企业开始通过探索式学习来实现商业模式创新，在再创阶段商业模式表现出"效率型+创新型"的特征。之前研究虽然认为新创企业商业模式演化是一个试错学习过程，但缺乏更具体明确的论述。命题2的分析论证过程将创业学习理论扩展到商业模式的演化中，明确了商业模式演化的具体阶段及过程，对商业模式演化形成更清晰深刻的认识。新创企业结合利用式学习和探索式学习方式进行商业模式的快速迭代，也是新创企业与在位企业商业模式演化的重要差异。

第三，从商业模式演化结果来看，由命题3的论证得到基于商业模式动态演化的新创企业成长机制。新创企业的成长就是不断进行创业学习，利用式学习和探索式学习有助于企业识别新的创业机会，创业机会影响商业模式调整，创业学习也进而影响新创企业商业模式创新。创业学习、创业机会与商业模式共同演化促进新创企业成长。由命题4的论证分析得到"创业生态系统—新创企业商业模式"是一个包含动力机制、演化机制、反馈机制和资源整合机制的互相影响、互为因果的协同演化过程。新创企业成长与创业生态系统中其他生态主体及创业环境密切相关，新创企业限于自身资源和经验的匮乏，需要借助生态系统中的网络关系，对内外资源进行创造性整合，识别和开发机会，实现商业模式的演进。从系统理论的"刺激—反应"模型来看，嵌入创业生态系统的新创企业商业模式的演化和企业成长，会反馈到生态系统中，引致创业生态系统的升级跨越。

　　本书尝试将创业生态系统理论、创业学习理论框架纳入创业活动的系统内进行研究，从而深入剖析创业生态系统对新创企业商业模式的作用机理，以及新创企业商业模式的动态演化。过程复杂和因果模糊使从不同视角分析新创企业商业模式都显得尤为必要，各种视角互为补充。从研究整体构思来看，创业生态系统对新创企业商业模式作用机理分析是静态的横向分析尝试，新创企业商业模式动态演化研究则是商业模式动态的纵向分析尝试，从而可能形成纵横交互的立体分析框架。从创业生态系统理论和创业学习视角对新创企业商业模式开展研究，将为更好地理解创业生态系统对新创企业商业模式的作用机理等方面提供新思路。对创业生态系统和新创企业商业模式的深入探究，能更好地解释创业活动，优化区域创业环境，为实现创业型经济发展提供更可靠的理论基础。总体上看，本书的理论和实证研究结论具有一定的理论意义与实践启示，为新创企业商业模式、创业生态系统、创业学习研究提供了新的、切实可行的视角与思路。

目　　录

第一章　绪论 ··· 1

第一节　研究背景与意义 ···································· 1
　　一　现实背景 ··· 1
　　二　理论背景 ··· 2
　　三　研究意义 ··· 4
第二节　研究目标与内容 ···································· 5
　　一　研究目标 ··· 5
　　二　研究内容 ··· 6
第三节　研究方法 ·· 9
　　一　规范研究 ··· 9
　　二　实证研究 ··· 10
第四节　研究流程 ·· 11
　　一　技术路线 ··· 11
　　二　结构安排 ··· 11
第五节　研究创新 ·· 15

第二章　相关理论与文献综述 ······························ 16

第一节　本书的理论基础 ···································· 16
　　一　生态系统理论 ·· 16
　　二　社会网络理论 ·· 18
　　三　资源拼凑理论 ·· 20
　　四　企业生命周期理论 ··································· 23
第二节　相关文献综述 ······································· 26
　　一　创业生态系统 ·· 26

  二 商业模式 …………………………………………………… 33
  三 新创企业成长 ………………………………………………… 39
  四 创业学习 ……………………………………………………… 43
 第三节 本章小结 ………………………………………………………… 51
  一 以往研究的小结 ……………………………………………… 51
  二 有待进一步研究的问题 ……………………………………… 52

第三章 新创企业商业模式概念模型 ……………………………………… 54
 第一节 研究目的与研究假设 …………………………………………… 54
  一 研究目的 ……………………………………………………… 54
  二 理论背景与研究假设 ………………………………………… 55
 第二节 研究方法 ………………………………………………………… 57
  一 深度访谈 ……………………………………………………… 57
  二 焦点小组讨论 ………………………………………………… 59
 第三节 相关访谈资料内容分析 ………………………………………… 61
  一 访谈资料内容分析法 ………………………………………… 61
  二 新创企业商业模式要素类别的建立 ………………………… 65
  三 编码表的构建 ………………………………………………… 67
  四 内容分析结果 ………………………………………………… 68
  五 编码结果 ……………………………………………………… 69
 第四节 创业生态系统对新创企业商业模式作用访谈分析 ……… 71
 第五节 访谈总结与讨论 ………………………………………………… 73

第四章 创业生态系统对新创企业商业模式作用机理 …………………… 77
 第一节 研究目的 ………………………………………………………… 77
 第二节 创业学习的概念构思 …………………………………………… 79
  一 访谈研究与内容分析 ………………………………………… 80
  二 创业学习视角下创业生态系统在新创企业
    成长中的作用 ………………………………………………… 83
  三 创业学习访谈研究小结 ……………………………………… 84
 第三节 理论拓展与研究假设 …………………………………………… 85
  一 创业生态系统与新创企业商业模式 ………………………… 85

二　创业学习与新创企业商业模式 ……………………………… 88
　　三　创业生态系统、创业学习与新创企业商业模式 ………… 91
　　四　利用式学习和探索式学习的交互效应 …………………… 96
第四节　研究方法 …………………………………………………… 98
　　一　变量测量 …………………………………………………… 98
　　二　研究样本与数据收集过程 ……………………………… 104
　　三　统计分析方法 …………………………………………… 106
第五节　研究结果 ………………………………………………… 108
　　一　被调查样本的特征描述 ………………………………… 108
　　二　各测量题项评价值的描述统计 ………………………… 112
　　三　测量信度与效度分析 …………………………………… 113
　　四　各主要变量的相关分析 ………………………………… 127
　　五　创业学习中介效应检验 ………………………………… 127
　　六　利用式学习和探索式学习的交互效应检验 …………… 133
第六节　本章小结 ………………………………………………… 134
　　一　创业生态系统对新创企业商业模式的直接作用 ……… 135
　　二　创业学习的中介作用 …………………………………… 136
　　三　利用式学习和探索式学习的交互效应 ………………… 137

第五章　基于创业生态系统的新创企业商业模式多元组态 ……… 138

第一节　研究目的 ………………………………………………… 138
第二节　模型构建 ………………………………………………… 140
　　一　新创企业商业模式创新的驱动因素 …………………… 140
　　二　组态分析理论模型 ……………………………………… 142
第三节　研究设计 ………………………………………………… 144
　　一　研究方法 ………………………………………………… 144
　　二　研究样本与变量测量 …………………………………… 144
第四节　数据分析与结果 ………………………………………… 145
　　一　数据分析过程 …………………………………………… 145
　　二　新创企业高商业模式创新水平的前因组态 …………… 149
　　三　新创企业非高商业模式创新水平的前因组态 ………… 152
　　四　稳健性检验 ……………………………………………… 153

第五节　本章小结 ………………………………………………… 155

第六章　新创企业商业模式动态演化与企业成长 ……………… 157

第一节　研究目的 ………………………………………………… 157

第二节　研究设计与方法 ………………………………………… 159

　　一　研究方法 ………………………………………………… 159

　　二　案例选择 ………………………………………………… 161

　　三　案例简介 ………………………………………………… 162

　　四　数据收集及信效度保障 ………………………………… 166

　　五　数据编码 ………………………………………………… 167

第三节　案例分析与命题提出 …………………………………… 171

　　一　创业生态系统、创业学习与新创企业商业模式
　　　　演化 ……………………………………………………… 172

　　二　创业学习视角的不同成长阶段商业模式形成机制 …… 176

　　三　基于商业模式动态演化的新创企业成长机制 ………… 184

　　四　创业生态系统与新创企业商业模式的协同演化 ……… 188

第四节　本章小结 ………………………………………………… 191

第七章　研究结论与展望 …………………………………………… 192

第一节　主要结论与讨论 ………………………………………… 192

　　一　新创企业商业模式的概念模型 ………………………… 192

　　二　创业生态系统对新创企业商业模式作用机理 ………… 194

　　三　基于创业生态系统的新创企业商业模式多元组态
　　　　研究 ……………………………………………………… 198

　　四　新创企业商业模式动态演化与企业成长 ……………… 200

第二节　理论进展与展望 ………………………………………… 204

　　一　理论进展 ………………………………………………… 204

　　二　研究不足与展望 ………………………………………… 207

第三节　相关政策建议 …………………………………………… 209

　　一　提高创业生态系统的"孕育力" ……………………… 209

　　二　强化公共管理服务的"支撑力" ……………………… 221

　　三　激活企业运营发展的"内驱力" ……………………… 226

附录 1　企业商业模式与企业成长研究访谈提纲 …………………… 231

附录 2　"新创企业成长与创业生态系统"焦点小组讨论报告 ……… 233

附录 3　创业生态系统与新创企业商业模式研究调查问卷 …………… 240

主要参考文献 ……………………………………………………………… 244

第一章 绪论

本部分重点阐述研究背景与意义，提出基本问题，并界定核心概念，介绍拟采用的研究方法与研究流程。

第一节 研究背景与意义

一 现实背景

我国的经济形势进入了新的时期，GDP 增速放缓、制造业和出口贸易面临挑战，国家大力支持创新创业以促进中国经济模式的转型。《中华人民共和国国民经济和社会发展第十四个五年规划和 2035 年远景目标纲要》，第二篇就是"坚持创新驱动发展，全面塑造发展新优势"，其中强调了"坚持创新在我国现代化建设全局中的核心地位"。新创企业是"双创"经济生力军，经济增长贡献率高，带动就业成效明显，但当前随着成本上升、技术变革、产业链格局变化和金融系统变革等诸多因素的出现，新创企业成长困难、创业失败率高。根据美国商务部统计局（Bureau of Labor Statistics）的数据，2019 年新创企业诞生的数量达数百万，新创企业第一年生存下来的比例约为 79.8%，五年后仍然存活的企业只有44.5%，生存超过 10 年的企业低至 10%。《中国青年创业发展报告》（2018—2021 年）表明我国的创业企业成活率低至 30%，七成的企业更是活不到一年。新创企业不仅在成长的过程中大多数会夭折，而且度过生存期刚刚成长起来后仍然存在着生存质量不高的现象，这种情况下新创企业对经济和社会发展的贡献就不能很好体现。企业如何实现高质量的成长，显然是一个重要而迫切的课题。

商业模式的变革正在改变新创企业价值创造方式和竞争优势来源。一些新创企业在高度不确定性和资源约束的情境下，通过创新的商业模式实现了快速成长，一些新创企业更是借助创新的商业模式设计颠覆了产业竞争格局。另一些新创企业虽然识别出来较有价值的创业机会，但因为没有相应的商业模式设计来有效地开发机会，从而导致创业的失败。因而，商业模式也迅速成为实践界和理论界关注的焦点。商业模式主要关注价值创造和传递的过程，只有实现价值向客户的传递才能对创业机会进行有效的开发。

针对创业机会，创业者需要进行资源配置，形成相应的商业模式设计。不同的商业模式设计对创业机会的开发结果，以及新创企业的成长绩效有着重要的影响，新创企业商业模式的设计很大程度上决定着创业成功的概率。由此可见，在新经济背景下，商业模式在新创企业中的地位和对经济发展的重要性凸显，对我国实现供给侧结构性改革和可持续经济发展也有非常重要的意义。新创企业高度依赖于环境，尤其是资源、信息，以及有待探索和利用的机会。新创企业作为开放的复杂自适应系统存在于创业生态系统中，商业模式只有与创业生态系统协同共演，才可能有助于新创企业绩效的提升及企业成长。

二　理论背景

（一）商业模式的概念和结构

现有研究主要从价值逻辑和系统结构两方面进行了商业模式界定。从价值逻辑视角看，商业模式聚焦的核心是价值，包含了价值创造和价值获取两个方面。前者试图解释企业是如何工作、如何从获取原材料直到向最终消费者提供产品或服务从而获取利润的；后者是前者持续进行的保证，且价值创造和获取之间形成一定的平衡（Chesbrough and Rosenbloom，2002）。从系统结构视角看，商业模式是由产品、服务和信息构成的有机系统或合作网络，这个系统包括了对商业活动及其作用、不同商业参与者潜在利益和收入来源的描述（Magretta，2002；Bigelow and Barney，2021）。一些学者综合上述两类观点后指出，商业模式是企业及其伙伴网络为目标顾客创造价值并从中获取价值的系统架构和盈利规则，包含一系列相互依赖的构成要素，如顾客价值主张、关键流程、伙伴网络、核心能力、收入方式等。

有关商业模式结构的研究中，Amit 和 Zott（2001）将商业模式结构看作一种利用商业机会创造价值的交易内容、交易结构和交易治理，并由此描述了由公司、供应商和客户组成的这一商业模式网络运作方式。另外一些学者从交易活动的结构、结构元素之间的关系，以及企业的顾客、合作伙伴与供货商间的关系和角色、价值活动组合、交易活动和对策活动组合、结构特征、结构性维度、顾客及供应商和股东界面关键因素、以主体企业为焦点的网络关系及其构造等方面分析了商业模式的结构。

（二）商业模式与创业生态系统关系

目前有关商业模式与创业生态系统关系的研究，主要聚焦于商业模式设计影响企业适应外部环境的作用机理，以及企业商业模式与利益相关者之间关系的研究。学者认为，商业模式各个元素之间的关系，如价值网络、企业内结构变量、知识结构、资源配置结构对企业适应环境有所影响；对商业模式各个元素之间关系的重构和管理，如业务流程重构、模块重组、界面规则的固化和价值化等都会影响企业对环境的适应。Amit 和 Zott（2001）指出，商业模式的构成要素需要能够清晰地描述企业与各个利益相关主体之间的关系，以及它是如何通过与利益相关主体之间的交易来为各方创造价值的。国内也有学者基于我国企业所处的特殊情境，结合破坏性创新问题，对后发国家企业的商业模式进行了研究。

（三）新创企业的商业模式与企业成长

商业模式构建为观察新创企业成长过程提供了新的重要理论视角。一些学者指出，商业模式是一个验证假设、不断试验和学习的过程。而新创企业是在不断调整经营方向、运作方式（经营过程或价值链）与利润模式的过程中获得生存和成长，这些方面与商业模式的构建活动是一致的。从商业模式要素互动演化视角来看，商业模式的核心要素处于持续互动之中，新创企业成长是其商业模式各要素不断匹配的过程，是不断验证企业经营假设的过程，在最初计划的商业模式实施和探索的过程中企业不断学习和调整，最后实现的可能是另一种商业模式。Sosna 等（2010）运用组织学习理论，对商业模式创新的前置因素和驱动因素进行了研究，并提出了一个学习和商业模式创新过程的分析框架，从试错学习视角对商业模式演化进行了深入探讨。Zott 等的系列研究强调可行的商业模式对于新创企业的重要意义，对新创企业商业模式的调适模式进行了探究。新创企业在不同阶段的主要任务和应对不确定性的策略不同，新创企业商业模式构建过程中的不同阶段转换受到若干因素的驱动，在不同阶段的转换中，驱动因素存在差异，驱动性质也有主动和被动的区分（王迎军和韩炜，2011；陈熹等，2016）。

国内外学者对商业模式的研究取得了很多重要的研究成果，但仍存在以下问题：第一，新创企业商业模式内涵与概念结构不明确。学术界对商业模式存在不同定义，且定义多是在成熟企业情境下界定的，主要集中于商业模式的构成要素及其与绩效的关系。新创企业商业模式涵盖的范畴没有明确的界定，概念结构也没有统一。在市场规则、规范和市场边界被清楚界定之前，需要深入研究新创企业商业模式是如何生成和演化的（陈熹等，2016），从而构建其概念结构模型。第二，缺乏从创业生态系统视角开展的新创企业商业模式的研究。现有商业模式与外部环境的匹配研究仍聚焦于企业内部视角围绕其企业个体特征而进行，较少涉及创业生态系统。商业模式是一个由互相联系的若干活动所组成的系统，这个系统可能越过了企业的边界，在内外环境共同刺激下发生演化。因此，需要进一步研究如何将新创企业边界延伸到利益相关企业，实现新创企业商业模式与创业生态系统的共演，从而有助于提高新创企业绩效和实现可持续发展的创业生态系统。第三，缺乏新创企业商业模式动态演化研究。国内外关于新创企业的商业模式演化研究仍处于探索阶段，对商业模式演化的动态过程研究成果还较少，且鲜有研究将新创企业列为研究对象，聚焦于商业模式演化的实证研究更是鲜见。

三 研究意义

尽管商业模式研究已经取得较为丰硕的成果，但整体而言，新创企业商业模式的研究仍处于起步阶段。本书的研究意义主要体现在：

（1）学术价值：第一，构建新创企业商业模式概念结构模型，以便更清晰地理解新创企业商业模式的内涵与企业实现收益的运营逻辑，也能为新创企业商业模式的进一步研究提供相应的分析框架和理论基础。第二，从复杂生态系统理论视角，探究创业生态系统对新创企业商业模式的作用机理，这方面的深入探讨将拓展商业模式理论研究层次，有利于创业生态系统理论研究的深入，从而更好地解释创业活动，并为区域经济的研究提供可借鉴的思路。第三，对新创企业商业模式动态演化的探索，能更清晰地了解新创企业商业模式的触发机制和转化机制。触发机制是商业模式创新的前因，旨在寻求商业模式创新动力。商业模式转化机制是商业模式动态性的问题，使商业模式与企业、市场内部组织知识的变化以及组织结构和管理过程相适应。从这个意义上说，新创企业商业模式演进研究为创业管理和战略管理理论的融合提供了有益的视角。

（2）应用价值：第一，深入理解新创企业商业模式运作的机理，进行商业模式创新与演化分析，将指导新创企业构建并调整企业的商业模式，进而实现新创企业成长；第二，创业生态系统对新创企业商业模式的作用机理研究，为新常态经济背景下创业生态系统的塑造，提供重要决策依据和政策建议，从而有助于提升区域创业活动质量，并降低创业失败率。

第二节 研究目标与内容

一 研究目标

本书总体目标是，基于创业生态系统研究新创企业商业模式及其动态演化，聚焦创业生态系统和新创企业商业模式，研究创业生态系统对新创企业商业模式的影响机理，以及创业生态系统与新创企业商业模式的协同共演规律。秉承从点到面，从分散到整合，从基础到拓展的研究思路，将这一总体目标分为三个子目标。

第一，新创企业商业模式的内涵及其结构梳理。对新创企业商业模式概念内涵和内容结构的探析，是进行作用机理分析和动态演化实证分析的前提和基础，是研究的重点。拟基于对以往研究进行全面梳理，科学设计深度访谈、焦点小组讨论和开展资料分析，以得到比较科学的结论。

第二，创业生态系统对新创企业商业模式作用机理。目前对新创企业商业模式与创业生态系统协同的实证研究较少且缺乏系统性。本书拟运用案例分析、结构方程建模（SEM）、模糊定性比较（fsQCA）进行创业生态系统对新创企业商业模式的作用机理和组态路径分析。如何科学设计定量分析，保证分析样本的代表性、概念变量量化的科学性和数据的有效性，是研究的难点。通过研究创业生态系统对新创企业商业模式的作用机理，以及创业学习在"创业生态系统—新创企业商业模式"中的作用，为设计新创企业商业模式和塑造创业生态系统提供更具针对性的科学参考依据。

第三，构建系统的新创企业商业模式分析框架。当前缺乏对新创企业商业模式的动态研究，多是定性研究，且理论差异较大。本书拟从创业生态系统理论视角，运用定性与定量分析相结合的方法，建构新创企业商业模式动态演化理论模型。如何将商业模式演化、新创企业成长、创业生态系统纳入互动融合的理论模型，形成比较完整的新创企业商业模式分析框架是本书的重点，也是难点。通过厘清创业生态系统对新创企业商业模式的作用机理，构建商业模式演化、新创企业成长、创业生态系统互动相连的理论分析框架，从更深层次上揭示影响商业模式演化的要素和机理，为管理实践提供指导，为商业模式和创业生态理论的研究提供可借鉴的思路。

二　研究内容

从现实背景来看，数字技术加速了新创企业外部环境的动态性和不确定性，新创企业需要根据新的机会和市场环境变化进行商业机会的识别和开发，并结合已有的资源和能力进行新的商业模式主题的设计，从而实现新创企业的成长。

在现实中，创业生态系统往往是创业栖息地，相关创业生态主体嵌入系统中进行协同合作、资源互补，实现价值共创。创业生态系统是一个复杂的开放系统。在开放系统中，任何一个因素的变化都会引起其他因素的变化，而其他因素的综合反映又会反过来影响该因素，从而形成一种系统相向作用机制。以往研究大多是质性研究，没有很好阐明创业生态系统这一复杂开放系统中的关键因素及其相互关系，也没有从创业生态系统视角建立系统的新创企业商业模式动态演化理论框架。因此，基于现实背景，尝试提出本书的基本研究问题：嵌入创业生态系统中的新创企业的商业模式是如何动态演化的，创业生态系统如何影响新创企业商业模式。

从理论背景来看，新创企业的商业模式并没有形成统一的概念界定和内容结构。相关研究证实，创业生态系统在培育新创企业、提升生态主体的绩效方面有独特作用。目前国内从创业生态系统理论视角，即创业生态系统对新创企业商业模式作用机理的研究相对较少。以往的研究虽然证实商业模式对企业的重要作用，但较少从新创企业商业模式自身的动态演化出发探究新创企业成长，也缺乏新创企业商业模式、新创企业成长与创业生态系统的共演研究。因此，首先要解决的问题是：什么是新创企业商业模式。这关系到如何分析新创企业商业模式的动态演化，以及新创企业商业模式对企业成长的意义等方面。其次，还需要考虑创业生态系统对新创企业商业模式作用机理如何，是否有中介传导因素，以及新创企业商业模式、企业成长是否会与创业生态系统共演。

通过对这些问题的梳理，本书将基本研究问题分为以下四个方面。

（一）新创企业商业模式的概念构思

（1）研究目的：新创企业商业模式的界定和概念构思是整个研究需要解决的关键问题之一。目前学术界对商业模式存在不同定义，且定义多是针对成熟企业界定的。新创企业商业模式涵盖的范畴没有明确的界定，概念结构也没有统一。本部分将在文献梳理的基础上，尝试通过访谈和内容分析方法初步确定新创企业商业模式的内涵、概念构思及其特点，分析其包含的内容结构因素。并以此概念框架为基础，了解创业实践者对新创企业商业模式内涵和作用的理解，初步了解新创企业商业模式对企业成长的影响方式。

（2）研究方法：半结构化深度访谈方法、内容分析技术和焦点小组讨论。

（3）研究介绍：首先对以往国内外新创企业商业模式、新创企业成长、创业活动等相关文献进行了梳理，在此基础上提出新创企业商业模式概念结构假设；随后对不同地区相关人士进行半结构化访谈，一共对15位访谈对象进行了一对一半结构化深度访谈，并进行了两场焦点小组讨论，期望能从实地深度访谈和焦点小组讨论中，发现新创企业商业模式和创业生态系统的关键因素及创业生态系统对新创企业商业模式的影响，以佐证本书构思框架和逻辑，并为后续实证研究奠定基础；最后对访谈内容用系统量化的方法进行编码和解释，结合内容分析技术，初步验证新创企业商业模式的概念构思。

（二）创业生态系统对新创企业商业模式的作用机理

（1）研究目的：新创企业作为开放的复杂自适应系统存在于创业生态系统中。研究表明，创业生态系统可以视为一种经济协调模式，即各创业生态主体间基于价值共创形成的相互依存、协同发展的共生关系，创业生态系统的结构特征和生态要素，会深刻影响创业生态系统中新创企业的价值创造和价值获取的能力，每个新创企业能获取的价值都与创业生态系统中的价值创造相关。新创企业通过创业生态系统获取资源，并得到有效信息，在此基础上对这些信息进行有效的整合，并有效运用到创业实践中，这就是创业学习行为。目前创业生态系统与新创企业商业模式的关系研究还比较缺乏，没有形成统一的理论框架。社会学习理论强调环境、认知、行为的互动因果关系，将社会学习理论拓展到组织领域，从理论上看，创业学习受到环境的影响，也是组织行为的有效预测指标。创业生态系统如何对新创企业的价值主张、价值经营、价值获取产生影响，创业学习是否在"创业生态系统—新创企业商业模式"关系中存在中介效应，这都是需要进一步探讨的问题。

（2）研究方法：主要采用问卷研究方法，兼用多案例研究方法。

（3）研究介绍：本部分主要针对"创业生态系统—新创企业商业模式"关系，以及创业学习在此关系中的中介作用，从创业学习视角探究创业生态系统对新创企业商业模式的作用机理。首先，基于理论回顾探讨创业学习的概念框架问题，以此作为其他关系研究的基础。其次，通过文献梳理和实地访谈的多案例讨论提出研究假设，继而通过编制问卷进行变量测量，开展探索性因素分析，并进一步修订问卷获得正式问卷。再次，用修订后的正式问卷再次进行测量，对概念构思进行验证和分析。最后，对测量问卷进行信度和效度的检验，用大样本数据来检验研究假设。

（三）基于创业生态系统的新创企业商业模式多元组态研究

（1）研究目的：结构方程（SEM）只能依据理论构建出固定的变量路径，进行单一变量的简单统计验证，忽视了多变量间的协同交互对新创企业商业模式的复杂作用机理，没有回答创业生态系统的多元互动对新创企业商业模式的影响。本部分在上一部分结构方程（SEM）建模的基础上，进一步基于模糊定性比较分析（fsQCA）和必要条件分析（NCA）相结合的方法，对创业生态系统、创业学习对新创企业商业模式的复杂作用机理进行探究。

（2）研究方法：模糊定性比较分析和必要条件分析。

（3）研究介绍：首先，在文献梳理和理论推演的基础上，基于生态系统理论和组织学习理论，聚焦政府政策、资源基础、创业文化、创业网络、创业服务、利用式学习以及探索式学习，提出了新创企业商业模式创新的前因组态模型。然后，运用模糊定性比较分析和必要条件分析相结合的方法来探索驱动新创企业商业模式的复杂因果机制，分析创业生态系统（政府政策、资源基础、创业文化、创业网络、创业服务）和创业学习（利用式学习和探索式学习）对新创企业商业模式创新的组态效应。

（四）新创企业商业模式动态演化与企业成长研究

（1）研究目的：商业模式构建为观察新创企业成长过程提供了新的重要理论视角。Teece（2010）等学者指出，商业模式是一个验证假设、不断试验和学习的过程。而新创企业是在不断调整经营方向、运作方式（经营过程或价值链）与利润模式的过程中获得生存和成长，这些方面与商业模式的构建活动是一致的。从商业模式要素互动演化视角来看，商业模式的核心要素处于持续互动之中，新创企业成长是其商业模式各要素不断匹配的过程，是不断验证企业经营假设的过程，最初计划的商业模式将在实施和探索的过程中不断改进和调整，最后实现的可能是另一种商业模式。目前国内外关于新创企业的商业模式演化研究仍处于探索阶段，对商业模式演化的动态过程研究成果还较少，且鲜有研究将新企业列为研究对象。因而，有必要对新创企业商业模式的动态演化进行深入的理论研究。本部分在前几部分的研究结论的基础上，聚焦基于创业生态系统的新创企业商业模式的动态演化、基于商业模式动态演化视角的新创企业成长研究，尝试构建新创企业商业模式动态演化理论分析框架。

（2）研究方法：扎根理论的跨案例分析方法。

（3）研究介绍：在前两部分创业生态系统对新创企业商业模式作用机理和新创企业商业模式创新前因组态研究的基础上，运用扎根理论的跨案例分析方法，特别注意选取成长动态差异性大的新创企业样本，分析新创企业商业模式的触发及转化的动力和机制、创业学习视角下不同成长阶段商业模式的形成机制、基于商业模式动态演化的新创企业成长机制，以及创业生态系统与新创企业商业模式的协同演化。

第三节　研究方法

一　规范研究

（一）文献收集与整理

系统地查阅、梳理国内外与创业、创业环境、区域创业活动相关的文献，在深入分析的基础上，聚焦本书的切入点和拟要验证的关系，通过理论回顾和逻辑推理，构建理论框架，并以此为基础提出相应假设。

本书主要通过以下渠道收集相关文献：第一，国内外电子数据库。主要有中国学术期刊全文数据库、中国优秀博硕学位论文全文数据库、万方数据资源系统、维普中文科技期刊全文数据库、EBSCO 全文数据库、Elsevier（SDOL）电子期刊、JSTOR 西方过刊数据库、PQDD 博士学位论文全文数据库。第二，纸质期刊。主要查找没有包括在上述数据库中的期刊，如 Applied Psychology 等。第三，相关专业会议。通过参加第十六届（2020）中国科技政策与管理学术年会、第十六届（2021）中国管理学年会、Digital Economy in the Age of E-Commerce Research and Cornell International Forum on Digital Economy（2020）等学术会议，获取学术前沿文献。第四，网络搜索国外该领域比较有名的研究机构，如百森（Babson）商学院等得到一些有价值的讨论稿（working paper）。此外，笔者在 2017—2021 年主持完成了一系列市软科学基金项目，收集了一些与本书相关的现实案例资料和素材。对这些文献资料进行分类、比较、总结和综合，形成了比较清晰的理论脉络。正是在文献梳理基础上，确定了研究切入点，并在原有理论的支撑下尝试研究创新。

（二）多学科综合交叉

鉴于创业研究、区域经济研究理论背景的差异，在研究过程中，笔者广泛借鉴和整合了区域经济学、生态系统理论、产业集群理论、战略理论各流派等多学科领域的理论。多学科交叉开拓了研究思路，丰富了研究内容，拓宽了研究适用面。

二 实证研究

规范分析是回答"应该怎样""该不该"的问题，而实证分析是回答"是什么""能不能"这类问题，不涉及价值判断。实证研究包括访谈研究、案例分析、问卷调查、结构方程建模（SEM）和模糊定性比较分析（fsQCA）。在现有文献的基础上，借助深度访谈和扎根理论，设计研究的基本框架假设，并设计适合本书的调查问卷。通过大样本正式调查方式获得第一手数据，并以此调研数据为分析基础，运用 SPSS 进行相关统计分析和假设检验，运用结构方程建模方法和模糊定性比较分析对所构建的理论模型进行验证。

（1）专家访谈与企业访谈结合。深度访谈是研究者与研究对象进行面对面直接的交谈,以此来收集有关受访者行为、心理特征以及行为结果等信息和数据资料的研究方法,在社会科学研究中是应用最为广泛的定性研究手段。在文献研究的基础上,通过深度访谈进一步验证概念模型和理论模型。一方面,通过参加研讨会等方式,了解研究领域最新动态、拓展眼界和思路。另一方面,通过对部分典型地区的企业访谈获取研究所需的第一手数据和资料,以便对理论分析加以佐证。

(2) SPSS、AMOS 和 fsQCA3.0 等统计软件。用 SPSS22.0 软件主要进行初步的数据处理,包括数据质量检验、描述性统计、变量相关分析、测量的信度分析、探索性的因子分析(Explorative Factor Analysis, EFA)、聚类分析(Cluster Analysis)、方差分析(Analysis of Variance)等统计分析技术。

运用 AMOS23.0 进行验证性因子分析(Confirmative Factor Analysis, CFA)、中介效应检验、验证模型的适配度(Fitting),以及进一步验证研究的结构效度(Construct Validity)、聚合效度(Convergent Validity)和判别效度(Discriminatory Validity)等。最后对假设模型进行筛选,验证假设,确定最优模型。

运用模糊定性比较分析(fsQCA)和必要条件分析(NCA)相结合的方法来探索驱动新创企业商业模式的复杂因果机制。运用 R 语言中的 NCA 软件包进行必要条件分析,运用 fsQCA3.0 软件中包含的 Quine-McCluskey 模块进行有效前因组态分析,从组态的视角探究新创企业商业模式创新的多条路径。

第四节 研究流程

一 技术路线

在研究过程中,始终坚持规范理论研究与实证研究相结合,定性分析与定量分析相结合的原则,力争做到观点、结论都有案可稽、有据可考。研究技术路线如图 1-1 所示。

二 结构安排

研究逻辑思路与结构安排如图 1-2 所示。

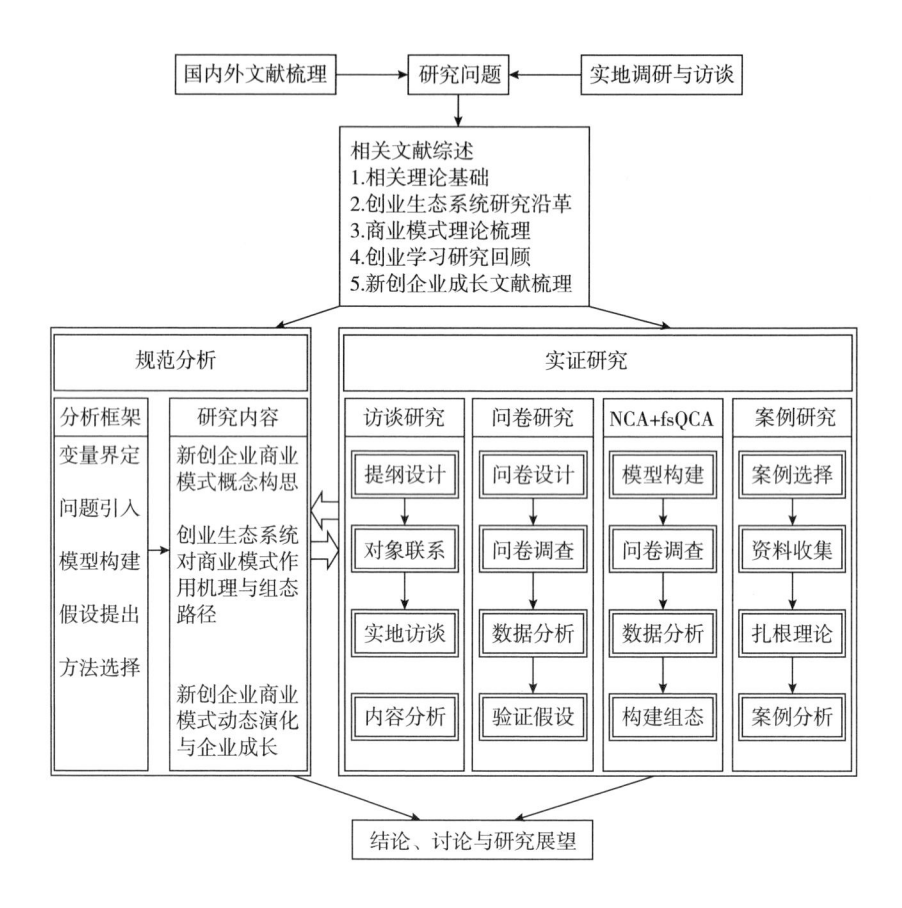

图 1-1 研究技术路线

按照以上研究技术路线和逻辑思路，对应章节安排如下：

第一章为绪论。从现实背景和理论背景出发，阐明本书的基本问题，即新创企业商业模式是什么，它是如何动态演化的，又是如何影响新创企业成长的。在对这一基本问题思考的基础上，提炼出四个具体的子问题，即：第一，新创企业商业模式概念构思；第二，创业生态系统对新创企业商业模式的作用机理，以及创业学习在这一关系中的中介作用；第三，创业生态系统、创业学习对新创企业商业模式作用的组态路径；第四，新创企业商业模式动态演化与新创企业成长，以及新创企业商业模式与创业生态系统的协同演化。针对这些子问题，本章提出了相应的研究方法和研究流程。

研究什么问题；选择什么研究方法；研究流程和结构安排是怎么样的	→	第一章：绪论
创业生态系统、商业模式、新创企业成长相关理论研究现状如何	→	第二章：相关理论与文献综述
新创企业商业模式如何界定，如何进行概念的维度分解和操作化研究	→	第三章：新创企业商业模式概念模型
创业生态系统与新创企业商业模式关系，创业学习是否有中介效应	→	第四章：创业生态系统对新创企业商业模式作用机理
创业生态系统、创业学习对新创企业商业模式的多种影响组态如何	→	第五章：基于创业生态系统的新创企业商业模式多元组态
新创企业商业模式如何动态演化，与企业成长、创业生态系统关系如何	→	第六章：新创企业商业模式动态演化与企业成长
主要研究结论、创新点、管理与政策启示、研究局限、未来研究展望	→	第七章：研究结论与展望

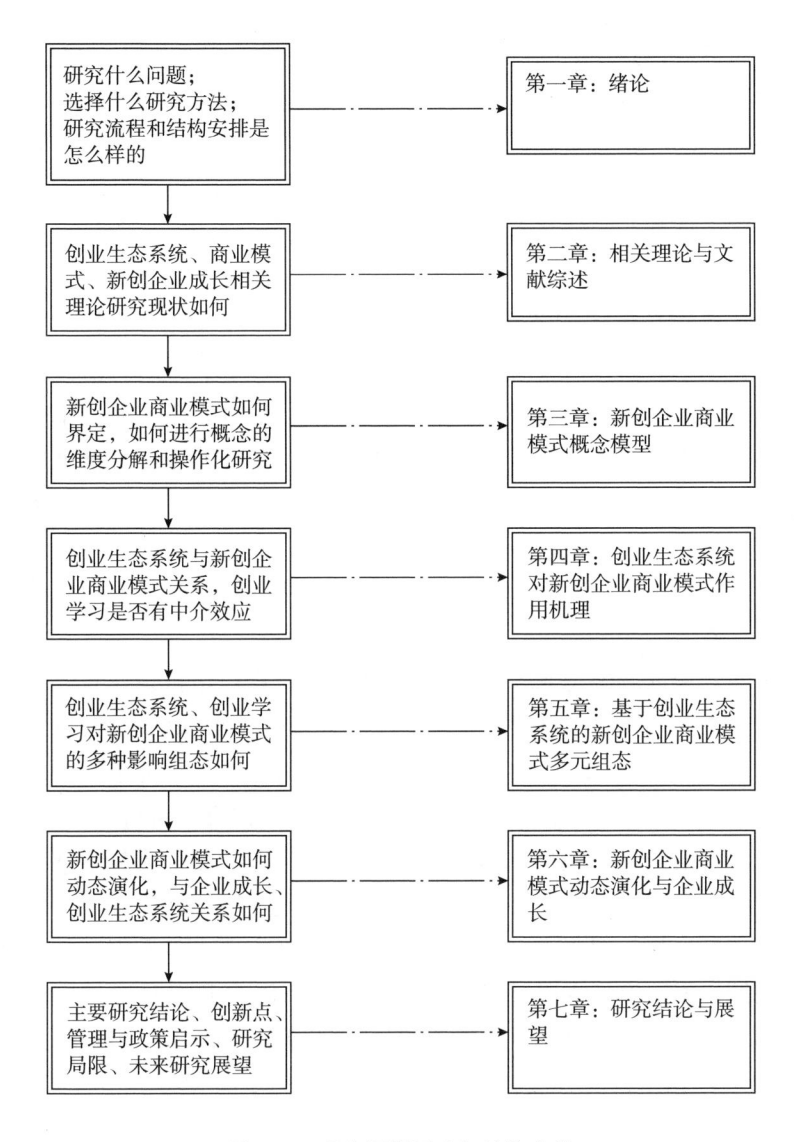

图1-2 研究逻辑思路与结构安排

第二章为相关理论与文献综述。围绕"基于创业生态系统的新创企业商业模式及其动态演化"这一研究问题，本章对相关的研究理论基础、创业生态系统、商业模式、创业学习、新创企业成长等文献进行了评述。首先，对创业生态系统研究沿革进行了回顾，对创业生态系统的内涵界定、构成要素，以及创业生态系统与企业成长相关研究进行了归纳；

其次，对商业模式理论进行了回顾，对商业模式的概念界定、构思测量、相关实证研究进行了综述；再次，整理了新创企业成长相关研究，对新创企业的界定、相关实证研究以及新创企业商业模式相关研究进行了回顾；最后，对创业学习的理论背景、概念内涵、维度与测量及相关实证研究进行了梳理，归纳了现有研究的不足及启示。

第三章为新创企业商业模式概念模型。新创企业商业模式概念内涵的界定和建构是后述章节研究的基础和起点，本章基于以往相关研究，提出了新创企业商业模式概念结构假设。通过实地的半结构化深度访谈、焦点小组讨论和内容分析技术，验证了新创企业商业模式的三维度概念结构，包括价值主张、价值经营和价值获取，剖析了每个子维度的内涵特征。在此基础上，对新创企业商业模式进行概念界定。根据访谈资料和内容分析结果，运用访谈资料简要地分析了创业生态系统对新创企业商业模式的作用，为后面分析创业生态系统对新创企业商业模式的作用机理做准备。

第四章为创业生态系统对新创企业商业模式作用机理。首先，进行了新创企业商业模式、创业生态系统、创业学习等概念的内容结构验证，运用SPSS22.0和AMOS23.0统计软件，对收回的有效问卷进行了探索性因素分析和验证性因素分析，确认了研究各概念构思的可行性和有效性。其次，运用结构方程建模（SEM）技术，对创业生态系统与新创企业商业模式的关系及创业学习对此关系的中介作用进行了检验。

第五章为基于创业生态系统的新创企业商业模式多元组态。在上一章运用结构方程模型方法对创业生态系统对新创企业商业模式作用机理分析的基础上，进一步采用模糊定性比较分析（fsQCA）和必要条件分析（NCA）相结合的方法，探索驱动新创企业商业模式创新的复杂因果机制，探索创业生态系统、创业学习对新创企业商业模式的多种影响组态。

第六章为新创企业商业模式动态演化与企业成长。在新创企业商业模式和新创企业成长相关文献资料梳理的基础上，运用扎根理论的跨案例研究方法，通过开放性编码、主轴编码、选择性编码对选取的典型案例进行扎根理论分析，得出新创企业商业模式的动态演化路径，并得出新创企业商业模式触发和转化的动力和机制。在此基础上，还进一步地探究了基于商业模式动态演化的新创企业成长机制，以及新创企业商业模式与创业生态系统的协同演化。

第七章为研究结论与展望。阐述和总结了主要研究结论、理论贡献及对管理者的启示，同时指出本书可能存在的局限与不足，并提出了未来研究方向。

第五节　研究创新

其一，研究视角的创新：从创业生态系统理论视角分析新创企业商业模式及其动态演化。目前还鲜有学者对新创企业商业模式动态演化，以及创业生态系统对商业模式的作用机理进行研究。本书将商业模式纳入创业生态系统分析框架，探析两者的耦合机理；同时将商业模式嵌入新创企业成长分析框架，分析新创企业商业模式的触发和转化机制，厘清商业模式的动态演化规律以及创业生态系统与新创企业商业模式的协同演化，从而形成商业模式的立体分析框架，丰富商业模式理论内涵，为相关政策措施提供较为科学的理论依据。

其二，研究对象的特色：以对商业模式更为敏感的新创企业作为研究对象。在创业实践领域，商业模式可行与否是风险投资家是否投资的重要依据。理论研究也表明，商业模式的设计与实施是关系新企业生存和发展的战略性问题，清晰的商业模式能够降低新创企业面临的不确定性。本书选择新创企业商业模式作为研究对象，将商业模式理论应用于存在高度不确定性的新企业成长情境中，能更准确地探究商业模式演化路径与创业生态系统的协同演化机理。

其三，研究方法的推进：运用多种研究方法探索新创企业商业模式。本书采用扎根理论、结构方程模型、模糊定性比较分析（fsQCA）和必要条件分析（NCA）等方法对新创企业商业模式演化及创业生态系统的作用机理进行分析，并采用深度访谈、调查问卷、案例分析等研究方法展开实证研究，分析工具与研究方法使分析过程具有系统性、整体性和缜密性，研究结果具有信度和效度。

第二章 相关理论与文献综述

本章对生态系统理论、社会网络理论、资源拼凑理论和企业生命周期理论进行了回顾；对创业生态系统相关研究进行了综述，主要包括其内涵界定、构成要素、相关实证研究及与新创企业成长的关系等；对商业模式相关文献进行梳理，包括其内涵界定、维度与构思测量、相关实证研究等；对新创企业成长相关研究进行回顾，包括新创企业、新创企业成长内涵界定和相关实证研究等。厘清研究的理论背景和渊源、主要理论进展以及有待进一步探究的问题，为随后的研究奠定理论基础。

第一节 本书的理论基础

一 生态系统理论

（一）生态系统理论的产生及内涵

生态系统这一概念是英国生态学家 Tansley（1935）在《生态学的基本概念》中首先提出的。他认为，生态系统是特定空间内，物理无机环境与生物有机体通过能量流动而形成的一个相互作用、相互依存的交互系统，是生态学的基本功能单位。随着研究的不断深入，学术界普遍认为生态系统是在一定的时空范围内，所有的生物与环境进行能量交换和信息传递的结构体。生态系统理论转变了生物和非生物群落之间的分离概念，将自然及其与人类的相互作用看作一个整体。随着跨学科研究的不断发展，生态系统理论为研究个体与环境的关系带来了新的理论视角。

生态系统理论是研究生态系统结构、组织元素和作用、生态系统发展和演替以及人为因素的影响及其自我调节机制的生态科学（肖勇军和董学良，2012）。生态系统理论中内含两个重要概念，一为生态位理论，二为生态因子理论。生态位理论首次出现在美国生态学家格林内尔

(Grinnell) 所著的《加州鸫的生态位关系》一文中，他将其界定为物种或亚种在环境中存活必需的生物和非生物环境条件。1927 年，英国生态学家埃尔顿（Charles Elton）在《动物生态学》一书中，进一步发展了生态位的内涵，增加了生物在其群落中机能作用和地位内容，每一种生物的生态位指的是它与链中上下级的猎物和天敌的关系。Hutchinson (1959) 把生态位描述为抽象的多维体，将其定义为物种生存发育环境条件的集合。他将数学方法引入生态学研究中，使生态位成为可量化的生物属性。

生态因子是生态学中的一个重要概念。尚玉昌（2002）从环境要素视角指出，其对生物的成长各阶段，包括生殖、成长、散布等行为均有影响，是生物生存不可缺少的生存条件。生态因子有四大特性：一是综合性，每一个因子都是相互制约影响的，其中一个因子的变化会导致另一个因子的变化。二是非等价性，即对生物有影响的诸多因子中只有部分起主导作用，对某个生物而言，主导因子是可变的，而非绝对的。三是不可替代性和互补性，虽然生物因子非等价，但因子之间并不是可替代的。在特殊情况下，因子之间可以根据强弱的变化互相调剂、互相补充。四是限定性，即生物对生态因子的需求是随着生物的成长阶段而变化的。

（二）生态系统理论在管理科学中的应用

随着生态学理论在多个领域不断渗透，将生态系统理论应用于企业管理研究已成为当今世界领先的课题和研究趋势。生态学研究的是生物与环境之间的相互作用，企业与环境本质上也是一种相互依赖、相互制约的生态关系。在由企业、环境构成的生态系统中，企业生态位可以定义为企业在特定的市场环境中所处的位置和角色。其概念可以分为三个主要方面：一是企业在市场生态系统中承担的责任；二是企业的基本特征，即地理上相关性强的企业更容易形成资源网络；三是企业控制的环境资源，包括消费者、供应链以及知识信息等资源（许芳、李建华，2005）。一个特定市场环境中的企业之间都存在着直接或间接的相互关系，生物之间的竞争现象也同样会发生在企业之间，因此两个完全相同的企业很难同时存在于一个环境中，要想实现企业的共存，必须要在生态位上有差异，企业需要积极创新，独辟蹊径。同时，为了实现竞争优势的最大化，企业要找准自己的生态位，最大限度地发挥优势。此外，企业处在不断变化的市场中，必须主动转型以适应市场环境，提高企业应对不确定风险的能力。

生态系统对创业领域的研究也有促进作用。Moore（1993）提出了商业生态系统的概念，将生态系统理论引入了管理学领域。Isenberg（2010）在《哈佛商业评论》上首次提出了"创业生态系统"的概念，强调组织与环境之间的相互依赖。生态系统理论对于新创企业的发展具有启发式作用。Kshetri（2014）为了比较区域内创业生态系统的优劣，从制度和经济两个方面构建了评价体系。Stam（2015）着重研究了各个企业之间的相互协调作用，尤其强调企业家的核心地位。张玉利和白峰（2017）运用耗散理论建立了创业生态系统的两阶段演进模型，优化了创业生态系统的结构和功能。Audretsch 和 Belitski（2021）研究了创业生态系统与区域经济发展的关系。

二　社会网络理论

（一）社会网络理论的产生及内涵

1922 年英国人类学家拉德克利夫—布朗在《安达马恩岛人》中首次引入了"社会网络"的概念，然而此时的网络仅仅是社会结构的隐喻，并没有清晰的界定。Barnes（1954）对挪威渔村人们的正式和非正式关系进行了研究，由此社会网络理论被正式引入社会学。20 世纪 90 年代，学者开始将社会网络理论运用到管理学，并逐渐形成了应用性很强的社会网络分析。

社会网络的基本理论可归纳为嵌入、结构洞和社会资源的三种理论，以及强网络结构、弱网络结构两种结构观点。基于结构学说的社会网络观点主要是 Burt 的"结构洞理论"，即不同的人拥有不同的社会资源，占有结构洞越多的个体竞争优势越大，此外，个体对网络的贡献是可累加的而不是重叠的。Granovetter（1973）提出了"弱关系假设"，按照交互频度、情感状况、关系远近以及双赢互补四个维度划分出强、弱两种关系状态。弱关系意味着个体之间的同质性较弱，有较强的异质性，相对于强关系而言更能够扩大信息来源，从而获取更丰富的资源。基于此，进一步提出"嵌入理论"，认为经济行为嵌入在社会结构中，而一切经济行为都是基于信任机制进行的，信任加强了网络中个体的互动和交流。Bourdieu（1985）提出了"社会资本理论"，指出社会资本存在于社会网络中，特定行为者占有的资本数量依赖于网络的规模和网络成员的异质性程度。在 Granovetter 的研究基础上，林南（2005）提出了"社会资源理论"，侧重于研究社会资本对个体行动者社会地位流动的影响，并推导出社会网络理论三大假设，即个人的地位越高，社会网络中的异质性越强，获取社会资源的可能性越大，而社会资源的增加使行动的效果更好。

（二）社会网络理论在创业研究中的应用

社会网络理论最早是用于社会学领域的，随着相关研究的深入和跨学科的交流，1985 年 Birley 将这一概念引入创业领域。由于其对创业问题的独特解释力，目前社会网络已经成为一种重要的研究工具。

借鉴 Larson 和 Starr（1993）创业过程演进的模型，社会网络理论在创业研究领域中的应用可以分为三个阶段。在第一阶段，创业的主要目标是利用好创业网络获取创业资源，保证创业的成功。由于新创企业在筹集资金、资源方面存在弱势，创业者会主动发展网络关系，使承担风险和创新成为可能。在这一阶段，创业者的主要支持都来自非正式关系，以既有的社会关系为纽带获取相应的资源。在逐渐实现创业构想之后，创业者会进一步优化自己的社会网络，淘汰低质量的资源来源（Smith and Lohrke，2008）。在第二阶段，创业者交往关系逐渐多元化，与初期基于亲情、友情的非正式关系网络不同，创业网络不断地扩大，与网络中其他成员的沟通也在不断增加，必须遵循经济契约，不断完善诚信规则，注重企业角色的管理。在第三阶段，创业者社会网络向创业企业社会网络的转型，最初基于非正式关系的网络转变为成员之间有利益关系的网络（Trevelyan，2009），追求创业利润的最大化。

从上述的三个阶段可以看出，社会网络理论在创业领域的应用集中于三个方面。首先是资源的获取。创业者嵌入个人或社会关系中，获得创业所需的资源（Larson and Starr，1993）。其次是机会的识别。机会是创业研究领域的关键概念，创业者从网络中获取的信息有利于分析市场情况，从而做出正确的决策，识别机会的可能性增加（Shane，2003）。最后是创业绩效方面。大多数研究表明，社会网络理论对于企业创新有积极的作用，社会网络带来了无形资源。Baron（2003）指出，利益相关者联系形成的网络形成了行业竞争力，社会网络提供了必要的资金、资源。但是也有学者提出社会网络与创业绩效之间并非简单的线性关系，而是倒"U"形关系，只有社会网络处于适中的状态才能促进绩效的提升。

创业公司在成立之初往往都缺乏成长动力，最初由非正式关系得到的资金、资源、信息不足以支撑公司长久的发展，需运用好社会网络理论，嵌入社会网络以获得充足优质的资源，在快速变化的环境中准确识别创业机会以提高决策效果，并且建立稳定的社会网络关系，能够实现创业公司的快速成长。

三 资源拼凑理论

（一）资源拼凑理论的产生及内涵

资源在企业中始终扮演着不可替代的角色，贯穿企业创建、成长、成熟、维持、变革转型，甚至衰败、破产等各个环节，在每一个阶段都起到了关键作用。英国管理学家 Penrose（1959）在《企业增长理论》中表示，企业资源特质各不相同，并通过不同的方式促进企业成长，内部资源的整合形成了企业。基于此观点，Wernerfelt（1984）提出了资源基础理论，再次强调了资源对企业生存发展的重要影响。而随着经济与科学技术发展，市场竞争日渐激烈，越来越多的企业因"进入障碍"和信息不对称等问题，导致资源获取困难程度以及成本代价与日俱增，制约着企业的生存发展。"资源拼凑"（bricolage）的概念首次由法国人类学家克劳德·列维—斯特劳斯在《野性思维》（2020）中提出，其认为资源拼凑是一种建构主义的思维方式，表明面对不断出现的新事物，人们通过利用现有的一切可用资源，通过重新解读、构建，创造出新规则。之后众多学者对资源拼凑概念进行了研究界定，如表2-1所示。2005年，Baker和Nelson将资源拼凑引入创业领域，强调资源拼凑在帮助创业者克服资源制约方面的独特作用。

表2-1　　　　　　　　　　拼凑概念演进过程

学者（年份）	理论视角	概念内涵界定
Levi-Strauss（1967）	文化人类学	拼凑是"利用手头一切可利用资源完成任务"，是对现有资源的重新解构、认识和整合，以创造新规则
Jaeques Derrida（1981）	哲学	拼凑是一种对资源用途进行解构和整合的解构主义
Weick（1993）	组织社会学	拼凑行为与即兴创造共生，强调组织计划与执行紧密相连，拼凑是组织面对意外事件而立即采取行动的一种方案
Garud and Karnoe（2003）	技术创业	拼凑重在利用现有资源，通过建立资源组合应对新挑战和机遇

续表

学者（年份）	理论视角	概念内涵界定
Loarne（2005）	行为心理学	拼凑是一个动态过程，包括资源整合、任务识别、提出解决方案和效果评价四个阶段
Baker and Nelson（2005）	创业管理	拼凑是凑合着整合利用手头现有资源解决新问题或开发新机会的过程
Duymedjian and Ruling（2010）	组织理论	拼凑与组织情境紧密相关，是对组织情景的新配置
阚丽雯（2020）	文化人类学	拼凑就是"手头资源""资源将就""资源重构"
李雪灵等（2020）	动态资源基础观	拼凑是对资源优化的调度方式，资源约束的响应行为以及创建竞争优势的动态能力

资料来源：根据相关文献整理。

（二）资源拼凑的核心要素和类型

资源拼凑是连接机会发现和资源开发的重要途径，较为充分地体现了如何选择资源的实际用途，以及使用资源在机会的发现、创造和开发等方面的方式方法。

现有资源，也即手头资源，是指企业自身已拥有，但是没有被发现或重用的闲置资源，也包括那些可以从市场通过低成本获得的看似无用的资源。这些资源往往可以通过创造性整合、重组，激发出潜在的价值。现有资源可以分为静态资源和动态资源两种类型。静态类型的现有资源一般包括物资、劳动力、技术能力三个方面。动态类型的资源则主要体现在企业主要责任人或者社会创业者的信用状况以及社会关系网络。它们能够给企业不断带来外部相关领域的资源，减轻自身所面临的资源压力。此外，静态类型的资源关注资源的"可获性"，即资源的获取是否容易、是否可及时获取，而动态资源则强调"可延展性"，最终目标为实现社会价值，具有较高的同质性且流动性较强，因此，现有资源常常表现出非经济理性导向。

资源拼凑，是指企业在难以采用最优资源结构的情况下，不纠结于现有的资源状况，选择把握机会积极行动。换言之，企业更重视是否采取行动，而不是是否在最优情况下采取行动。类似于管理决策之父赫伯特·A.西蒙（2013）所提出的决策满意标准，即关注现行资源使用效率及价值效应是否能达到满意，而非是否最优。在这种情况下，资源拼凑是以经济身份的资源拼凑为手段导向，以社会身份的资源拼凑为因果逻辑。其中，以因果逻辑构建关系网络，以手段导向获取经济合法性。

资源重构，即重新组织企业资源架构，是指企业根据新局面、新挑战、新目标，以不同于以往的战略战术，整合企业内部资源，创造性地调整和重塑企业资源架构安排，创新性地利用资源。在企业的发展过程中，外部环境持续发生变化，企业也会随之发生不断改变，而企业资源约束却将一直存在，如何针对不断变化的组织内外部环境，在日益激烈的市场竞争中获取更多的市场份额，成为发展的关键。因此，企业必须在必要时刻抢占先机，而资源拼凑则是在这种情况下企业更恰当的选择。

关于资源拼凑的分类，已有学者分别从方式、对象、导向等方面进行研究。从拼凑方式来看，资源拼凑可以分为并行和连续两种方式。并行，即多条线路同时进行，指企业可以采取多管齐下的方式开展项目，按照当前已有的资源能力使项目达到最大进度后，再开展其他项目，当资源能力允许时，再重新推进搁置的项目。连续的资源拼凑，则是指企业集中已有的资源按照项目的重要性以及紧急程度依次开展。

从拼凑对象来看，资源拼凑包括人才、物质、技能、网络以及制度等方面的拼凑。"人"是企业资源中重要的一环，不仅包括企业内部的人才储备，也包括企业上游供应商以及顾客。技能拼凑，则是将企业内部成员的专业知识、能力等作为资源进行拼凑，以便企业快速响应市场变化，调整发展战略。网络拼凑，即强调企业所具有的社会关系网络，基于企业成员的人际关系展开资源拼凑。制度拼凑，即企业在新的领域，对尚不明确的企业制度进行拼凑，以提高企业资源重组的可能性，以此创造新的机会。

从资源拼凑导向来看，资源拼凑可以分为资源导向型、机会导向型和顾客导向型。资源导向，亦为"结果导向"，即判断拼凑结果的价值效应。机会导向，即对市场发展的注重，意在通过对目前自身已有资源的再调整获取更大的市场份额。顾客导向，即以获取更多客户及客户满意为目标，提高服务的新颖度。

(三) 资源拼凑理论在创业研究领域的运用

Baker 和 Nelson（2005）提出，创业者在面对资源约束时，应对新挑战通常有三条可供选择的途径：其一，通过拼凑，整合现有资源来解决当前的资源困境；其二，通过长期的资源搜索获取新资源来面对新挑战；其三，就是消极面对，包括维持、紧缩、解散等消极方式。针对资源拼凑的过程，Senyard（2015）提出四阶段过程模型，即资源收集、资源库的组织管理、资源组合以及资源战略实施。苏芳等（2016）则认为，拼凑包括机会的发现、把握及发展三个阶段。

现有关于资源拼凑理论的研究，大多局限于理论探讨、概念解析等定性方面，而对理论的定量研究还较为缺少。定量研究主要包括对其前因变量和结果变量的探究。其中，前因变量包括企业家精神、创业导向、环境特性以及创业者精神等，结果变量则包括创新、绩效、能力。现有研究发现，资源拼凑受到环境和组织知名度的影响，二者均与其形成"U"形关系；企业家精神、社会关系、专业技能与资源拼凑呈正相关；此外，资源拼凑进一步促进了企业绩效的增长，对产品开发和创新能力亦有正向的激励作用，而在资源约束下，资源拼凑与新品开发质量的关系则呈现倒"U"形。

创业者在创业时期常常经受"新生弱性"[①]"小而弱性"[②]的束缚，而通过资源的拼凑可以有效帮助企业在内外环境约束下顺利发展，帮助新创企业打破传统资源的约束，提高资源的有效配置及利用，发现新的机会，克服初创期的各项弱势并形成竞争优势（祝振铎，2015）。此外，企业通过创新零散资源的整合方式，实现商业模式的创新，为获得更好的企业绩效打下基础。

初创企业面对各项制约时，如何有效利用现有资源尤为重要，因此资源拼凑的作用不言而喻，相关学者常将此作为资源基本理论的扩充。此外，针对同质的资源创造出不同的价值这一现象，资源基础理论无法得到合理解释，而资源拼凑理论则可以做出较好的回答。

四 企业生命周期理论

（一）企业生命周期的内涵与发展

生命周期来自生物学的一个概念，用以描述生物体从出生到死亡的过程，后来，相关概念被引入企业的发展中。关于企业生命周期理论，美国著名的管理学家 Ichak Adizes（1989）提出，企业就如同一个生命

---

① 新生弱性：由资源短缺导致的机会匮乏，导致新创企业无法度过危机从而被迫解散。
② 小而弱性：内部成员的管理、培训的费用会使小企业承受更大压力，给成长带来不确定性。

体,有着自身特定的生命周期,包括以下十个阶段:胚胎期、幼儿期、学步期、少年期、青年期、成熟期、贵族期、官僚化初期、官僚期和衰亡期。并且,在不同的生命阶段,企业会展现出不同的阶段特征。根据行为模式表现出不同特征,就可以判断出企业目前所处的生命阶段。J. W. Gardner(1965)在相关研究的基础上,提出企业生命周期与生物体的不同,主要表现在以下方面:首先,企业生命周期以及每个阶段无法确定其时间长短,一个企业的兴衰过程从数年到数百年不等,并且每个发展阶段也各不相同。其次,企业在发展的过程中并非一定会按照生命周期的阶段顺序行进下去,当满足特定条件需求时,会在某一阶段长期停滞。此外,并非所有企业都会走向衰亡,通过一定的变革转型,企业可以从当前生命周期末端,一步跃进另一生命周期的起始阶段。最后,企业发展周期,并非逐阶段发展,不同企业存在不同的发展形势,存在一次跨越某个阶段或多个阶段的情况。

(二)企业生命周期阶段的划分

大多数学者普遍认可的是四阶段模式,即企业的生命周期分为初创期、成长期、成熟期和衰退期(见图2-1)。

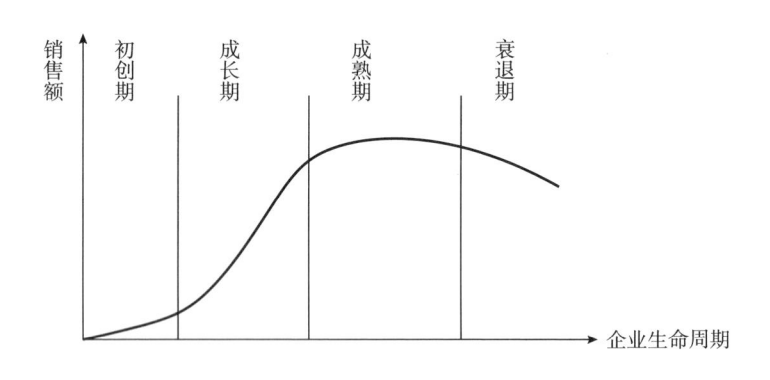

图2-1 企业生命周期

在初创期,企业的目标主要是通过寻找有竞争力的产品和服务在市场中存活下来。在这个阶段中,企业多具有创业精神、创新力,企业的凝聚力较强,企业成员大多目标一致,具有活力。但也面临以下问题:①企业资金储备较少,资金来源不足;②企业产品单一、销量少,在市场上缺乏知名度,较难获得消费者信任;③企业盈利获取较慢,加之收入及储备资金多用于产品、服务的研发上，使一些企业处于负债状况，面临破产的风险。

在成长期，企业已成功跨越初创期，营业收入处于良性增长的状态，企业规模不断扩大，经济实力不断强化，抢占更多的市场份额。此时，企业开始注重自身的品牌形象，强调企业内部文化的建立，企业创造性持续高涨，创业者寻求更多元化的发展方式。在这一阶段，企业多具有以下特征：①企业相关资源获取能力增强，资源储备具有一定规模；②产品销量与收益持续增长，企业具有一定的市场知名度，由此企业生产规模的扩大进一步地降低了企业成本，加大企业产品服务及技术的研发投入，形成良性的发展模式；③企业的收入多用于产品线的布局扩张及投资，从而造成企业的实际收益率较低，企业实际获得利润并不大；④企业的各项制度不断完善，企业的各项资源利用科学化水平仍不全面。

在成熟期，企业的主要目标是巩固自身现有市场地位并寻求其他发展渠道或方向，以延缓衰退期的到来，或者直接进入另一生命周期。本阶段，企业的各项规章制度都已规范，企业具备良好的市场形象，市场地位以及盈利水平达到高峰。但企业的增长速度放缓，组织内部决策开始程序化，活力减弱，成员间矛盾激化，企业的创新力下降，决策行事较为保守，创造性不足。此阶段的企业具有以下几方面的特征：①资金方面：企业资金充足，部分资金闲置，对外投资持续增加。②产品方面：产品工艺完善，生产成本处于最低，利润最大，市场知名度高，占据相对稳定的较大市场份额，但增长率下降，随时面临被超越的风险。③管理方面：企业的管理制度完善，管理手段成熟，企业的融资、投资能力更强，渠道也更加多元化。

企业在衰退期的主要任务就是不断加强创新，包括制度、产品、技术、服务等方面的创新。此阶段，虽然组织各项规章制度更加多样，但组织的内部管理更加繁杂，内部矛盾已难以调节，组织成员士气低落，企业形象名存实亡，市场出现更多的替代品或同类竞争产品，市场占有份额逐步降低。在此阶段，企业主要具有以下特征：①企业资本充足，但负债较多。②企业的生产规模过大，但市场对产品的需求会不断降低，使企业生产形成"尾大不掉"的局面，成本不断提高，利润却不断减少。③企业开始出现资金流转不畅、融资困难等困境。在此阶段，企业的核心任务就是根据内外环境变化及特点进行转型变革，发现新的增长点，否则，衰亡是企业的必然结局。

第二节 相关文献综述

一 创业生态系统

(一) 创业生态系统内涵界定

Moore（1993）首次将生态系统理论引入管理学领域，Spilling（1996）正式提出创业生态系统的概念，将其定义为某一地区的创业主体、创业环境及其他因素相互作用形成的、决定该地区创业水平的体系。随着创业研究的深入，学者从不同的视角对创业生态系统进行定义，总结如表2-2所示。

表2-2　　　　　　　　创业生态系统的定义

作者及年份	创业生态系统的定义
Spilling（1996）	创业生态系统是某一地区的创业主体、创业环境及其他因素相互作用组成的体系
Cohen（2006）	创业生态系统是一定区域内通过助力和推动新企业创立和成长，从而实现可持续发展的多种因素所构成的群落
Isenberg（2010）	创业生态系统是由领导力、资本、文化、顾客等个体因素通过复杂交互而形成的体系
林嵩（2011）	创业生态系统是由企业及其所处的环境相互依赖、相互作用构成的一个动态平衡的生态系统
Suresh（2012）	创业生态系统就是对创业活动产生影响的所有环境因素的总和
Mayer（2013）	创业生态系统是本地化空间为中心，系统内的衍生物尤其是大企业的衍生物，为新创企业的诞生提供了温床
Brown（2014）	创业生态系统不仅包括创业企业的外部环境，创业主体也包含其中
蔡莉（2016）	创业生态系统由多种创业主体及环境构成
项国鹏（2016）	创业生态系统是指创业企业与其他创业相关组织协同作用，共同提高区域创业质量的整体
Spigel（2017）	创业生态系统是由企业所在地的文化、社会网络和政策等环境因素构成的体系
Roundy（2017）	创业生态系统包括主体、社交结构、文化价值，是产生创业活动的社区
Gauthier et al.（2017）	创业生态系统是一个共享的资源池，是一个半径不超过60英里的区域

续表

作者及年份	创业生态系统的定义
Goswami（2018）	创业生态系统是创业主体与所在环境密切互动形成的有机整体，其中创业主体界定为企业、高校、政府及中介机构
陈敏灵等（2019）	创业生态系统是由持续进行能量（包括信息、资源等）交互的多个创业参与主体（如创业企业、科研院所、投资机构等）在一定的政治、经济、文化环境下按照某种秩序或规律所形成的组织体系
马鸿佳和孙青（2021）	创业生态系统是为了实现创业的可持续发展，由相互联系的多主体及文化、制度环境相互作用而形成的综合体
杜千卉等（2021）	由创业者、投资人、服务商等多元创业相关主体及其赖以存在和发展的创业环境所构成，以专业创业服务机构为主导，多元主体相互链接、服务生态与产业生态相互交融的有机生态系统

资料来源：根据相关文献整理。

创业生态系统的概念理解主要分为以下两个角度：一是从环境出发，将创业生态系统定义为新创企业的外部环境。Isenberg（2010）提出创业生态系统是由领导力、资本、文化、顾客等个体因素通过复杂交互而形成的体系，外部环境对新创企业的结果起着关键的作用。Suresh and Ramraj（2012）将创业生态系统定义为所有对创业活动产生影响的环境的综合。沈漪文和卢智健（2013）认为，创业生态系统是能够给新创企业带来资源的环境。Spigel（2017）认为，创业生态系统是由新创企业所在地的文化、社会网络和政策等环境因素构成的体系。

二是将创业主体纳入环境，强调创业主体在创业生态系统中的重要作用，创业主体与其所处的环境相互依存，从而构成了一个完整的体系。Cohen（2006）认为，创业生态系统是指区域内相互依存的行动者相互作用以支持新创企业发展，进而推动社会经济发展的系统。林嵩（2011）认为，创业生态系统是由企业及其所处的环境相互依赖、相互作用构成的一个动态平衡的生态系统。Mason和Brown（2014）认为，创业生态系统是创业主体正式或非正式地结合在一起，在当地环境中相互连接、相互协调以提高区域创新水平的一个完整体系。Stam（2015）将创业生态系统定义为一系列相互依存的创业主体与环境要素相协同而组成的一个体系。蔡莉等（2016）认为，创业生态系统由多种创业主体及环境经过复杂的交互作用而构成的整体。

学者对于创业生态系统的定义并未达成共识。基于已有的文献，本书认为，创业生态系统是主体要素和环境要素相互融合、相互作用、共同发展的整体，主体和环境都是不可缺少的重要组成，环境是创业主体进行互动的载体，而创业主体间的相互作用又会影响创业环境的变化。

（二）创业生态系统构成要素

对于创业生态系统的构成要素，国内外学者的主要观点分为三大类。第一，创业生态系统是创业企业所处的外部环境。如Cohen（2006）指出创业生态系统是一定区域内相互联系的创业参与者帮助新创企业进行可持续发展而构成的群落。第二，创业生态系统等于新创企业加上内外部环境。林嵩（2011）认为，创业生态系统是由企业及其所处的环境相互依赖、相互作用构成的一个动态平衡的生态系统。项国鹏（2016）将创业生态系统定义为新创企业与其他创业相关组织协同作用，共同提高区域创业质量的整体。第三，创业生态系统是创业企业与其他间接参与主体在一定环境中相互依赖、共同发展的体系。蔡莉（2016）认为，创业生态系统由多种创业主体及环境共同构成。创业生态系统的构成要素如表2-3所示。

表2-3　　　　　　　　　　创业生态系统的构成要素

研究视角	作者及年份	创业生态系统构成要素
创业生态系统是创业企业所处的外部环境	Cohen（2006）	创业企业、政府、科技园、大学、投资机构、咨询公司、大企业
	Isenberg（2010）	政府、客户、社会网络、投资机构、教育机构、专业结构和公共结构
	Suresh（2012）	投资机构、政府、社会网络、中介机构等
创业生态系统是由创业企业及其所处环境组成的	Mason和Brown（2014）	创业企业、资源提供者（投资机构、科研机构等）、联结创业企业和环境的中介机构（企业家俱乐部、专业协会等）、创业支持因素（政策、文化）
	项国鹏（2016）	新创企业、创业相关组织机构
创业生态系统是创业企业与其他间接参与主体在一定环境中相互依赖、共同发展的体系	蔡莉（2016）	新创企业、间接参与主体（大企业、投资机构、大学、中介机构）、环境主体（客户和社会网络、政府、基础设施和专业服务提供者）

资料来源：根据相关文献整理。

创业生态系统的构成要素可以划分为三个方面：一是新创企业；二是间接参与创业的大企业、投资机构、中介机构以及高校；三是外部环境，包括政策环境、文化和市场环境等。这三类要素相互依赖、相互促进、共同发展，促使新创企业获得竞争优势，提升区域整体的创新质量（Feld，2020）。

其一，新创企业。新创企业是创业生态系统中最核心的要素，创业企业的数量和密度是衡量一个区域内创业生态系统活跃程度的重要指标（洪美玲，2019）。新创企业对于扩大就业容量，加速产业转型升级，促进经济增长具有重要的作用。作为创业生态系统的核心，新创企业与其他主体相互作用，保持创业生态系统的可持续发展。薛杨（2017）认为，新创企业在创业生态系统中扮演适应性主体的角色，在不同的发展阶段中有不同的成长策略。

其二，政府。政府是创业生态系统外部环境的引导者，在市场资源配置中起着重要作用，通过颁布法律法规、提供教育培训、给予优惠政策等方式，创造有利于创业的经济、文化和社会环境，在创业生态系统中有不可替代的作用。Minniti（2010）认为，政府可以通过资源配置来控制创业生态系统的边界，提升区域内的创新能力，提高创业生态系统的水平。李正卫等（2019）认为，政府在创业生态系统中呈现多元性的作用，需要与市场调节相结合，在新创企业不同的发展阶段扮演动态化的角色。刘新民等（2019）提到，政府通过降低或取消税收减免等方式能够规范创业生态系统内的创业活动，从而产生更加高质量的创业系统。

其三，其他间接参与主体。创业生态系统中高校、中介机构、大企业等也是重要的组成部分，为创业企业提供人力、财力、技术等资源。大企业是市场的中心，为新创企业提供了学习机会和资源支持，协同新创企业和其他主体共同创造价值，增加了其他主体之间联系的机会，为创业生态系统的稳定发展作出贡献。Amezcua等（2013）和Roundy（2021）指出，孵化器能够给新创企业提供一个良好的生存环境，提升了新创企业的存活率。张玲斌和董正英（2014）通过构建结构方程发现，研发机构对新创企业的绩效具有显著的正向影响。Abootorabi等（2021）和Nkusi等（2020）研究表明，高校在创业生态系统中的作用显著，不断地向新创企业输入人才和知识，保证创业生态系统的活跃。

(三) 创业生态系统相关实证研究

关于创业生态系统，当前研究多从宏观、中观、微观三个层面展开。宏观层面，主要关注创业生态系统的功能评价与演化规律，即创业生态系统是否给创业活动带来了理想的效果，以及在长期发展的过程中创业生态系统的动态演化过程（Xie et al.，2021）。中观层面，关注创业生态系统内的构成要素，以及要素之间的相互作用，研究要素之间的交互作用对于创业活动的影响。微观层面，主要关注点是新创企业，从企业的角度出发，观察外部环境与新创企业之间的关系，进而为企业获取资源、配置资源做出指导。但微观层面的研究尚未深入，对于新创企业和创业生态系统之间的作用机制鲜有涉及。

1. 宏观方面

多数实证研究集中于探讨创业生态系统功能评价与治理。周方涛（2013）运用层次分析法确定创业生态系统内的主体、环境以及服务支持等构成要素在区域创新生态系统评价体系中所占的权重，并给出了优化的建议。蔡义茹等（2018）根据北京中关村的统计数据，解读中关村创业生态系统的形成及所处的发展阶段，深入分析创业生态系统的特性，并构建评价体系。任声策（2019）用主成分分析法和模糊集定性比较分析法研究了创业生态系统的运行效率，并构建了评价指标体系。谢宝峰和刘金林（2020）基于乡村创业生态系统视角构建了评价指标体系，为加强农村乡镇创业基础设施建设，营造乡村创业氛围提出了建设性意见。金语（2021）通过相关分析聚类分析等方法筛选并构建创业生态系统评价指标体系。也有部分学者关注创业生态系统的动态演化。吕佳等（2021）提出，创业生态系统的演化是一个持续的过程，资源在创业企业和其他主体间流动，并为创业生态系统的发展产生更多的资源。

2. 中观层面

研究着眼于创业生态系统构成要素之间的交互效应，从而分析创业生态系统功能的具体实现路径（Roundy and Bayer，2019）。张玲斌和董正英（2014）运用结构方程研究创业生态系统内不同要素种群对新创企业绩效的影响。吴伟等（2016）构建动态面板数据模型，定量分析创业活动与创业生态系统各个要素的关系。Mack（2016）以美国凤凰城的创业生态系统为实例，研究了创业生态系统内关键要素的相互作用及影响。项国鹏等（2016）认为，创业生态系统的形成过程是动态的，各个构成要素的重要程度会随着创业不同发展阶段的变化而变化，不同阶段的要素组合要根据该阶段的特征做出灵活的变化。Spigel（2017）认为，创业生态系统的各个要素呈现出高度的协同性时能够实现互利共生，并把创业生态系统的要素分为文化属性、社会属性和物质属性，这三种属性相互作用，使生态系统之间呈现出不同的特征。沙德春和孙佳星（2020）从创业主体要素和外部环境要素的交互作用探究中国创业生态系统的发展和演进，研究表明创业生态系统中环境要素有所优化，各个要素协同发展的格局已经初步显现。

3. 微观层面

从新创企业的角度出发，观察外部环境与新创企业之间的关系。王海花和熊丽君（2020）探究众创空间内创业环境对新创企业绩效的影响，研究表明创业培训、金融支持环境、留学归国对创业有显著的正向影响，良好的外部环境是新创企业健康发展的重要因素。李正卫等（2019）以杭州梦想小镇为例，探究政府在加速新创企业成长过程中的重要作用，认为需要构建"政府引导+市场主导"的双重机制助力新创企业成长。

（四）创业生态系统与新创企业成长

创业生态系统是一个动态进化的组织系统，不同的阶段具有不同的特征。在创业生态系统的产生期，新创企业的数量少，系统内部已经有支持新创企业发展的各类机构，但是外部环境并没有发育完全，政策导向仍然偏向传统经济，新创企业发展所需要的资源较为稀缺（白峰，2015）。进入到成长期后，系统内的各个要素更加完备，参与主体之间的联系更加紧密，更多的资源能够被新创企业利用，新创企业的数量明显增加。在成熟期，创业生态系统的要素对于新创企业的支持会减弱，资源会倾向于成功的新创企业。进入到衰退期以后，系统内部要素不利于新创企业的发展，大量新创企业的流失使系统面临着解体或者再次创新从而进入新的生命周期。

新创企业作为创业生态系统的核心，其成长也同样经历一个从萌芽、成长、成熟再到衰退的生命周期。在每个不同的阶段，新创企业会遇到不同的问题，需要采取不同的成长策略，从而获得竞争优势（Vedula and Kim, 2019）。在孕育期，新创企业需要准确识别市场信息以及有价值的创业机会；在种子期，新创企业需要获取创业资源以实现创业目标，实现企业的生存；在发展期，这个阶段的企业已经实现了初步的发展目标，需要进一步获取资源以适应下一步的发展；在成熟期，新创企业已经在市场中占据了一定的位置，但是需要不断地创新以适应快速变化的市场环境。可以看到，新创企业在不同的成长阶段都需要不断获取资源，这就构成了企业与外部要素相互依存的紧密关系（林嵩，2011）。创业生态系统可以从三个层面上支持新创企业不同阶段的发展。微观层面是指各个高校、中介机构等构成创业生态系统的基本要素；中观层面主要是通过社会网络来获取多元化的创业资源；宏观层面是指创业生态系统的外部环境，即政府通过政策法规等为新创企业提供帮助（Vedula and Fitza，2019）。

（五）创业生态系统研究述评

创业生态系统文献主要集中于宏观和中观两个层面。宏观层面，首先，创业生态系统功能评价机制。由于创业生态系统的复杂性和动态性，至今没有形成一套完整全面的评估体系，学者仅仅对创业生态系统的某个方面进行评估，导致了评价结果不合理，一定程度上影响了创业生态系统相关理论的发展。其次，长期的演化机制尚未厘清。学界普遍认可创业生态系统是一个由多阶段构成的动态过程，任何创业生态系统在不同的发展阶段都会具有不同的特征，但是由于创业生态系统理论的研究时间相对较短，可供研究的对象有限，不同阶段创业生态系统的各个主体如何相互作用尚不清晰。未来的研究可以对创业生态系统的发展阶段进行具体划分，并剖析各个阶段所具有的特征，同时关注创业生态系统演化过程中的外在功能机制，如资源整合机制和价格交换机制等。

中观层面，主要集中在创业生态系统概念、构成要素及要素关系三个方面。关于创业生态系统的概念，国内学者已经基本认同"主体—环境"的观点。关于创业生态系统的构成要素，由于创业生态系统固有的复杂性，学者尚未达成共识。此外，现有的研究偏重对系统构成要素的罗列分析，但是关于各个要素的重要性程度划分以及要素之间的交互作用尚未深入研究。未来的研究要结合创业企业在各个阶段的不同需求厘清不同阶段创业生态系统要素的组合。

微观层面的研究是以创业企业为中心的。作为创业生态系统的主体，创业企业的发展能够为创业生态系统可持续发展提供动力，但是目前创业生态系统的研究忽略了创业企业及其与创业主体和创业生态系统的相互作用。有部分学者探讨创业生态系统与新创企业之间的交互作用，但是仅仅关注环境要素的少数几个特点，并没有深入挖掘创业生态系统中各个创业主体间的交互作用对新创企业的影响机理。未来的研究可以结合系统学理论，从理论和实践两个方面探究创业生态系统与创业企业的相互作用关系。

二 商业模式

（一）商业模式的界定

20世纪90年代，随着互联网的出现、新兴市场的发展、对"金字塔底部"问题的关注以及企业组织边界的扩张，商业模式的概念引起广泛的关注。随着企业产品越来越趋于同质化，商业模式成为重要的竞争力。50%以上的企业高管认为，对于企业成败，商业模式比产品和服务创新更为重要（Johnson et al., 2008; Bigelow and Barney, 2021）。商业模式作为组织成长的重要部分，已经受到了学术界的广泛关注。商业模式及商业模式的创新也成为重要的研究领域。学者对商业模式的定义不尽相同，多基于自己的学科背景和研究目的。界定商业模式的属性也没有统一，表2-4列举了商业模式的定义。

表2-4　　　　　　　　　　　商业模式的定义

作者及年份	商业模式的定义	构成要素
Amit and Zott（2001）	商业模式描述了为了开发商业机会而为创造价值所设计的交易内容、交易结构和交易治理。商业模式是超越核心企业的跨边界、相互依赖的系统	交易架构、交易内容、治理、与交易伙伴之间的联系、活动系统
Magretta（2002）	商业模式就是如何赚钱的故事，其核心是如何创造顾客价值，以及如何获取企业价值	价值主张、目标客户、分销渠道、客户关系、价值配置、核心能力、合作伙伴网络、成本结构和收入
Osterwalder et al.（2005）	商业模式是一种概念性工具，表达了企业获取收益的一种商业逻辑	客户界面、内部结构、伙伴界面
Morris et al.（2000）	商业模式是关于企业经济模式、运营结构和战略选择等方面一系列的具有内部关联性的要素的定位和整合的概念性工具	战略选择、价值网络、创造价值、获取价值
Shafer et al.（2005）	商业模式是企业在一个价值网络中创造和获取价值的潜在核心逻辑和战略选择	价值主张、目标市场、价值链、盈利机制、价值网络、竞争战略

续表

作者及年份	商业模式的定义	构成要素
Chesbrough et al.（2007）	商业模式是技术发展和经济价值之间的媒介	选择嵌入在产品或服务中的技术和特征、确定顾客从产品中所获得的利益、识别细分的目标市场、确认有效的盈利流、设计价值获取机制
Teece（2010）	商业模式就是企业如何向顾客传递价值并且把收入转化为利润的方式	交易内容、交易结构、交易治理
Zott and Amit（2008）	商业模式是一个由独立的运营活动组成的系统，这些活动起始于核心企业，但有可能跨越企业边界	管理者所做出的关于组织如何运营的连续选择的结果，这些选择逻辑为利益相关者创造不同的价值
王迎军和韩炜（2011）	商业模式是企业内稳定的体系架构，由一组明确的价值活动和联系组成，能够保证企业的盈利	市场定位、经营过程、利润模式
魏炜等（2012）	商业模式是"利益相关者的交易结构"	业务系统、定位、盈利模式、关键资源能力、现金流结构和企业价值
魏江等（2012）	商业模式描述了由价值主张、价值创造和价值获取等活动连接的架构，该架构涵盖了企业为满足客户价值主张而创造价值并获取价值的概念化模式	价值主张、价值创造、价值获取
Osterwalder and Pigneur（2010）	商业模式描述了企业如何创造价值、传递价值和获取价值的基本原理	客户细分、价值主张、渠道道路、客户关系、收入来源、核心资源、关键业务、重要合作和成本结构
Berends et al.（2016）	商业模式是由多组件组成并利用多组件之间的相互联系来创造和获取价值的系统	价值主张、价值获取
罗兴武等（2017）	商业模式描述了价值主张、价值运营、价值分配与获取等活动连接的架构	价值主张、价值创造、价值获取
杨俊等（2020）	商业模式是企业创造价值、传递价值和获取价值的基础架构	价值创造、价值传递、价值获取

资料来源：根据相关文献整理。

Morris（2005）在已有研究的基础上对商业模式概念进行了归纳，将商业模式划分为经济类、运营类和战略类三类，并建议以整合的视角建立对商业模式概念的认知。目前对商业模式概念界定并不一致，不同视角下的商业模式概念之间的边界具有一定的模糊性,甚至有些重合性且并不属于同一范畴。为什么会出现同源的问题在概念和理论体系上存在这样明显的差异?李东(2014)认为,是因为商业模式具有源自多主体性和多视角观察的权变性,并进一步指出,商业模式的权变性是指由于研究者和实践者所处的角度、研究目的不同导致商业模式概念也是各异的特性。虽然学者对商业模式的定义各不相同,但基本认同其是一套价值创造的体系。

从研究对象上看,多数关于商业模式的研究是基于成熟企业或者复杂管理企业。随着创业研究的兴起,创业企业如何进行商业模式的构建逐渐成为研究的热点。

(二) 商业模式的维度

关于商业模式维度的划分,学界并没有达成统一。Hamel(2000)提出了四维度商业模式,包含客户接口、主导策略、资源储备以及价值网络。Morris(2003)从结构角度进行分析,把商业模式分为基础层、专有层和规则层。翁君奕(2004)在商业模式研究中把经营活动分为客户界面、内部环境和伙伴界面三个核心界面。Zott 和 Amit(2008)通过对电子商务公司的研究,探索价值产生的理论基础,并开发了价值创造来源的模型。他们从交易角度进行维度划分,认为商业模式包含交易内容、交易结构、交易治理。Osterwalder and Pigneur(2010)提出,以"画布"作为行动指南设计商业模式,认为商业模式包含九个模块,分别是顾客细分、价值主张、分销渠道、客户关系、收入来源、关键资源、关键业务、合作伙伴和成本结构。

从波特战略定位理论视角可以将商业模式划分为价值主张内容、价值主张对象和价值提交方式。价值主张内容包括物质产品、物质服务、信息产品和信息服务。价值主张对象分为企业和个人。价值提交方式有传统的物理方式,也有网络方式。在这个模型中,价值创造和价值传递是划分商业模式的重要依据。随着网络平台经营方式的普及,Johnson(2008)提出商业模式由客户价值、内部价值、合作价值三个维度构成。客户价值是指企业在市场中为客户提供的产品和服务被客户接受程度的大小,这是企业的收入来源。内部价值是指企业为了创造价值、传递价值而对企业内部的生产、营销等流程进行优化,进而提升企业的绩效,也就是说内部价值体现于企业资源流入和最后盈利的转化率上,这是企业可持续竞争的来源。合作价值是企业在供应链中的影响力，指企业与外部组织进行协作，实现供应链整体效能的提高，合作价值决定了企业获得价值的大小。

（三）商业模式相关实证研究

1. 商业模式与创业绩效

目前研究的焦点大多集中商业模式如何影响创业绩效，围绕以下三个方面进行。

其一，商业模式对创业绩效的直接作用。姚梅芳等（2008）认为，商业模式对企业的资源进行整合、排列，有助于机会、团队和资源之间的平衡，进而对创业绩效产生直接影响。王翔、李东和张晓玲（2010）认为，商业模式是导致企业与企业间绩效存在差异的重要驱动因素。张郑熠等（2015）研究了新创企业商业模式设计对创业绩效的影响。研究发现，新颖型商业模式正向影响创业绩效，效率型商业模式影响不明显。创业企业所在的外部环境也会通过商业模式影响企业绩效，优良的外部环境能够起到正向的调节作用。吴隽等（2016）通过对200多家企业的实证研究，验证了新颖型商业模式创新对创业绩效的影响。

其二，商业模式与其他因素共同作用对创业绩效的影响。这包含了商业模式与其他要素的匹配对创业绩效的影响、其他因素在商业模式创新与创业绩效之间的调节和中介作用。胡保亮（2015）探究了商业模式和技术创新与企业绩效之间的交互作用，研究发现商业模式创新与技术创新是互补的，均对企业绩效有明显的正向影响。王素娟和王建智（2016）采用多元回归技术，检验了商业模式匹配跨界搜索战略对企业创新绩效的影响。研究结果表明，效率型商业模式与技术知识跨界搜索战略的匹配、新颖型商业模式与市场知识跨界搜索战略的匹配有助于提升创业绩效。与此同时，技术和市场两方面知识也分别对两种商业模式对创新绩效的调节产生积极影响，并促成对应匹配。

其三，商业模式创新在其他因素与创业绩效之间的中介或者调节作用。郭海和沈睿（2014）以商业模式作为创业机会与创业绩效之间的中介变量进行分析。研究表明，商业模式创新的引入为企业将创业机会转化为绩效提供了现实操作路径。王翔（2014）研究认为，商业模式在技术创新和企业获利之间起到调节作用。在不同的商业模式中，技术创新对企业绩效产生的作用具有差异性。新颖型的商业模式在两者之间起到正向增强作用，效率型的商业模式和两种类型兼顾的商业模式在技术创新和企业获利之间的调节作用不明显。庞长伟等（2015）运用线性回归探讨了商业模式创新对于整合能力和企业绩效的中介作用，研究发现企业的整合能力越高，商业模式创新的能力就越高，从而能够促进企业绩效的提高。

2. 商业模式动态调整的影响因素与路径

企业的商业模式是由简单向复杂不断发展的过程，一些学者对商业模式动态调整的影响因素和路径进行了研究。张敬伟和王迎军（2012）在共演理论基础上，通过案例研究发现，商业模式的构建过程包含启动、重构和确立三个阶段。在每个阶段商业模式的转换是在一定的驱动力下完成的，新创企业的成长任务不同，应对策略也有差异。罗小鹏和刘莉（2012）通过对腾讯公司的案例分析，探讨了互联网行业商业模式演化的重构型、调整型和完善型三个阶段，以及各个阶段演化的诱因和特征差异。陈熹等（2016）基于手段导向，构建了创业企业商业模式调整机制。强调了创业主体、相关利益群体以及内外部环境对其调整机制的影响。创业企业应该积极地与利益相关者、市场等进行交流，及时地调整改进企业现有的商业模式。相关研究为创业企业快速寻找可行的商业模式提供了参考，同时也丰富了创业企业如何克服新进入缺陷的研究，回答了商业模式是如何生成的问题。苏秦等（2016）在商业模式文献研究的基础上提出商业模式的三要素：价值主张、产生机制和获得。结合企业成长理论，分析了3D打印行业商业模式动态调整的过程。安欣欣（2017）分析了在不确定的市场环境下商业模式动态调整的路径和评价，认为企业组织和个人学习在不确定环境下对商业模式的调整起着重要作用，尤其是失败学习有助于改进和完善商业模式的动态调整。易加斌（2021）从动态演化的视角，对数字化背景下企业的惯性、数字化能力与商业模式创新之间的交互影响展开研究。

（四）商业模式与新创企业成长

商业模式引导新创企业发展。在创业之初，创业机会被识别，但只有被开发出来才能有助于企业的成长，企业需要根据创业机会和创业目标进行商业设计。商业模式提供了一套将创业机会的构想变成现实价值的体系（Kraus et al., 2020）。价值主张定义企业将会为客户提供什么样的价值。价值获取明确企业以什么样的方式营利。而价值创造的过程将会使创业者更明确如何实现价值。

商业模式是创业资源整合的基础。通过商业模式，创业主体能够对企业的各类资源进行更加精细的分析考虑，从而形成更加有利于获取价值的有机体。在这一过程中创业者需要整合现有资源，以实现创业机会的开发。

商业模式创造企业价值。商业模式既可以作为企业的竞争力，也可以以中介的作用使具有竞争力的技术或者产品实现价值。对于新创企业来讲，在整合现有资源的基础上，商业模式的设计能给客户提供独特的价值，从而形成企业竞争力（McDonald and Eisenhardt，2020）。商业模式在创业机会与创业绩效之间起着重要的纽带作用。

商业模式是一种重要的机会开发机制。商业模式如何与创业机会匹配促进新创企业的生存和成长，尤其是在创业企业发展的不同阶段，创业机会与商业模式呈现怎样的匹配特点需要进一步分析。关于商业模式与创业机会关系的研究还处于初步阶段，基于创业过程理论和商业模式理论，"创业机会—商业模式—创业绩效"的内部机制还需要进一步探索。

（五）商业模式研究述评

首先，学界对商业模式的构成要素、维度方面缺乏一致性认同。其原因有两个方面：一是大部分研究是基于对现有企业商业模式的案例归纳，未从定量的角度进行分类，导致由此建立的分类标准具有较强的主观性，不同的学者因研究视角或兴趣的差异而产生了不同的观点；二是大多数学者关注互联网等新兴行业，但是不同行业对商业模式强调的构成要素有所不同，如果没有对研究行业深入理解，分类标准很难得到普遍认可，难以揭示商业模式定义的本质。未来研究需将商业模式转换成可观察和可测量的要素，用定量的方法对商业模式进行研究。

其次，商业模式与企业绩效研究。商业模式作为一个影响因子与其他要素之间的匹配对绩效产生影响。Wei（2017）指出商业模式的优劣影响企业绩效，商业模式效率越高，企业绩效越高。效率型商业模式和新颖型商业模式对企业绩效的影响也存在分歧。Zott 和 Amit（2001）认为，这两者都能提升企业的绩效，但有学者提出了相反的意见，因此需要进行深入的研究。此外，在研究商业模式与企业绩效之间的关系时，现有的大多数研究倾向于使用非财务指标，采用如问卷调查这样的方式评价商业模式绩效，但是这样的方法很容易受到主观性的影响。随着研究的深入，部分学者开始尝试通过财务指标对商业模式绩效进行研究，如乔晗等（2017）采用财务指标对 16 家上市银行的商业模式进行实证研究，朱兆珍等（2018）基于财务管理视角对商业模式绩效进行评价，这是未来研究发展的重要趋势之一。

最后，较少研究从动态化的视角研究商业模式。新创企业的成立代表着新企业的产生，也表明需要构建一种机构制度，所以需要一定的管理方式。商业模式是企业创造价值的逻辑，也是企业的一种机构制度，新创企业需要有创新型的商业模式。魏江等（2012）认为，商业模式创新与企业战略、技术创新等的匹配已成为现有研究的热点。目前，商业模式与企业要素协调匹配共同促进企业成长的研究才刚刚起步，对于新创企业如何设计与其他要素相匹配的商业模式以促进自身的生存和成长需要进一步探索。

三　新创企业成长

（一）新创企业及企业成长的界定

新创企业专指那些处于初创阶段或处于发展早期阶段的企业，这些企业大多面临不确定性以及动态的发展环境，创业者试图通过寻求市场机会并整合优势资源来获得生存基础。作为一个新经济实体，新创企业的主要任务是获取利润以及企业的生存成长。新创企业一般规模小，成长快，具有高度的环境适应性，需要承受高风险、面对高挑战。相比于成熟企业，新创企业具有资源稀缺和新颖的特性，但可能经历高失败的风险。

学术界主要从两个方面进行新创企业界定。第一，将企业的生命周期理论作为发展阶段的标准。如 Adizes（2004）认为，在孕育期、婴儿期、学步期和青春期等阶段的企业均为新创企业。第二，根据企业经营的年限来判断企业是否新创企业。全球创业观察（GEM）将成立不足三年半的企业视为新创企业。Ostgaard 和 Birley（1996）认为，成立 2 年以上的企业才能进行绩效的测量，将其界定为 2—10 年。Zahra 等（1993）采用 8 年作为新创企业的标准。曲延军（2005）认为，我国的风险投资机制尚不健全，因此界定新创企业为成立时间在 10 年以下的企业。

综上所述，在对新创企业的界定中，依照生命周期阶段划分的标准虽较为清晰，但难以测量，且缺乏直观的反映指标。因此，研究者大多较为认可以经营时间年限的标准进行划分，其中 8 年是普遍认同的标准。

亚当·斯密的劳动分工理论，奠定了企业成长研究的基础。相比于已经成熟的企业来说，新创企业面临更高的成长需求以及限制约束，在资源占有、市场关系和运营成熟等方面均面临更大的挑战。所谓企业成长，主要表现在企业的市场参与、资源占比等方面的增加，及企业名望和市场声誉的不断提高。有别于发展初期的被动地位，企业在成长期更具主动性，成长是企业积极应对市场变化、整合多方资源的重要手段。

从劳动分工促进企业规模扩张理论到企业规模决定企业成长的观点，再到创新对企业成长的作用，以及资源理论和知识理论等解释企业成长的理论，企业成长的界定也由"量"的成长向"质"的成长迈进。古典经济学认为，企业成长与企业规模密切相关。安索夫（1965）研究表明，企业通过自身优势和资源不断地向优势领域发展，以获得更强的竞争力，而不仅仅是规模上的增大。Chandler（1996）从规模经济或范围经济的视角认为，充分利用技术和市场对企业的成长有促进作用。

中国学者也阐述了企业成长的"质""量"两个方面。根据中国企业发展的实际情况，赵晓（1995）认为，成长不应局限于规模上的增大，企业成长的本质是内在素质的提高，企业关注规模扩张的同时，还需要关注内在素质。李业（2000）认为，企业成长是在数量上的增加和质量上的提高相结合的结果。邬爱其（2004）的研究认为，"量"是指收益一定的情况下企业规模的扩张，"质"是在规模一定的情况下企业效益不断地提高，两者之间只有相互促进才能真正实现企业成长。

学者也大多从"质""量"两方面衡量新创企业的成长绩效。采用员工数量增长速度、销售额增长速度、净收益增长速度、市场份额增长速度、新产品或新服务增长速度等指标来衡量企业成长，兼顾了"量""质"两个方面。尤其是中小企业常常面临提高市场占有率和销售利润率之间的选择，对于新创企业来讲只有两者同时兼顾才能顺利度过生存期进入成长期。在新创企业成长绩效的度量上，同时考虑了企业发展的规模和盈利水平两个因素（尹苗苗等，2015）。

（二）新创企业成长研究理论视角

已有的新创企业成长研究，主要集中在以下几个理论视角。

1. 新进入缺陷成长理论视角

Stinchcombe 于1965年提出了新进入缺陷理论，这一缺陷包含资源缺乏、组织体系尚未建立等，由于新创企业与既有企业相比在多方面存在着明显的不足,生存和成长的过程非常艰难,所以新创企业具有较高的死亡率。因此,新创企业的经营目标与成熟企业有很大的不同。新创企业的目标是在获得生存能力的基础上谋求快速增长的能力,而成熟企业主要是为了巩固和维持现有的生存能力而谋求发展。新创企业为什么比成熟企业更容易失败,这一理论给出了解答,也同时提出了促进新创企业生存和成长的方法,这对如何克服障碍以实现快速成长具有指导意义。学者也开始从这一视角探究新创企业的生存和成长问题。比如李静薇(2012)基于新进入缺陷理论研究新创企业如何克服这一缺陷实现企业成长。

2. 合法化成长理论视角

20世纪80年代后期,学者发现合法性与新进入缺陷度相关(Singh et al., 1986),通过合法化克服新进入缺陷成为新创企业成长研究的热点(Zimmerman and Zeitz, 2002)。

合法化理论认为,新创企业的成长过程就是企业不断合法化的过程。新创企业的特点是缺乏资源的同时具有新进入缺陷。另外,新创企业缺乏整合网络资源、生存和成长所必要的信誉和可靠性。人们通常情况下可能并不能了解新创企业能够提供的价值,导致创业者与顾客或者相关利益者之间存在着信息的不对称性。对于新创企业来讲,客户、供应商、投资者等会因其合法性低影响与其合作。制度学派的研究发现,新进入缺陷产生的一个重要原因是合法性约束(Singh et al., 1986),并进一步指出新创企业只有提高合法性才能生存(Aldrich and Fiol, 1994)。新创企业处理好与相关利益者之间的关系,并获得相应的制度支持才能有助于其进一步成长。新创企业为了促进企业的生存与成长,不能仅仅被动地依赖资源禀赋,而是要主动合法化(Tornikoski and Scott, 2007)。合法性本身也是企业重要的资源,是获取其他相关资源的基础(Zimmerman and Zeitz, 2002)。新创企业应该通过建立合法性,获得合作伙伴的认可并同时进行资源的整合和价值的创造以求促进企业成长,提高创业绩效(Di Maggio and Powell, 1983)。国内学者也开始探讨合法性对新创企业成长的影响(杜运周等,2009)。

3. 资源拼凑成长理论视角

新创企业资源约束是影响企业成长的重要因素。新创企业由于缺乏合法性,信息不对称加大了获得合法性认可的难度,导致难以获得外部资源。以 Barney 等（2000）为代表的资源基础理论是基于现有企业资源冗余的研究，并不适合新创企业资源极度缺乏的特点。因此，新创企业开始考虑如何最大化利用现有的资源，即对现有资源的创造性利用，以突破自身的资源约束并实现成功创业的有效途径。资源拼凑的概念最早由列维-斯特劳斯（1967）提出。基于新创企业资源缺乏的特点，学者开始尝试将这一理论应用于创业过程的研究。Baker 和 Nelson（2005）运用扎根理论，对高度资源约束的企业进行了研究，发现创业者基于现有的资源创造性地实现了新创企业的"无中生有"，提出了创业拼凑（Entrepreneurial Bricolage）理论。该理论认为，在资源约束环境下，新创企业创业者通过手头现有资源的"将就"利用以服务于新的机会或挑战，以获得生存与成长的有效途径（Baker and Nelson，2005）。创业拼凑以建构主义的视角强调了新创企业以更低的成本和更快的响应速度获得竞争优势的独特的成长路径（Salunke et al.，2013）。创业拼凑通过资源约束环境下的商业模式创新，实现企业的成长（张玉利等，2009）。新创企业的资源拼凑能够以零散的、被忽视的资源创造出非比寻常的价值，同时有助于新创企业进行创业机会的识别和开发，形成难以模仿的优质资源（Steffens et al.，2009）。资源拼凑理论有助于新创企业成长研究，如祝振铎（2015）运用资源拼凑理论构建了企业成长的整合模型，对创业企业成长的内在逻辑进行了有益探索。

此外，学者也从创业者、创业机会、创业行为、战略等关键影响因素，对新创企业成长进行了不同角度的探索。比如唐炎钊和王容宽（2013）探究了关系与新创企业成长的联系，认为关系有助于创业机会的识别与把握，从而促进新创企业成长。申佳等（2013）研究了新创企业不同成长阶段，市场关系和政府关系强度对新创企业成长绩效的影响。研究表明市场关系在新创企业的创建和成长阶段对绩效均有影响，而政府关系仅在成长阶段对新创企业的绩效有影响。为应对环境的不确定性，Sarasvathy（2001）提出了效果推理理论。还有一些学者从战略、创业学习等角度对新创企业如何应对自身缺陷、实现成长开展了相关研究。埃里克·莱斯（2012）提出了精益创业的概念，通过最小可用产品、客户反馈和快速迭代三个工具实现创业企业的成长。这一模式比较适合客户需求变化快、开发难度不高的领域，通过小步试错、快速迭代实现创业企业的成长。彼得·蒂尔和布莱克·马斯特斯于 2015 年出版了《从 0 到

1》,强调了创新在创业成功中的作用。路江涌(2018)构建了企业在整个生命周期中战略要素通过共同演化逐步实现企业成长的模型。

(三)新创企业成长研究述评

创业过程其实是促使新创企业生存和成长的过程,也是创业研究的焦点。企业成长要满足"量""质"两方面要求,即企业规模扩张的同时,效益的增长协同推动企业成长。新创企业成长也遵循这一标准,但有其自身的特点。

新创企业成长研究存在两个方面的问题:一方面,关注创业者特质论,但对于创业过程关注较少,没有深入研究创业行为。在创业者特质方面,仅关注"外生性"功能,缺乏对其内部要素及相互作用的研究,以及对新创企业成长机制动态效应方面的研究。

另一方面,新创企业数据缺乏制约创业过程的深入研究。新创企业是在克服自身资源、合法性缺陷等基础上获得生存进而成长的。这一过程与资源、环境、战略以及创业者的特质和能力都有很大的关系。单一要素对新创企业成长的影响研究存在诸多不足。同时,多要素之间是如何通过匹配互动促进新创企业成长的研究缺乏。新创企业的生成是创业各要素动态匹配互动的过程(Shane and Venkatararmn,2000;张玉利和杨俊,2008)。所以,挖掘新创企业成长过程中创业者、创业机会与创业行为等关键要素的互动匹配关系,识别和归纳新创企业生存和成长的机制是未来研究的重点(龙丹和姚晓芳,2012)。

四 创业学习

(一)理论基础

1. 社会学习理论

社会认知理论(Social Cognitive Theory)由美国心理学家 Albert Bandura 基于学习理论于1972年提出,其核心内容为三元交互决定模型。其中,三元分别指环境、行为以及个体认知。个体认知又包括自我效能和结果预期两个方面。自我效能是指个体基于自身能力、资源等对于能否完成某项任务做出的判断。结果预期,则为个体对某种行为结果的判断,包括报酬多少等。个体会综合自我效能和结果预期两方面来决定行为,追求利益的最大化。社会学习理论强调,三元之间存在动态交互过程,如图2-2所示。

```
        个体认知
         /  \
        /    \
      环境 —— 行为
```

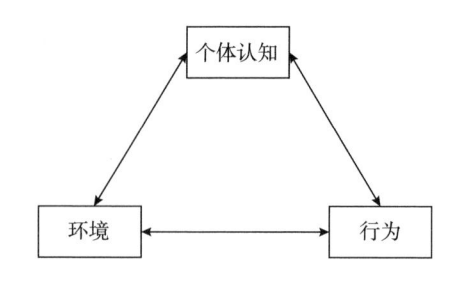

图 2-2 社会学习理论模型

资料来源：[美] 阿尔伯特·班杜拉：《社会学习理论》，中国人民大学出版社 2015 年版，第 168 页。

个体基于喜好、态度、经验等自我认知的判断产生特定的行为，而行为结果亦会对个人提供反馈，对认知产生相应影响。此外，行为的产生还会考虑所在的环境，不同的内外部环境下会产生不同的行为；反之，行为结果也会依靠个体的主观能动性对环境加以改变以响应个体的需求。最后，个体的认知也会基于环境的不同而有所差别，比如不同的环境状况下，个体会产生不一样的心理状态，同样，个体因有着不同的认知，所以即使处于同一境况，对于环境的看法也会有所不同。

2. 组织学习理论

March 和 Simon（1958）最先提出了组织学习的概念，定义其为组织对外部环境的适应。其后，基于 Argyris 和 Schon（1978）组织学习概念的提出，20 世纪七八十年代，组织学习理论得到了大量研究者的关注，为 90 年代的爆发式研究增长奠定了基础。

学者对组织学习的定义并没有达成共识。可以大致分为以下三类观点：第一，"环境适应观点"。认为组织学习是组织对环境不断适应性的过程，组织学习就是组织不断地从历史中总结经验，并将这种经验编码化，形成其日常规范并指导组织行为的过程（Levitt and March, 1988），组织学习的发生是建立在过去的知识与经验的基础之上，即组织记忆信息共享、知识与心理模型等。第二，"学习过程观"。认为组织学习是一个不断纠错的行为过程，包括发现问题、寻找解决方案、修正行为、经验推广四阶段（Yin and Knowlton, 2006）。陈国权（2002）在此基础上提出更适合中国情境的"6P-1B"过程模型。第三，"学习层次观点"。Crossan 等（1999）认为组织学习涵盖了个体、团队和组织三个主体的学习过程，组织学习并非个体学习的简单集合。

彼得·圣吉在《第五项修炼》(1990)中提出了学习型组织理论。他认为组织内部充斥了学习氛围，每个成员都具有创新性，组织以人为本，具有持续学习能力，每个成员的效能与组织效能相互促进。组织学习理论强调利用信息技术，从各方面数据中获取有用的新信息，整合形成新竞争优势。组织学习的过程模型如图2-3所示。

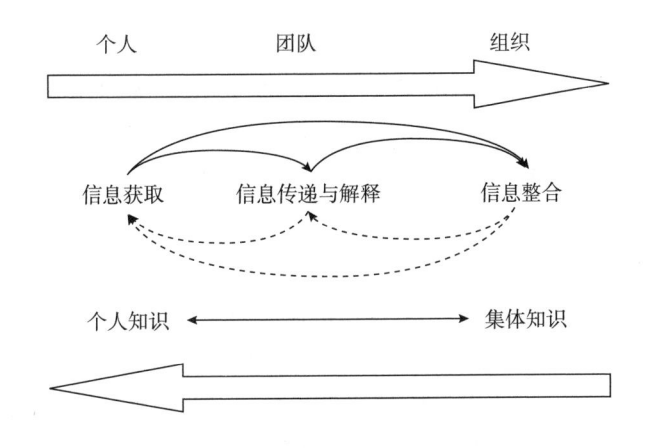

图2-3 组织学习的过程模型

资料来源：Jerez‐Gomez, P., J. Cespedes‐Lorente, and R. Valle‐Cabrera, "Organizational Learning Capability: A Proposal of Measurement", *Journal of Business Research*, Vol. 58, No. 6, 2005, pp. 715-725.

(二) 创业学习的界定内涵与模式

创业学习这一概念和相关理论最初起源于经济学领域，熊彼特和柯兹纳总结了创业学习对创新创业活动的影响。在创业研究中，创业者如何将先验知识进行转化并获取新的知识，助力创业的成功，已经成为学界和实践领域关注的问题。新创企业与成熟企业相比，由于刚刚成立拥有的资源少、相关的网络还不完善，所以难以凭自身的资源优势来占领市场，只有不断地学习才能够成长。创业者只有在先验知识和经验的基础上不断地对内外部环境进行观察、思考、反思和总结，才能有效地识别和开发创业机会，这个过程即创业学习的过程。

创业机会是创业过程的核心，创业者对创业机会识别与开发的影响非常重要，创业者通过创业学习能够不断地获取新的知识，这将有助于创业机会的识别与开发。

不少学者认为,创业学习的本质是在创业实践过程中开展的学习行为(Ravasi and Turati, 2005;Holcomb et al., 2009),就是创业者或组织在机会识别与开发、新企业创建与管理等过程中的学习。开展创业学习是为了提高创业能力,从而顺利地进行机会开发和资源获取,以成功地创建新企业。基于创业情境,主要针对新企业,获取的是创业相关的知识和信息。因此,创业学习领域的研究要密切联系创业这个特定的情境,在这个前提下构建自身的概念和理论系统(朱秀梅等,2013)。

Rae 和 Carswell (2001) 将创业学习的层次分为组织层面和个人层面,不同层面的创业者学习有不同的模式。在组织层面的相关研究中,March (1991) 从组织学习的视角将学习分为探索式学习与利用式学习。探索式学习主要通过搜索、试验、创新等方式获得新颖、多样的知识。利用式学习是对目前现有的知识和能力的深入精练和挖掘。杨隽萍等 (2018) 对探索式学习和利用式学习的研究进行了总结。认为利用式学习是对已有知识和能力的精练和挖掘,很少有冒险的成分。而探索式学习是创造新的知识,这个过程具有创新性和冒险性,同时在促进创新的基础上保持竞争的优势。他们认为,在市场竞争激烈的条件下,探索式学习更能促进新创企业的发展。

在创业学习的个人层面,学者通常将创业学习分为经验学习、认知学习和实践学习。经验学习,是创业者对已有的经验和知识进行转化获得创业知识的过程。Politis 和 Gabrielsson (2005) 认为,经验学习过程中通过提炼、转化、扩展及修改相关经验能够拓展创业知识体系,将新知识应用到创业机会的识别和开发中,有助于企业解决创业过程中遇到的问题。蔡莉等 (2012) 认为,创业者将原有的经验、经历等转变成知识可以指导创业实践。认知学习,也称为榜样学习或观察学习,是通过观察和向标杆进行学习而获得创业知识的过程。Holcomb 等 (2009) 研究表明,认知学习是通过观察和模仿学习新知识并与自己的认知结构相结合的过程,是一种将外部获取的知识内化以提升知识储量的过程。通过有效地向别人学习构建认知的模式可以提高自身学习的效率。实践学习,则是通过自身的实践获得知识。在较为动荡的环境中,当创业者难以根据以往的经验进行学习,也难以仿照他人时,创业实践是获取和领悟新知识最好的方式。经验学习、认知学习和实践学习并非相互孤立,而是相互补充的（蔡莉等，2012）。

（三）创业学习理论研究视角

学者从不同的理论视角对创业学习进行了研究，总结如表2-5所示。认知学习理论认为，创业者的认知模式及其影响因素对创业学习存在作用，并且研究了这些因素对创业学习的影响（Rae and Carswell，2001）；经验学习理论认为，创业学习以自身先前经验为基础和知识获取的源头，探讨创业者在创业实践中把先前相关经验变成现阶段需要的创业知识，从而不断提高创业能力。经验学习理论是近些年来创业学习研究的焦点之一（Politis and Gabrielsson，2009）；社会学习理论主要强调创业者所处的社会环境对创业学习的影响（Rae，2006）；实践学习指出了在无"经验"可学时，创业学习发生在实践过程中（Holcomb et al.，2009）。与具体创业情境结合的创业学习理论关注创业主体学习行为的演进，强调创业学习主要发生在创业机会的发现和开发，以及新创企业的管理过程中（朱秀梅等，2013）。

表2-5　　　　　　　　创业学习代表理论研究部分汇总

类别	模型	来源	过程	结果	基本要点	理论贡献
认知学派	创业认知学习模型（Rae and Carswell，2000）	人生经历	—	实现创业目标，提升创业能力	借鉴了心理学研究领域的理论，运用叙事研究方法，探讨了信心、自信的前置影响因素，以及二者对创业学习的影响	引用了心理学中的认知和个性领域的理论，关注创业个体的主观认知能力对创业学习的影响和作用
经验学派	基于先前经验转变为创业知识的过程模型（Politis，2005）	从业经验	探索型开发型	创业知识	阐明了创业个体采用创业学习把先前从业的相关经验转变为创业知识的过程	明晰了创业知识与先前经验的差异，明确了创业学习的具体过程及促进因素
经验学派	动态发展的创业学习框架（Corbett，2005）	先前知识	转化型吸纳型扩散型调整型	发现机会应对新手劣势	将创业机会识别划分到不同阶段，并提出不同阶段的学习方式	阐述和刻画了创业学习这个过程的动态属性

续表

类别	模型	来源	过程	结果	基本要点	理论贡献
社会学派	社会化的创业学习模型（Rae, 2006）	外部环境	—	发现、评价和利用创业机会，建立新的企业	采用叙事研究方法，系统分析了外部因素对创业学习的影响、外部因素的构成及其对创业学习的影响	借鉴了社会建构理论，探讨了创业者的社会环境对创业学习的影响和作用
	基于创业学习中介作用的创业网络嵌入作用机制模型（曹钰华和王书蓓，2022）	外部环境	—	创业学习、创业网络及科技创业能力间能动作用	创业学习具有显著的中介作用，创业网络嵌入通过创业学习传递给科技创业能力的间接作用较其直接作用更加显著	揭示创业学习作用下，创业网络嵌入对科技创业能力的作用机制
实践学派	基于直觉和直接推理的创业学习框架（Holcomb, 2009）	经验观察	直观、直接或模型学习	创业相关的知识、行为和结果	揭示了直接推理、创业相关知识和创业学习过程之间的联系	辨析了经验学习与模仿学习的区别，采用了新的研究视角，拓展了创业学习领域研究
	印记理论影响创业学习方式模型（韩烨和彭靖，2021）	案例研究	—	印记过程影响创业学习方式	初始期为实验式学习，成长期为观察式学习，发展期为协同式学习	揭示印记特征与创业学习不同方式之间的联系

资料来源：根据相关文献整理。

经验学习是创业学习的重要方式，也是目前创业学习领域研究的热点和焦点。然而，对于创业者来说，通过经验学习提升创业能力并不完全适用：一方面，经验学习本身存在一定缺陷，由于个人经验总是有限的，个人的认知也不可避免存在不同程度的偏见，导致经验学习并不总能达到理想的效果，甚至是不良效果；另一方面，大多数的创业者是创业新手，创业经验缺乏，并不具备通过经验学习提升创业成效的充分条件。研究表明，替代式学习是另一种重要的创业学习方式（Holcomb 等，2009）。替代式学习是社会学习理论中的核心概念，指的是向外界、向其他社会成员进行学习的过程（Bandura，1991）。在深度参与的学习过程中，学习者认知、情感和行为产生了变化，形成了新的知识、技能和态度。与经验学习相比，替代式学习的优势在于可以不局限于单一的信息来源，可以在诸多学习对象中进行比较和选择，学习的代价和各项成本较小，有充足的时间进行思考，能够在应用学习成果之前看到结果；最大的劣势是由于缺少"身临其境"的经历而对所学习知识的内涵、过程和机理等可能缺乏深度的理解。Bandura（1965）认为，替代式学习包括关注、加强、产生以及激励四个过程，任何一个环节都对最终学习具有影响。Kolb 等（2005）认为，经验学习的过程为经历、反思、思考以及行动四个过程。

（四）创业学习与新创企业成长

新创企业面临着资源短缺、市场环境不确定等特点，在克服"新进入缺陷"的问题上，创业学习是有效解决此困境的方法之一，进而促进企业的成长（于晓宇，2011；Lattacher and Wdowiak，2020）。创业学习能够使创业者进行相关经验知识的积累和创造（Rae，2006），同时帮助创业者更好地进行决策（Minniti and Bygrave，2001；Hunter and Lean，2018）。所以，学者认可创业学习对新创企业生存和成长起着积极的作用。通过学习形成新的知识有助于构建企业的竞争力。同时，创业学习也能够有助于创业企业形成新的知识，提升企业的创新能力，为创业绩效的增长奠定基础。

国内外的学者对创业学习对创业绩效的影响进行了研究。Minniti 和 Bygrave（2001）提出，企业家在创业学习的基础上更新相关的知识，可以进一步校正企业的策略从而提升企业绩效。Spice 和 Sadler–Smith（2006）研究了在高度竞争的环境中，学习是组织高效运作的核心能力，企业家具备高效学习的能力特质是企业成功的关键。

国内学者对这一问题的探讨也做了很多研究。安宁和王宏起（2011）将创业学习分为探索性学习和开发性学习，研究了不同的创业学习模式在先前经验和新技术创业绩效之间的中介作用。刘井建（2011）实证研究采用多群组 SEM 方法对新创企业和成熟企业进行比较分析，研究发现创业学习、动态能力对新创企业绩效的作用相比成熟企业更显著。赵文红和孙万清（2015）以西安高新技术开发区 165 家新创企业的调研数据为依据，探究创业者的先前知识对创业绩效的作用，检验探索性学习和应用性学习的调节作用。探索性学习负向调节产品/技术先前知识对创业绩效的促进作用,而应用性学习的作用则相反。探索性学习正向调节顾客/市场知识与创业绩效之间的关系。蔡莉等(2014)研究了不同的学习方式对创业能力,进而对创业绩效的影响。研究表明,无论是经验学习还是认知学习均对新创企业的绩效产生积极影响。创业能力在创业学习和创业绩效之间起到中介作用,但是不同创业能力在两者间的中介作用存在差异。林琳和陈万明(2016)构建了创业导向、双元创业学习与新创企业绩效关系的理论模型并进行实证研究。先动性与创新性两个维度分别与利用式学习和生存绩效呈正相关关系。创业导向分别通过利用式学习和探索式学习影响新创企业的生存绩效和成长绩效。

（五）创业学习研究述评

现有的文献对创业学习的产生情境的研究还不够深入。实际上,不同的环境状况对创业学习活动具有不同的影响,创业学习的重要性随着环境的模糊性和不确定性的增强而提高(Funken et al., 2020),随着竞争环境的不确定性日渐增强。各种突发事件层出不穷,可以视其为创业学习活动开展的重要前因。Cope（2005）较早关注了创业学习的环境权变问题。这些变化往往是非连续性的,并且变化幅度也常常不同且难以预测,需要处于如此情景下的创业者及时做出相应反应,强调创业者的即兴行为,创业的响应速度决定了新创企业能够获得的有限的生存时间和空间。持续不断的即兴决策也为决策者及其企业创造了高水平的学习机会。不同创业者对突发状况所做出的即兴决策在行为表现上具有多样性,行为结果也不尽相同。目前,关于如何通过创业学习提高即兴行为的积极影响,国内外的创业研究中还较少涉猎。

从创业学习的文献总结可以看出,当前对创业学习的主流研究,主要集中于对创业学习定义的界定、发生的阶段过程以及对绩效的相应的影响机制方面,形成了由经验、认知、网络实践和能力四个视角下的创业学习的研究体系。然而,没有直接的理论证据能够证实哪一视角对创业学习的现象和相关联系具有独一无二的解释力。越来越多的相关研究开始关注不同视角之间的动态联系,采取交互演化的思维方式来研究创业学习的运行机制,形成更适应当前复杂商业环境的创业学习行为的解释研究。

第三节　本章小结

本书研究的基本问题是"基于创业生态系统探究新创企业商业模式及其动态演化",主要包括新创企业商业模式的概念结构、创业生态系统对新创企业商业模式的作用机理、新创企业商业模式动态演化等。本章的主要任务是对与本书研究问题相关的理论和文献进行回顾与必要的述评,围绕创业生态系统、创业学习、商业模式研究脉络进行了梳理。

一　以往研究的小结

纵观以往的相关文献与理论研究,可以得到以下主要结论:

第一,新创企业商业模式是一个复杂的多维变量。从商业模式的相关文献回顾可以看出,学者从不同视角来整合商业模式要素,倾向于把商业模式作为多维概念构思进行测量和研究。在不同的研究背景下,商业模式测量的内容会有所不同。从理论上看,商业模式各维度以非线性的方式相互作用和关联,可由建构的方法获得。本书将尝试将商业模式与新创企业活动进行耦合,从检验单独的商业模式维度,转向与创业活动相关的新创企业商业模式维度解释与测量,以期获得比较科学的新创企业商业模式概念构思。

第二,创业生态系统的研究层面。通过对创业生态系统文献的回顾,目前的研究主要集中于宏观和中观两个层面。宏观层面,研究主要集中在创业生态系统功能评价机制和创业生态系统的动态演化过程。中观层面的研究相对较多,主要集中在创业生态系统概念、构成要素及要素关系三个方面。微观层面的研究是以创业企业为中心的,探讨创业生态系统与各生态主体之间的交互作用。现有商业模式与外部环境的匹配研究仍聚焦于企业内部视角围绕其企业个体特征而进行,较少涉及生态环境的构建。本书聚集创业生态系统的微观研究层面,从复杂生态系统理论视角,深入挖掘创业生态系统对新创企业商业模式的作用机理,新创企业商业模式与创业生态系统的耦合。

第三,创业学习是新创企业商业模式的重要研究视角。创业学习是创业过程研究的重要方面。许多学者都认为,从本质上来说,新创企业的创立和成长过程就是创业学习的过程,创业学习对新创企业生存和成长起着积极的作用，创业理论的发展与学习理论的发展密不可分。本书将尝试从组织学习层面，运用定性与定量分析相结合的方法，将创业生态系统、创业学习、商业模式演化、新创企业成长纳入互动相联的理论模型，形成比较完整的新创企业商业模式分析框架。

二 有待进一步研究的问题

第一，新创企业商业模式概念构思。目前学术界对商业模式存在不同定义，且定义多是在成熟企业情境下界定的，主要集中于商业模式的构成要素及其与绩效的关系。新创企业商业模式涵盖的范畴没有明确的界定，概念结构也没有统一。需要深入研究新创企业在市场规则、规范和市场边界被界定之前，商业模式是如何生成和演化的（陈熹等，2016），从而构建其概念结构模型。本书将通过深层访谈和内容分析的方法，构建适合中国实际情况的新创企业商业模式概念结构模型，以便更清晰地理解新创企业商业模式的内涵与企业实现收益的运营逻辑，从而能为新创企业商业模式的进一步研究提供相应的分析框架和理论基础。

第二，创业学习视角的创业生态系统对新创企业商业模式作用机理研究有待深入。从文献回顾可以看出，现有的有关创业生态系统作用机理的研究主要是定性研究，定量的实证研究主要分析主效应和调节效应，探析创业生态系统对新创企业商业模式作用机理的研究还比较少，也鲜有从创业过程来剖析创业生态系统对新创企业商业模式作用机理的研究。创业学习视角为创业生态系统对新创企业商业模式作用机理研究提供了重要的视角。因而，本书将尝试从创业学习视角对创业过程进行探讨，构建"创业生态系统—创业学习—新创企业商业模式"理论分析框架，探究创业生态系统对新创企业商业模式的作用机理，新创企业商业模式与创业生态系统协同演化机理。

第三，新创企业商业模式的动态演化研究。Andris的系列研究强调可行的商业模式对于新创企业的重要意义，对新创企业的商业模式调适模式进行了探究。新创企业在不同阶段的主要任务和应对不确定性的策略不同，新创企业商业模式构建过程中的阶段转换受到若干因素的驱动，在不同阶段的转换中，驱动因素存在差异，驱动性质也有主动和被动的区分（王迎军和韩炜，2011；张敬伟，2012；陈熹等，2016）。对新创企业商业模式动态演化的探索，将商业模式嵌入新创企业成长分析框架，分析新创企业商业模式的触发和转化机制。触发机制是商业模式创新前因的研究，以寻求商业模式创新动力。商业模式转化机制是商业模式动态性的问题，使商业模式与企业、市场内部组织知识的变化以及组织结构和管理过程相适应。从这个意义上说，新创企业商业模式演进的研究为创业管理和战略管理理论的结合提供了有益的视角。

第三章 新创企业商业模式概念模型

对新创企业商业模式的界定与测量，将使研究更具有针对性，并有助于提高对相应结果的预测效度。明晰的概念界定是探讨变量之间关系的基本前提，本部分将基于创业和商业模式相关理论，通过访谈研究、焦点小组讨论及内容分析，深入挖掘其内在的理论基础，找准新创企业商业模式的自身定位，在此基础上科学界定其概念与内容结构，以提高后续研究的信度和效度。

第一节 研究目的与研究假设

一 研究目的

目前学术界对商业模式存在不同定义，且定义多是在成熟企业情境下界定的。新创企业商业模式的范畴没有明确的界定，概念结构也没有统一。构建新创企业商业模式概念结构模型，以便更清晰地理解新创企业商业模式的内涵与企业实现收益的运营逻辑，也能为商业模式的进一步研究提供相应的分析框架和理论基础。为了更好地分析新创企业的成长和商业模式演进，本书按 Zahra 等（2000）标准将新创企业界定为"创建8年以内的企业"。新创企业创建时需要界定的重要问题：是否能保持创新；这种创新是否不可模仿和不可替代。对于新创企业而言，需要构建合适的商业模式来捕捉商业机会和创造价值。新创企业商业模式是一个复杂的潜变量。本书将在文献梳理的基础上，对创业者、行业专家及相关政府官员进行实地访谈和相关二手资料收集，并邀请相关领域的专家对访谈资料和二手资料进行编码、内容分析和结构方程建模，捕捉新创企业商业模式的特征与内涵，提出概念构思和内容结构，从而为相关实证分析奠定基础。

二 理论背景与研究假设

Morris 等（2005）对商业模式相关研究回顾发现，共有 24 种不同商业模式构成要素出现在已有研究文献中，多样化的构成要素必然会带来商业模式定义的多样化，并会进一步导致商业模式构成要素的复杂性。商业模式在已有研究成果中被分别定义为一种主张、一种叙述、一种表征、一种基础架构、一种概念化工具或模式、一种结构模式、一种方法、一种框架、一种模型及一种套路。*Long Range Planning* 杂志在 2010 年刊发了有关商业模式的专刊，专门研究了"什么是商业模式"。学者给出的结论是，"商业模式是企业如何创造并获取价值的基本逻辑"，本质上是企业与外界主体互动所形成的、以价值创造和获取为导向的基础架构（Baden-Fuller and Morgan, 2010）。研究者主要从组织理论、战略管理、创业理论三个不同的理论视角，分别探究商业模式中基础架构的本质属性（杨俊等，2018）。

（1）基于交易成本理论的组织理论视角下的商业模式研究，认为商业模式的"基础架构"是跨越组织边界的交易活动（Zott and Amit, 2007, 2010; Amit and Zott, 2015）。技术进步使企业跨越组织和行业边界，并使与利益相关者的交易方式产生了根本性的变化。价值创造和获取的逻辑，从组织内的流程转移到跨组织边界的交易活动和系统。商业模式是目标企业与其合作伙伴共同连接的交易活动系统，以及这些交易活动系统背后的互动机制（Amit and Zott, 2015）。这一理论学派将商业模式概念构思解构为三个维度：交易内容、交易结构以及交易治理。交易内容主要指企业与外界主体间交易的内容和原因；交易结构主要指企业与外界主体间交易的组织方式与结构；交易治理则反映了企业与外界主体间交易的维持、管理和控制（杨俊等，2018）。

（2）以资源基础理论为基础的战略管理视角下的商业模式研究，侧重探究商业模式的"基础架构"所承载的有助于价值创造和获取的战略性资源（Morris et al, 2005; Teece, 2010）。这一理论学派认为，商业模式的本质是企业如何工作、如何从获取原材料直到向最终消费者提供产品或服务，从而获取盈利的途径和方式（Teece, 2010）。商业模式概念构思被解构为战略方向、运营结构和财务价值三个维度。其中，战略方向关注企业寻求自身成长的结构和过程，运营结构强调企业创造价值的结构和过程，财务价值侧重企业获取价值的结构和过程（Morris et al,

2005；杨俊等，2018）。

（3）基于创业理论的商业模式研究强调价值的核心作用。这一理论视角的商业模式研究，融合了组织和战略视角下有关交易和资源的核心观点，将商业模式界定为，新创企业将机会的价值创造潜力转变为现实价值创造的中介机制，并将商业模式概念解构为价值结构、资源结构和交易结构三个维度（George and Bock，2011）。其中，价值结构是决定新创企业为自身及利益相关者创造、传递和获取价值的一系列规则、期望或机制，本质上是新创企业与环境互动从而形成的对商业机会价值的判断。资源结构是新创企业用于服务客户的生产技术、核心资源等。交易结构界定的是与关键利益相关者交易的"连接架构"。基于这一理论视角的商业模式研究，强调机会属性的重要作用，认为机会属性在很大程度上影响着商业模式"基础架构"的交易和资源特征（George and Bock，2011；杨俊等，2018）。

此外，杨俊等（2018）指出，除商业模式，以及具有以上各理论视角所阐述的创造价值的"基础架构"属性外，还包含"如何塑造竞争优势"的价值属性。所谓商业模式的价值属性，关注的是商业模式如何产生"熊彼特租金"的逻辑。商业模式的价值属性有助于解释，商业模式如何为企业利益相关者带来价值优势，而不仅仅是为企业自身。从系统结构视角看，商业模式是由产品、服务和信息构成的有机系统或合作网络，这个系统包括对商业活动及其作用、不同商业参与者潜在利益和收入来源的描述。商业模式是企业及其伙伴网络为目标顾客创造价值并从中获取价值的系统架构和盈利规则，包含一系列相互依赖的构成要素，如顾客价值主张、关键流程、伙伴、核心能力、收入方式等。因此，商业模式的价值属性有助于企业寻求基于商业模式的颠覆性优势。

综上所述，尽管大多数商业模式研究学者都认同"商业模式的本质是揭示企业如何创造、传递并获取价值的基本逻辑"（Amit and Zott，2001），但由于商业模式的现象复杂和维度多元的特征，学者从不同理论视角来解析商业模式的概念构思。总体上看，以往的研究者都倾向把商业模式作为多维概念构思进行测量和研究，在不同的理论研究视角下，商业模式概念构思的内容有所不同。商业模式的概念构思并没有统一定论，呈现出"概念多样化"的研究现状，且很多成果是在西方或成熟企业研究背景下得到的，因而有必要进行有针对性的深入访谈和内容分析，以初步确定适合本书的新创企业商业模式的基本构成要素,以及商业模式设计过程中所需依赖的关键资源、能力和活动。

基于以往的研究和以上的讨论,本书在此提出新创企业商业模式概念构思的假设:

假设1:新创企业商业模式是一个多维概念构思。

第二节　研究方法

一　深度访谈

访谈法有利于捕捉和了解新的或深一层次的信息,适应面广,易于建立主客双方的融洽关系,使访谈对象坦率直言,从而提高结果的信度和效度。另外,对于那些存储在人的头脑中的非数字化资料的收集,使用访谈法可以取得比较好的效果。本部分研究将采用半结构化的深度访谈(in-depth interview)的方法,获取第一手资料。在半结构化访谈中,访谈并非仅仅围绕提纲进行,访谈对象可以进行更多的自由发挥,研究者也可以获得更多访谈提纲以外的信息,特别是在研究者对实践情况不是特别了解的情况下该方法可能更适用。本书在半结构化的访谈中,还应用了行为事件访谈分析技术(Behavioral Event Interview,BEI)。该方法是基于关键事件法和主题统觉测验而提出的一种开放式的行为回顾式探索技术,其最大的优势在于提供了时间压缩的观察,可以使研究者获得被访谈对象在几个月、几年内发生的典型事情,从这个角度来讲,它较直接观察或对实时模拟中表现的行为的编码效率更高(李晶,2019)。

(一)访谈提纲设计

围绕本书研究目的,拟定了访谈提纲,并对新创企业商业模式的半结构化访谈做了相应设计,主要体现在:针对每一类访谈对象设计访谈问题,并根据每一位访谈对象的不同背景和实际情况进行适度的调整和细化;拟定访谈提纲对受访者进行访谈,在访谈过程中给予受访者自由发挥空间,并根据具体情况,进行与研究相关的适当追问。深度访谈调研的主题包括:新创企业初期的具体过程与组织模式,关键的推动或阻碍因素,创业者创业能力的形成及影响因素,创业者的个人经验,企业商业模式设计和调整,新创企业成长等。基于相关理论基础和相关资料分析，设计了访谈提纲如下：

（1）请您简要介绍贵企业的基本情况：
- 公司成立时间与员工数
- 公司主要业务及所处行业概况
- 企业近三年的销售情况
- 企业创业发展绩效在行业内所处的水平

（2）当初是什么情况促使您创业的？当时您的基本情况（教育经历、先前的产业、管理及创业经验，创办该企业时的年龄）如何？

（3）创业初期过程中遇到的比较关键的问题或关键阶段，当时面临什么问题，需要迫切需要解决什么问题，掌握何种技能？最后如何解决的？

（4）创业初期过程中其他印象深刻的事情？当时面临什么问题，需要迫切需要解决什么问题，掌握何种技能？最后如何解决的？

（5）贵公司产品的市场定位是什么？是怎么样的经营过程？获取收益的方式是什么？

（6）请问您是如何理解商业模式的？请简要介绍一下贵企业的商业模式。

（7）商业模式设计整体效果（新颖、速度、效率、成本等）如何？在哪些环节或流程降低了企业成本？

（8）贵企业与合作伙伴的信息共享情况如何？如何帮助利益相关者提高效率、降低成本？有没有不断改进交易机制？

（9）商业模式有没有经历过调整？调整的原因是什么？

（10）目前企业发展面临的最大挑战是什么？对政府促进创新创业发展有什么建议？

（11）贵企业（销售额、员工数、市场份额）发展速度如何？贵企业的发展与行业内领先企业发展差距如何？

（二）访谈对象

基于数据获取的便利性和对研究对象熟悉程度的考虑，深度访谈对象以苏州市范围为主，选择15位新创企业的创业者或总经理，为保证研究的全面性和深入性，注意平衡被访者的创业领域、组织形式、创业阶段以及性别等情况。

（三）访谈程序

本书访谈对象来自新创企业、政府部门、中介服务组织，在选择访谈对象时，采用典型抽样方式。首先采用便利抽样获得第一批访谈对象，利用滚雪球方式由第一批访谈对象邀请其他访谈对象参与访谈。滚雪球方式不仅具有样本方便取得、容易获得有意义的受访者的优点，而且从一定程度上缓解因双方完全陌生而产生的紧张和戒备情绪。

在访谈过程中，由两三名管理学专业博士或者教师作为访谈者，并告诉全部访谈者访谈目的和提纲，尽量减少某一人的认知偏差对访谈过程和结果的影响。在正式访谈开始前，访谈者告知访谈对象本书纯属学术研究，承诺受访者的个人详细资料（除非受访者的特殊要求）均会进行匿名处理，受访者谈及的任何信息都会严格保密。录音将征得受访者同意。如果同意将会全程录音，以便访谈结束后将录音逐字转为文字稿件；如不同意，仅在访谈期间进行笔录。

访谈正式开始时，首先向受访者简单介绍访谈目的和访谈提纲。继而，对所在单位的基本情况和被访者基本情况（包括被访者职务、被访者在本单位工作时间等）进行了解。这些问题可以对受访者的情况进行基本了解，还可以使访谈双方逐渐熟悉并进入访谈情绪以利于沟通。然后，大体按照访谈提纲展开访谈，由于采用的是半结构化的访谈，内容可根据受访者的叙述进行深层挖掘，给受访者一定的自由发挥空间，尽可能捕捉到相关信息。此外，还要求受访者提供创业过程中的关键事件，即行为事件访谈分析技术。访谈结束后，对访谈记录资料进行内容编码分析，并加以归纳。

二 焦点小组讨论

为了更深入地对新创企业商业模式进行探析，本书还进行了焦点小组讨论。焦点小组讨论是由一位经过训练的主持人以一种无结构的、自然的形式与一个小组的被调查者交谈。主要目的是让被调查者围绕大纲发表见解并进行交叉讨论，从而获取对一些有关问题的深入了解。详细的焦点小组讨论情况如附录2所示。

（一）讨论主题

焦点小组讨论主题的选择和具体讨论议题的设计程序是，研究团队按照质性研究的方法，基于对大量相关文献资料的分析和新创企业的深度访谈，对讨论主题相关的内容进行分类、归纳和分析，最后提炼每组焦点小组讨论的议题。本次焦点小组讨论在前期资料分析和深度访谈的基础上，选取了"新创企业成长与创业生态系统"作为讨论主题。

（二）参与人员

焦点讨论参与人员的选择是焦点小组讨论得到有效结果的最重要因素。为全面而深入地讨论园区创新创业环境与政策的现状与展望，参与人员的范围确定为区内企业家和创业者代表、学校方面的负责人、政府部门和机构负责人及科技园和孵化器负责人四类。共9人。

（三）讨论大纲

在相关资料分析、文献研读、深度访谈的基础上，对与新创企业商业模式相关的内容进行了分类、归纳和分析，按照质性研究的方法，提炼后形成了此次焦点讨论的大纲。

（1）聚焦企业：区内初创企业数量增加快，但存活率较低，成长速度不够快；区内初创企业往往不能动态适应市场的快速调整，把握战略方向和机遇的能力不足；区内缺乏龙头型企业，未能形成自然行业集群；区域产业政策偏重新技术，对商业平台模式缺乏重视，导致区域内技术型企业较多，平台型企业较少；风险投资对民营创业关注比较少，特别是政府背景风险投资选择项目时主要关注点在获得政府奖励，民营企业融资比较困难。此外，政府背景的风险投资对公司的经营管理限制和干涉比较多，不利于企业的发展。

（2）聚焦创业生态系统：创业咖啡馆等社交场所提供的活动能够促进创新创业，但本区域数量少，服务功能也需要进一步加强；区内交流活动数量少，多样化程度低，主要原因是民间创新创业非营利组织少、自发活动少，园区缺乏鼓励民间非营利组织创新创业相关的政策；政府和学校是区内孵化器和投资的主力，但投资和管理主体较单一，民间力量弱，服务内容多样性程度较低；公共实验室等服务平台利用效率不高，没有发挥出资源共享的效应；大学和企业就合作项目的价值和产出意见差别很大，产学研合作市场机制失灵；园区产业生态不完善，没有形成上下游产业链布局和对接的环境，因此科技转化率受限制。

（四）讨论实施

本次焦点小组讨论的实施主要由两个环节组成：首先，针对讨论大纲列举的问题展开讨论，并对各个问题进行判断和选择；然后，针对认同度较高的几个问题，聚焦讨论它们的各种可能的解决方案。具体讨论程序如下：

(1) 介绍研究背景和目的。

(2) 参与者自我介绍。

(3) 针对讨论大纲列举的问题进行讨论。

(4) 对讨论大纲列举的问题按照"非常同意、同意、也许、不同意、非常不同意"五类标准进行判断和选择。

(5)聚焦讨论认同度较高的问题的解决方案。

(6) 讨论总结。

(五) 资料分析方法

(1) 确定参与者对讨论大纲列举问题认同度的排序：对"非常同意、同意、也许、不同意、非常不同意"进行如下的赋分：5分、4分、3分、2分和1分；对每一个问题的得分进行累加统计；按照总分从高到低排序。

(2) 按照质性研究的分析方法，对问题讨论和解决方案讨论进行分类、归纳和分析。

第三节 相关访谈资料内容分析

一 访谈资料内容分析法

内容分析法的运用开始于18世纪瑞典的新闻界，是一种基于定量分析的定性研究方法。内容分析法的产生主要是因为人们对所关心的现象缺少直接证据来印证，需要用内容分析来推论。内容分析法本质上来看是文献计量学方法，基于定性分析提出假设，运用统计分析技术对研究对象开展定量分析，最后从统计分析结果得出有价值的结论。早期主要应用于新闻传播学和政治学领域。到了20世纪80年代，由于信息系统技术和统计分析方法的进步，内容分析技术获得了飞速发展，应用领域也扩展到经济学、社会学、心理学和管理学等多个学科。内容分析法可以按分析手段和过程特征分成以下三类：其一，解读式内容分析法。该方法主要通过精读、理解、解释文本内容来表达研究意图，适用于基于事实描述的个案研究。其二，实验式内容分析法。该方法是一种定量和定性内容分析相结合的方法。使用该方法需要注意：对研究问题有一定的理论基础和认知；科学地选择样本并进行客观的审核；处理材料过程中构建有信度和效度的分类体系；用定量方法分析实验数据，并给出正确结论。其三，计算机内容分析法。计算机技术和信息技术的发展为内容分析法提供了功能强大的工具，能够快速而准确地进行数据资料的收集、存储、编辑和排序等处理工作。

目前，内容分析法已经普遍应用于管理研究领域，我国在组织和战略领域也有很多运用内容分析法取得的成果。李芊等（2021）运用内容分析法，对区块链相关政策文件从"政策工具与政策目标"两维度进行定量研究，全面分析我国区块链政策中存在的不足，并提出针对性的政策优化建议。李丽莉等（2021）采用内容分析法对 2004—2020 年中央"一号文件"中有关中国农村人力资本投资的内容进行分析，得出了中国农村人力资本投资的政策演进趋势与关键调整，以及未来的相关政策展望。内容分析不仅仅运用在文献或政策的梳理中，还用于实证分析。例如：杨隽萍和李瑾（2021）基于全球创业观察 GEM 模型，运用内容分析法，对 2019 年浙江省 86 个产业园的官方网站进行文化信息挖掘，构建了包含金融扶持、政策、政府项目、创业教育、研发转移、商业环境、基础设施、文化及社会规范八个维度的创业生态系统分析框架。周明和杜佳仕（2021）以 2015—2019 年我国沪深两市 78 家 A 股采矿业上市公司为样本，运用内容分析法和固定效应回归相结合的方法，对采矿业上市公司的环境信息披露对财务绩效的影响进行实证研究。

根据研究目的的需要，本部分研究建立了类目尺度的量化分析系统，采用定量的语义内容分析方法，以预先建立的新创企业商业模式要素类别为依据，以具有相对独立完整信息的句子或段落作为最小的内容分析单元，对访谈获取的资料进行分析，最后形成新创企业商业模式的要素归类，并要求编码者判断每个分析单元属于哪种新创企业商业模式要素。例如，下面的段落就是新创企业商业模式的访谈资料（节选），包括分析单元。

<u>我们的产品是一款定位工业互联网的数字平台产品</u>，当前市场完全匹 (1)
配的直接竞争对手较少，基于 2021 年和 2022 年第一季度的客户拓展情况，为企业提供数字化转型的大型综合服务商，如阿里云、京东科技、百度云、西门子、霍尼韦尔等都不具备同款产品的能力，但它们在整体

数字转型规划、整体解决方案、基础设施产品和应用系统产品上较为成熟和强大，<u>我们差异化聚焦上层数字平台和数字应用</u>。目前我们处于高速

（2）

发展初期，已完成产品化沉淀和规模化准备，预计在2022—2023年实现销售总收入约1.5亿元的增长，客户群覆盖全国。

<u>我们定位是企业数字化转型和智能化升级的商业伙伴</u>。整个智能制造

（3）

演变需要经历自动化、信息化、数字化和智能化四个阶段。当前中国市场大部分大型企业已经完成了信息化建设，并开始进行数字化转型的规划和建设，而中小企业的信息化进程还没开始。

大型企业面临咨询规划不落地、技术产品繁多、老系统的兼容问题等，导致数字化转型落地困难，产品虽然实施，但实际业务价值体现不大；中小企业市场信息系统产品昂贵、笨重，维护成本高，导致信息化都无法建设。因此，<u>针对大型制造企业，差异化与大型服务商的解决方案和产品，只做数字化转型的落地和落地后的业务提升服务，并同时基于累积的大数据基础，帮助进行智能化改造升级；针对中小企业，提供市</u>

（4）

<u>场上最轻量级的一站式一体机解决方案，使用订阅模式的，用最低的成本完成核心模块信息化和数字化的升级</u>。经营的过程，主要是靠"产品+

（5）

服务"的方式，获取收益的方式主要通过"产品授权的价格+开发实施"的收入。

（6）

我对商业模式的理解：<u>商业模式是一种价值创造、多方共赢的模式</u>。

（7）

商业模式画布理论，提出了其商业模式构成要素，<u>包括产品层面、客户层面、资源层面、重要伙伴四个层面以及价值主张、关键业务、收入来源、客户细分、客户关系、核心资源、成本结构、销售渠道、重要伙伴九个纬度</u>。

（8）

A公司的商业模式主要是通过产品和客户层面的创新：

第一个是价值主张。通过我们的产品赋能，让我们的客户可以在有限的

投入下,从多维度获得数字化转型所带来的巨大收益,降本增效提质减存。

(9)　第二个是关键业务。我们的关键业务从服务大客户为主,中小客户为辅,慢慢转变为,标准化产品服务中小企业为主,大客户定制化为辅。

(10)　第三个是收入来源。我们的收入来源也从大客户的定制化收费,慢慢转移到中小企业的产品收费,2021年零赛云的收入95%是产品。

(11)　第四个是客户细分。2021年,我们开始聚焦我们的客户群体,虽然我们是专注在制造业的工业互联网中台,但是制造业也是非常庞大的,我们进一步细分我们的客户群体,专注在离散制造业下面的汽车、新能源、电子半导体、装配制造、医疗等我们熟悉的领域,更加关注中小企业数字化转型服务。

(12)　第五个是客户关系。2021年下半年,我们成立了专门的客户成功团队,专门负责中小企业的客户服务,深入服务中小企业,引导中小企业持续付费。

(13)　第六个是资本融资。2021年9月,我们也获得了德同资本的pre-a轮战略融资,强化了现金流,增加了抗风险能力。

(14)　商业模式的调整,整体效果还是非常不错的,特别是在中小企业数字化转型服务过程中,我们开创性地使用某精益数智一体机来赋能中小企业数字化转型和智能化升级,帮助企业构建数字中台,从产品研发、原材料采购、生产制造、质量管控、设备维护保养、员工技能培训等多维度赋能企业转型升级。帮助企业降低物料、成品库存,控制制造

(15)　成本,提升产品质量,缩短交付周期。

新的商业模式提供了新的产品和服务——某精益数智一体机AIO(All In One),是工业数字应用和工业级硬件集一体的一站式边缘计算解决方案。硬件包含机柜、服务器、电源、交换机、工业网关等,内置一套mini版的Lean IDOOS(含低代码应用平台、边缘数据存储、数据分析引擎、机器学习算法引擎、数据采集平台、EDOC等),软件包含智能工

厂管理应用、智能巡检应用、设备管理应用等。以订阅模式针对中小制造企业，降低购买门槛，开箱即用，可以快速采集边缘端设备数据和集成其他应用系统数据，并建立数字化管理应用，帮助企业提升管理效能、改善质量、减少设备停用时间、缩短交付周期等。
（16）

A 公司新的商业模式，还有一个比较大的创新点就是销售渠道和合作伙伴的创新。之前我们主要是靠直客来销售，很难有大的爆发式的增长。
（17）

2021 年底，我们对销售中心进行重组，整合了原来的销售团队、渠道扩展团队、售前团队，成立了新的销售中心。新的销售中心的核心工作之一就是拓展渠道和合作伙伴，通过产品预售、代理、联合打单等方式和合作伙伴形成信息共享，利润共享。合作伙伴通过售卖、集成我们的标准
（18）
化产品，可以降低开发成本、提高利润率，同时，通过整合我们的原来的客户案例和解决方案，合作伙伴的订单成交率也大大提升了。
（19）

本部分研究邀请了创业研究领域的博士、产业经济领域的博士、企业高管（MBA 学位）各 1 位作为编码专家，共同完成编码工作。在编码前，事先将编码规则和程序对编码人员进行了详尽的说明，并对访谈资料进行试编码，熟悉编码过程。编码者以句子为分析单元，根据预先构建的新创企业商业模式编码表，采用单重归类，将可能具有多重属性的分析单元归入最适合的内容类别中。删除三位编码者意见相左，且含义不清的分析单元。通过预编码，去掉了 37 个不能进入预先建立的新创企业商业模式要素类别的分析单元。各编码专家对其余 126 个分析单元进行独立的正式编码。编码结束，对三位编码专家的编码结果进行一致性检验，以提高研究的信度和效度。

二　新创企业商业模式要素类别的建立

在新创企业商业模式访谈中，首要关注的一个问题就是"您认为什么是商业模式"，以下就是有关商业模式概念的访谈资料节选：

a. 商业模式对于我们创业企业来说非常重要，也非常有价值，商业模式的开发与实施是关系到我们企业生存和成长的重要问题。对我们企业来说，商业模式是在创业实践中逐渐生成的，创业企业的商业模式是

一个不断调整的过程，我们一直在寻找能盈利、可持续的商业模式。

b. 简单的一句话，商业模式就是企业如何开发机会、如何赚钱的模式。商业模式可以理解为如何通过业务运营计划，为客户创造价值、传递价值，最终实现企业价值的过程。

c. 商业模式就是要搞清楚我们是谁，顾客需要什么，我们能否以及如何满足顾客需求，并从中盈利，以及在这个过程中我们企业怎么与其他利益相关主体进行互动。

基于对访谈资料的初步整理，并结合以往国内外的研究文献，根据内容相关、构思域完整、类别之间相互排斥的原则对访谈资料进行分析、筛选，初步形成新创企业商业模式的概念。

新创企业商业模式是以机会开发为核心的价值创造模式，以及围绕价值创造模式的外部伙伴整合与价值创造活动体系的构建。新创企业商业模式不仅是由多要素组成，并利用多要素之间的相互联系来创造和获取价值的系统，也是动态调整的过程，从而实现新创企业的生存和成长。主流理论观点认为，商业模式概念构思包括内容、结构和治理三个维度（Amit and Zott，2012）。其中，内容维度指的是，商业模式创造价值属性以及与创造价值相关的活动属性；结构维度指的是，商业模式价值创造网络中交易伙伴属性，以及网络中利益相关者互动方式的安排；治理维度指的是，在价值创造网络中利益相关者间的利益分配和激励约束机制（Johnson et al.，2008；Zott and Amit，2010）。本书认为，新创企业商业模式是一个多维度的构思，包括价值主张、价值经营和价值获取，这三个维度构成了一个系统、动态的构思。这三个维度各自的概念内涵如下：

（1）价值主张：价值主张是新创企业商业模式的基本前提与逻辑起点，通过市场定位来实现新创企业的价值主张。市场定位是在进行科学市场细分和确定清晰目标市场的前提下，分析客户的痛点，满足客户对产品或服务的需求，并获得盈利。通过准确的市场定位，新创企业可以回答"我是谁"的问题，在市场上确定新创企业存在的价值，从而塑造起自身的竞争优势。

（2）价值经营：价值经营包括价值创造和价值传递，通过新创企业的价值经营，实现从机会的价值创造潜力转变为现实价值创造。价值经营具体是指，新创企业在经营活动中，通过资源编排实现组织内部各要素共同作用和相互协调，组织外部与各利益相关者建立合作关系，形成从产品或服务设计开发到售后服务的复杂业务体系。新创企业外部经营环境的不确定性和动态性特征,使新创企业需要根据环境条件的变化动态调整价值经营系统,从而更好地适应不确定环境中的风险,实现盈利和企业成长。

(3)价值获取:价值获取是新创企业在满足客户需求的基础上,为自身和其他利益相关者创造经济价值的途径与方式,包含收入模式和成本模式,是商业模式最终的落脚点。对于新创企业而言,合理的收入和成本模式,能使企业的价值经营切实可行,驱动新创企业的价值获取,使新创企业获得保持竞争优势与持续盈利的能力。

三 编码表的构建

内容分析过程实质上体现为两个相互影响的过程,即详细说明被检测内容特征过程和运用清晰规则识别与重新编码这些内容特征的过程。在内容分析过程中,需要明确类目和编码内容特征的明细规则,并使之适用于问题和内容。编码表的构建过程就是这一过程的具体体现。在构建编码表时,选取的类目应与研究目标紧密相关,为了使类目体系方便编码和分析,要对类目数量进行一定的控制,并尽量使类目具有互斥性和完备性(李晶,2019)。基于以上讨论,本书构建了新创企业商业模式要素编码表(见表3-1),从价值主张、价值经营和价值获取三个方面来分析新创企业商业模式。

表 3-1　　　　　　　　新创企业商业模式编码表

维度	内容
价值主张	• 能够准确地进行市场细分和目标顾客的锁定 • 以客户需求为导向 • 企业产品或服务的创新程度及技术的先进性 • 最有价值的、能够保持企业竞争优势的资源与竞争者资源的差异化程度
价值经营 (价值创造与价值传递)	• 产品生产流程中各环节及资源的协调管理水平 • 生产过程中的要素组合中使用效率高 • 供应链运营的经济价值创造能力 • 企业与合作伙伴之间合作模式互利性 • 生产系统对用户需求变化和市场竞争的响应速度 • 拥有多重营销推广渠道

续表

维度	内容
价值获取 （成本结构与盈利模式）	• 产品成本水平行业的领先程度 • 产品成本结构的合理性 • 主营业务利润为公司主要利润来源 • 获得规模增长的盈利模式是创新性的

四 内容分析结果

（一）编码的信度检验

内容分析法的信度一般是指两个或两个以上的研究者按照相同的分析维度对同一材料进行评判所得结果的一致性程度，它是保证内容分析结果可靠性、客观性的重要指标（Kolbe and Burnett，1991）。一般认为，内容分析中编码的一致性程度在 0.80 以上为可接受水平，在 0.90 以上为较高水平。若用 T_1 表示编码者 A 的编码个数，T_2 表示编码者 B 的编码个数，T_3 表示编码者 C 的编码个数，$T_1 \cap T_2 \cap T_3$ 表示三个编码者编码归类相同的个数（交集），$T_1 \cup T_2 \cup T_3$ 表示三个编码者各自编码的个数的并集。编码一致性程度，可用编码归类相同的个数与各类别上编码个数总数的比值来表示。编码一致性的计算公式可表示为：

$$CA = \frac{T_1 \cap T_2 \cap T_3}{T_1 \cup T_2 \cup T_3}$$

通过对三位编码者 CA 值的计算，各要素编码专家一致性程度均在 0.85 以上（见表 3-2），均达到可接受的信度水平。为了进一步验证研究信度，本书还计算了三个编码者两两之间的 Kappa 系数，分别是 0.769、0.791 和 0.836。当观测一致率大于期望一致率时，Kappa 值为正数，且 Kappa 值越大，说明一致性越好。根据边缘概率的计算，Kappa 值的范围值应在 -1—1。Kappa≥0.75，表明两者一致性较好；0.75＞Kappa≥0.4，表明两者一致性一般；Kappa＜0.4，表明两者一致性较差（马斌荣，2005）。从 Kappa 系数和编码专家一致性角度来看，此次编码达到了较为理想的效果。

（二）编码的效度检验

新创企业商业模式构思是商业模式在创业研究领域的具体体现，也是创业理论和商业模式理论的深入与发展。本书以创业理论和商业模式理

表 3-2　　　　　　　　　　编码专家一致性程度

内容类别	编码专家一致性程度
价值主张	0.92
价值经营	0.85
价值获取	0.89

注：样本量 N=126。

论作为理论研究背景，使编码的内容效度得到理论保障。为了保证编码的效度，在研究中加强了过程和结果的控制。在编码过程中，不仅使用个人深度访谈和焦点小组访谈资料，还结合了已有文献资料、其他相关案例研究材料、专家意见等，以降低单纯依赖访谈资料可能造成的获取信息的缺失。经过综合分析，提出新创企业商业模式的类别要素，并通过预编码进行初步验证，保证访谈材料有效。在编码过程中，请编码专家对有争议的单元进行充分的讨论，如果三位编码专家的意见无法达成一致则进行删除，最大限度地保证了每一个维度的分析单元与维度内涵一致（李晶，2019）。

内容分析效度检验的一个常用指标是"内容效度比"（Content Validity Ratio，CVR），计算公式为：

$$CVR = \frac{ne - N/2}{N/2}$$

其中，ne 为认为某个项目很好地表示了测量内容范畴的评判者人数；N 为评判者的总人数。可以看出，当所有人认为内容不当时，$CVR = -1.00$；当认为项目内容适当的评判者不到半数时，CVR 为负值；当认为项目合适和不合适的人数对半时，CVR 值为零；而当所有评判者认为项目内容很好时，$CVR = 1.00$（王重鸣，2001）。在本部分研究中，分别计算了三位编码者对 126 个分析单元的编码结果的 CVR 值，以检验各分析单元在多大程度上表示了新创企业商业模式的范畴。结果显示：有 65 个单元的 $CVR = 1$；37 个分析单元的 $CVR = 0.81$；24 个分析单元的 $CVR = 0.54$。由此可见，本书的编码结果具有可接受的内容效度。

五　编码结果

从表 3-3 中对访谈材料内容归类的结果（部分）来看，编码专家的归类基本上反映了相应的类别，新创企业商业模式三个要素被提到的频次基本相同。

表 3-3　访谈材料内容归类（部分）和各要素频次统计结果

新创企业商业模式要素	被编码访谈内容举例	频次	占总频次的百分比（%）
价值主张	"针对中小企业，提供市场上最轻量级的一站式一体机解决方案，使用订阅模式的，用最低的成本完成核心模块信息化和数字化的升级。" "虽然我们是专注在制造业的工业互联网中台，但是制造业也是非常庞大的，我们进一步细分我们的客户群体，专注在离散制造业下面的汽车、新能源、电子半导体、装配制造、医疗等我们熟悉的领域，更加关注中小企业数字化转型服务。" "技术创新属于商业模式创新的一个比较关键的维度，技术创新和商业模式创新相辅相成，技术创新会带来产品创新、技术壁垒，增强企业核心竞争力，没有技术创新的商业模式是无法长久的，但是技术创新成功不代表商业模式创新成功了。" "技术创新本身没有价值，如果不能商业化，如果不能为客户带来价值、不能为企业创造利润，再伟大的技术创新都没有用。" "随着动态市场快速调整，把握方向和机遇的能力还算可以。" "商业运作方式与原来差不多，只是改进了产品，推出各种不同的解决方案提高客户的工作效率。"	68	32.28
价值经营	"在这个过程中我们对我们的商业模式也进行了深入研究，开始把公司战略方向由服务大客户为主转向服务中小型制造业，这就要求我们的产品能够快速复制，为此我们及时调整产品方向。" "合作伙伴通过售卖、集成我们的标准化产品，可以降低开发成本、提高利润率，同时，通过整合我们的原来的客户案例和解决方案，合作伙伴的订单成交率也大大提升了。" "因为公司规模的不断扩大，对销售、渠道、交付、研发、财务、人事等各个环节都有不小的挑战。" "2021年我们开始关注渠道的拓展和生态的维护，也举办了合作伙伴论坛，做了很多渠道推广活动。" "信息化服务平台上线后，我们尝试与企业服务相关的服务商（代理财务机构、会计师事务所、律师事务所、人才招聘等）进行战略合作。"	72	34.29

续表

新创企业商业模式要素	被编码访谈内容举例	频次	占总频次的百分比（%）
价值获取	"经营的过程，主要是靠"产品+服务"的方式，获取收益的方式主要通过产品授权的"价格+开发实施"的收入。" "从2015年自行研发的园区管理系统和园企互动小程序上线以来，大大降低了企业运营成本，提高了客户响应速度，服务需求的挖掘更快更精准。" "苏州大市范围内，我们是民营孵化器的头部企业，但是与国内行业内头部还是有差距，像上海的2家同行已经挂牌上市，最大的差距就是企业的融资能力，融资能力跟不上，导致市场规模拓展放缓速度，最终体现在营收方面的复合增长率较低。" "通过远程获得用户的信息包装需求信息，在线建模提供解决方案，通过智能柔性生产降低包装生产成本。"	70	33.43

第四节 创业生态系统对新创企业商业模式作用访谈分析

在访谈中，设计一个有关"创业生态系统对新创企业商业模式作用"的问题，要求受访者列举两项或以上，并举例说明。分析访谈资料可以发现，受访者认为创业生态系统对新创企业商业模式的作用集中体现在精准价值定位、改善价值经营、影响价值获取和促成商业模式调整四个方面（见表3-4）。在这四个方面作用中，受访者提到最多的是"创业生态系统在改善价值经营方面的作用"，所有的15位受访者都提到了此作用。一些受访者认为，创业生态系统本身对新创企业来说就是重要资源；另一些受访者认为，尽管创业环境自身并非创业资源，但可以使创业资源集聚在某一特定区域，从而使新创企业实现从机会的价值创造潜力转变为现实价值创造。其次是"创业生态系统有助于精准价值定位"，有13位受访者提到了这一作用。有11位受访者提到了"创业生态系统可以影响价值获取"。此外，还有9位受访者提到了"创业生态系统促成商业模式调整"。

表 3-4　　访谈对象对"创业生态系统对新创企业商业模式作用"的理解（节选）

创业生态系统作用	典型描述举例
精准价值定位	"政府是孵化器载体运营的 GPS，为孵化器运营方出具绩效评价指标、产业引导方向和科技指标定义等，孵化器前期阶段，政府会给予政策扶持资金（空间改造建设、服务平台建设等），运营阶段根据区域最新政策引导，举办科技创新创业活动、高端人才落地、产业税源项目落地等，兑现相应的扶持政策。" "大多数机构投的还是移动互联网、金融、电商等商业模式比较清晰的创业公司，工业互联网平台还是属于比较新颖的商业模式，能够看懂并且愿意投资的机构非常少。在和投资机构接触的过程中，我们也重新审视了我们的产品方向、市场定位和商业模式。" "创业者所处的生态，能够帮助潜在创业者更好地了解其关注的领域、获得更多的信息以及评价自身的状况，因此对潜在创业者发现创业机会起着举足轻重的作用。在中介机构对潜在创业者关注的领域进行客观评价的基础上，创业者的创业意愿会做出调整。"
改善价值经营	"客户，就是我们的入园孵化企业和毕业企业，也是我们孵化服务的核心对象。没有客户就没有我们发展的原动力，我们和客户的关系是互为成长，共同发展。" "我们通过生态系统来扩展我们的渠道伙伴，通过渠道伙伴来宣传我们的品牌，推广我们的产品，影响我们的客户。" "信息技术的发展形成的组织跨界，从根本上改善了企业与供应商、客户之间的互动方式，外部价值传递的链式结构逐渐向网络化生态系统方向发展。"
影响价值获取	"生态系统里的各主体通过紧密合作的方式，实现资源优势互补，共同解决客户问题，创造客户价值。" "借助生态扩展了市场，增加了客户群体，提升了销售额和品牌知名度。" "前几年我们靠的都是自己去推广、去打单、去交付，公司发展很慢，也很累。2021 年我们开始关注渠道的拓展和生态的维护，也举办了合作伙伴论坛，做了很多渠道推广活动，形成了一定的工业互联网平台的生态，聚集了一批渠道和生态伙伴，在这个生态环境下，借助渠道的力量和推广，我们得以快速地成长。"
促成商业模式调整	"孵化器经历了从 1.0 商业模式到 4.0 商业模式的演变，4.0 商业模式是"产业链、生态系统孵化服务"模式，聚集产业链上下游创业企业，引入全领域创业服务机构，提升生活服务能力，打造创业生态系统。我认为民营孵化器的黄金发展十年已过去，未来市场竞争越发激烈，未来的竞争是生态系统间的竞争。" "我们的产品和解决方案可以提高成单率，同时可以减少研发成本，基本上可以做到开箱即用，帮助渠道和合作伙伴节省了成本，缩短了交付周期，强化了客户关系。" "生态至关重要，特别是创业型公司的生态尤为明显。我们可以轻松地做到销售额 500 万元、1000 万元甚至 1 亿元，但是如果想要做到 10 亿元、100 亿元，唯有靠生态、靠渠道和伙伴。"

第五节 访谈总结与讨论

本部分研究对新创企业的 15 位创业者或总经理,进行了半结构化的深度访谈。邀请苏州工业园区内企业家和创业者代表、政府部门和机构负责人以及中介服务机构负责人三类机构共 9 名代表,以"新创企业成长与创业生态系统"为主题进行了焦点小组讨论。通过半结构化的深度访谈和焦点小组讨论,获取第一手资料,对访谈资料中涉及的新创企业商业模式的内容进行了分析,为新创企业商业模式概念模型的提出积累了比较充分的现实素材。通过分析 15 位受访者访谈资料和焦点小组讨论资料,共得出 126 个新创企业商业模式分析单元,对这些分析单元进行内容分析的结果表明,新创企业商业模式可以初步归为价值主张、价值经营和价值获取三个要素类别。基于已有文献的梳理和访谈资料的内容分析,新创企业商业模式的多维概念构思初步得到验证。

本部分研究还对各要素在访谈材料中出现的频次进行了描述统计分析,结果发现三个要素被提及的频次相当。访谈研究获得的"价值主张—价值经营—价值获取"三要素,从价值创造视角诠释了商业模式运营的内在机理。其中,"价值经营"被提及的频次最高。大部分受访者都反复提到"价值创造""创值传递"在创业过程中的重要作用。价值经营作为价值主张和价值获取间的中介机制,实现从机会的价值创造潜力转变为现实价值创造,是商业模式的核心。从访谈材料中发现,价值经营所包含的价值创造和价值传递,反映了新创企业商业模式不同于其他竞争者的地方,是其商业模式的核心竞争力。受访者 A 认为:"内部打通、内部联动;内外联动、利用外部的资源;外部联动,将外部的资源联系起来,变成自己的资源,外部打包、联动。只有跟重要合作伙伴形成生态圈,与客户进行深入互动,才能形成合作共赢的效果。"

频次居第二位的是价值主张。大多数受访者认为,价值主张是对创业机会的具体阐释,反映了新创企业商业模式的总目标,包括创造消费者剩余满足顾客需求,满足合作者的利润诉求,并为利益相关者创造价值等。受访者 B 认为:"价值主张是商业模式与客户联系最紧密的模块,企业需要综合考虑组织结构、资源、能力、成本、盈利与价值主张之间的相互作用关系。"

频次居第三位的是价值获取。价值获取是商业模式的最后一环。商业模式核心内涵就是企业通过满足利益相关者的价值主张，从客户支付中获取利润，因此只有能够完成价值获取的商业模式，才能为新创企业带来价值，促使其生存与发展。受访者 C 提到："商业模式最后还是要落实到价值创造和多方共赢上，我们新的销售中心的核心工作之一就是拓展渠道和合作伙伴，通过产品预售、代理、联合打单等方式和合作伙伴形成信息共享，利润共享。"

从以上的分析和讨论可以初步验证，新创企业商业模式是在以往创业研究和商业模式研究的基础上，从价值创造视角构建的一个系统的多维构思，包括价值主张、价值经营和价值获取三个维度。从深度访谈和焦点小组讨论中可以得到，这三个维度并不是相互割裂的，而是互动匹配共同构成了新创企业商业模式。这与商业模式作为主效应研究范式的结果相一致，这类研究表明，商业模式作为一个整体比单个环境要素对新创企业成长与发展的影响要大得多。

不少受访者都谈到，创业生态系统对商业模式的整体过程都产生了影响。创业生态系统对新创企业商业模式的作用集中表现在精准价值定位、改善价值经营、影响价值获取、促成商业模式调整这四个方面。目前有关商业模式与创业生态系统关系的研究，主要聚焦于商业模式设计影响企业适应外部环境的作用机理，以及企业商业模式与利益相关者之间关系的研究。学者认为，商业模式各个元素之间的关系，如价值网络、企业内结构变量、知识结构、资源配置结构对企业适应环境的能力有所影响；对商业模式各个元素之间关系的重构和管理，如业务流程重构、模块重组、界面规则的固化和价值化等都会影响企业对环境的适应。Amit 和 Zott（2007）指出，商业模式的构成要素需要能够清晰地描述企业与各个利益相关主体之间的关系，以及它是如何通过与利益相关主体之间的交易来为交易各方创造价值的。

综合来看，商业模式以价值主张为引导，价值经营为途径，价值获取为最终目的，形成了一个价值创造的循环。基于系统理论分析的创业过程是一个与外界环境之间交换物质、能量、信息的开放性系统，具有整体性和开放性的特点，创业过程中各个关键要素之间互相关联，并与外界环境间动态交互作用。新创企业高度依赖于环境，尤其是关于资源、信息以及有待探索和利用的机会。新创企业作为开放复杂自适应系统存在于创业生态系统中，商业模式只有与创业生态系统协同共演，才可能有助于新创企业绩效的提升及企业成长。新创企业在实现了价值获取之后，会适应创业生态系统进行价值主张的动态调整，并重新进行价值经营和价值获取活动，从而实现价值创造的螺旋上升循环。新创企业商业模式既受到创业生态系统的制约，同时又对创业生态系统有反馈效应。具体的商业模式循环过程模型如图3-1所示。

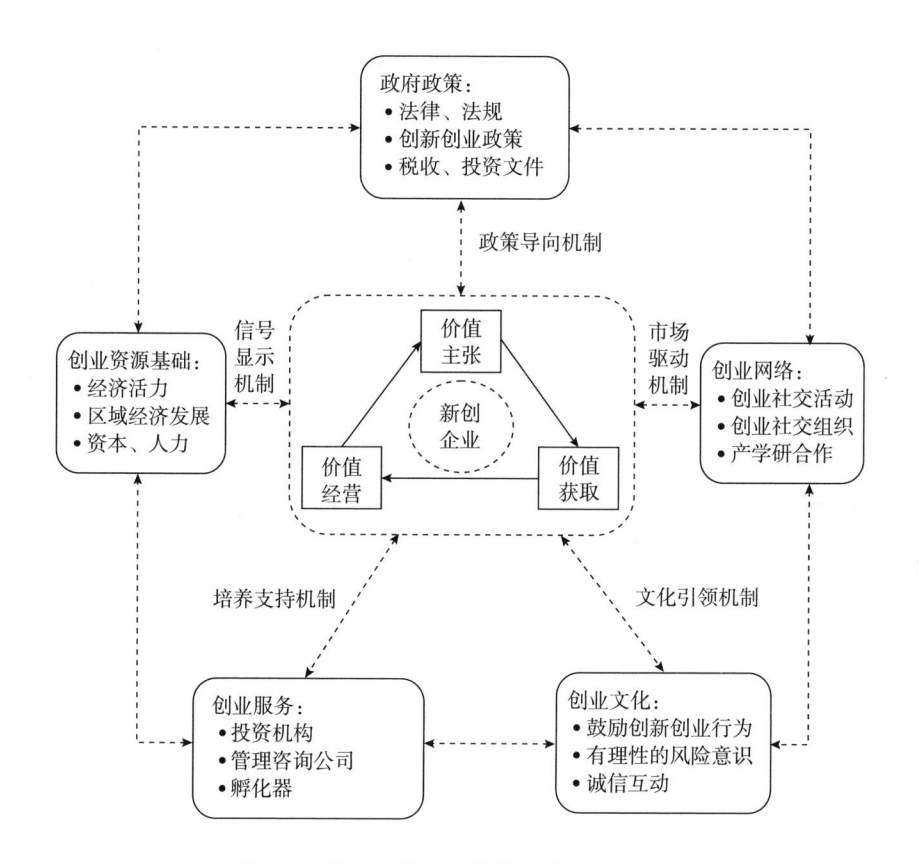

图3-1 基于系统理论的商业模式循环模型

本部分研究通过半结构化访谈和焦点小组访谈，并对访谈资料进行内容分析，达到了预期目的，初步归纳出新创企业商业模式的三个要素，并且这三个要素形成了一个价值的循环。结果还表明，创业生态系统在精准价值定位、改善价值经营、影响价值获取、促成商业模式调整这四个方面都起到重要作用。本部分研究得出的三个新创企业商业模式的要素及其潜在结构，以及创业生态系统对新创企业商业模式的作用机理，需要通过大样本实证研究来进行进一步的检验。

第四章 创业生态系统对新创企业商业模式作用机理

社会学习理论强调环境、认知、行为的互动因果关系,并拓展到组织领域。从理论上看,创业学习受到环境的影响,也是组织行为的有效预测指标。本部分在前几章研究的基础上,对创业生态系统对新创企业商业模式的作用机理进行了分析。通过相关分析、结构方程建模等方法检验创业生态系统五要素对新创企业商业模式的影响。此外,本部分还将检验创业学习在"创业生态系统—新创企业商业模式"关系中的中介效应,从创业学习视角探究创业生态系统对新创企业商业模式作用机理框架。

第一节 研究目的

有关创业活动的研究理论可以分为三种理论视角,即资源基础理论、生态系统理论和战略管理理论。资源基础理论认为,有形和无形的资源最终决定新创企业是否能创业和获取竞争优势。生态系统理论认为,外部环境状况是创业成功的决定因素。综合两种视角,战略管理理论认为,资源和环境都会影响创业成功与否,而最重要的成功因素是新创企业应对变化环境所进行的战略活动和决策。Shane 和 Venkataraman(2000)认为,创业活动是由创业机会和创业主体相互作用产生的。本书将借助这些理论观点将创业环境、新创企业和创业活动联系起来,探索创业生态系统对新创企业商业模式的作用机理。

新创企业高度依赖于环境,尤其是关于资源、信息以及有待探索和利用的机会。创业生态系统中的新创企业通过创造差异化价值主张来吸引客户,同时吸引合作伙伴,从而形成合作共生关系来为客户创造价值,进而实现新创企业的价值获取。大量的现实案例表明，创业者即使拥有很好的市场或技术的创业机会，也会由于缺乏价值主张、价值经营和价值获取的逻辑从而导致创业失败。Zott 和 Amit（2007）指出，商业模式的构成要素，需要能够清晰地描述企业与各个利益相关主体之间的关系，以及它是如何通过与利益相关主体之间的交易来为交易各方创造价值的。商业模式是一个由互相联系的若干活动所组成的系统，这个系统可能越过了企业的边界，在内外部环境刺激下发生演化。进一步研究如何将新创企业边界延伸到利益相关企业，实现新创企业商业模式与创业生态系统的耦合，将有助于提高新创企业绩效和实现可持续的创业生态系统。

任何一个创业者不可能拥有所需的全部创业知识，需要不断向他人学习、沟通和交流来弥补自身的不足。此外，市场和外部环境的状态是瞬息万变的，创业者只有随时掌握外界信息的发展变化，跟踪行业发展前沿，同时不断调整自身的战略和策略，才能应对迎面而来的各种挑战。在这种情况下，创业生态系统是创业者可以利用的重要平台和渠道，创业者可以凭借广泛的社会网络关系，搜寻和汲取各类信息，通过正确的判断进行高效的决策。在创业实践过程中，由于创业过程是复杂的、动态发展的，对创业者能力和知识的要求也是多样化的、不断变化的，创业者需要在不同的创业阶段下，结合不同的创业任务进行不同的学习，可以说创业的过程也是学习的过程。早在 1989 年学者 Stata 就指出，个体或组织的社会网络是产生个体或组织学习的主要来源。之后，有关社会网络的研究证实，社会网络是创业者获得信息最可信赖的渠道，其中强关系网络的作用更加突出从企业的网络关系中获取的资源对创业发展的重要性（Zaheer and Bell, 2005）。创业者通过创业生态系统获取资源，并得到有效信息，在此基础上对这些信息进行有效的整合，把这些信息有效运用到创业实践中，这就是一个创业学习行为。创业生态系统各主体相互之间知识的互动、传递、共享、整合，可以让创业者在创业过程中实现知识的积累，从而获得竞争优势。可以看出，创业生态系统与创业学习是紧密联系的，创业者从创业生态系统中获得了新的创业知识，增强了创业能力，提高了对资源获取和利用的效率，进而有利于创业进程，并根据发展的需要塑造新的创业生态系统、带来新的学习。

基于社会学习理论和社会建构理论的研究结果表明，创业是一个机会创造、认知和行动三者之间互相作用的过程，创业学习不仅能够积累创业知识，而且有助于构建特定的关系网络从而实现知识的动态构建（Rae，2001）。新创企业机会开发的过程需要企业克服自身的劣势，通过创业学习改善资源的状态，提高资源的构建效率。商业模式的设计可以认为是由不同的资源要素构成的资源架构。因新创企业处于高度不确定的环境中，企业可以通过创业学习获取相应的资源并设计成不同主题的商业模式实现创业机会的开发。新创企业通过创业学习，获取创业知识、信息和能力，从而更好地适应外部不确定和动态的环境，克服市场新进入者劣势（蔡莉等，2010；林琳和陈万明，2016），快速有效地识别和利用商业机会，提高资源拼凑或编排效果，实现新创企业的生存和发展。已经有学者开始探讨创业学习对商业模式的作用，比如郭毅夫（2009）实证研究了学习对商业模式创新的促进作用。只有通过不断的学习积累经验才能把握机会，实现满足客户的新价值。创业学习能够产生更多的创新，从而提升商业模式创新的可能性（谢洪明和韩子天，2005）。以上的研究仅仅分析了创业学习对商业模式的影响，但是并没有进一步明晰不同的学习方式如何影响商业模式。

综上所述，创业生态系统是各生态主体基于共生协作形成的利益共同体，新创企业和创业者可以依赖网络，通过创业生态系统收集信息和资源，沟通和分享知识，从而新创企业实现价值创造和价值获取。创业生态系统与新创企业商业模式的关系研究还比较缺乏，也没有形成统一的理论框架。因而，有必要进一步探究创业生态系统与新创企业商业模式间的关系如何，创业学习是否在"创业生态系统—新创企业商业模式"关系中起中介作用，从而更好地探析创业生态系统的作用机理，以提出针对性的政策建议。

第二节 创业学习的概念构思

在进行创业学习视角下创业生态系统对新创企业商业模式作用机理研究之前，需要科学地界定创业学习的概念与内容结构，以提高后续研究的信度和效度。本部分采用与上一章的新创企业商业模式访谈研究与内容分析相似的方法，即采用典型内容分析编码和归纳式数据编码相结合的质性研究方法，对收集的定性数据进行分解、比较、概念化和范畴化，从大量的定性资料中提炼主题，进而探究构念之间的逻辑关系。本部分研究基于上一章对15家新创企业访谈资料的质性研究，根据已有的理论设定编码的变量并进行相应的编码，旨在得出创业学习的概念构思。

一 访谈研究与内容分析

（一）理论回顾与要素类别

创业学习这一概念和相关理论最初起源于经济学领域，Schumpeter和Kirzner最早在经济学的研究过程中总结了创业学习对创新创业活动的影响。创业学习是创业过程研究的重要方面，创业学习是整合创业实践和创业理论的重要概念（Cope，2005）。从本质上说，学习行为时刻伴随着创业过程，创业学习是成功创建新企业的关键（蔡莉等，2012）。创业理论的发展与学习理论的发展密不可分（Minniti and Bygrave，2001）。

在此基础上，学者主要从个体学习和组织学习两种视角提出了不同的理论。个体层面的创业学习研究聚焦于，创业者在企业创业过程中不断"获取、积累、转换、反思、创造"独特的或新颖的知识过程，从而能更好地识别创业机会，提升创业能力（Politis，2005）。基于本书的研究对象和研究问题，本部分主要从组织视角对创业学习进行研究。从组织层面进行的创业学习研究，强调学习过程的"社会化"与行动导向。创业情境下的组织学习，本质上是基于创业核心成员共享的规则和程序的社会化互动，如内容知识共享、团队自我反思、共同意义构建以及外部跨边界的网络交互行为等，从而实现有效解决问题、机会识别和利用，以及新创企业创建与成长。Politis（2005）在March（1991）对组织学习划分的研究成果基础上，将创业学习划分为探索式学习（Exploratory Learning）和利用式学习（Exploitative Learning），并从经验学习理论视角解释了两者间的区别与联系。探索式学习注重外部知识和信息搜寻，能够承担风险、试验和创新，具有结果不确定性和长期性的特点。利用式学习注重对企业现有能力、内部知识、技术、经验的提炼、选择、执行，并进行一定程度的拓展和利用，结果不确定性较小、有清晰明确的反馈。大量研究显示，任何单一理论都无法准确全面地界定创业学习的过程，只有借鉴各种创业学习理论的优点，结合具体的创业过程，才能全面准确地理解创业学习的过程，掌握创业学习的规律。

由于创业过程具有高度的复杂性、动态性和不确定性，而新创企业拥有的资源有限，因此需要从所处的创业生态系统中寻求帮助，以实现顺利创建新企业。大量的研究表明，创业生态系统对创业活动可以产生积极的影响（Hoang and Antoncic，2003）。同时，借助于创业生态系统，知识的交流与分享、整合与利用变得更加便捷和有效。因此，在创业实践中，创业生态系统是创业企业进行创业学习的重要平台和场合。

基于以上分析，本书认为，创业学习存在多种方式，包括以路径依赖为主的利用式学习和以试验创新为主的探索式学习等；创业生态系统是新创企业进行创业学习的重要资源和平台，能够促进创业学习。

（二）编码表的构建

如前文所述，实施内容分析时，比较重要的一个步骤是构建辨别和对内容特征编码的原则和标准，而编码表的构建过程本身也就是不断辨析和明确相关内容特征标准的过程。基于对访谈资料的初步整理，并结合国内外的相关研究文献，依据内容相关、构思域完整、类别之间相互排斥的原则对访谈资料进行分析、筛选，构建了创业学习的要素编码表，具体如表4-1所示。

表 4-1　　　　　　　　　创业学习的编码表

分类	内容
利用式学习	• 通过观察创业生态系统成员的行为、行动或结果进行学习 • 通过效仿创业生态系统成员的行为、行动进行学习 • 在创业实践中不断反思先前的成功或失败行为 • 已经掌握的企业管理知识、本行业发展趋势与操作规范、先前创业积累的经验等对本次创业中战略的制定等十分重要 • 大部分经验来自不断重复某些行为
探索式学习	• 在创业实践中不断升级已有技术和产品创新技能 • 在创业实践中探寻对企业而言全新的知识和技能 • 在创业实践中搜寻对企业而言全新的产品开发技术 • 在创业实践中利用全新管理和组织技能开发创业机会 • 在创业实践中寻找超越当前市场和产品的知识和技能

本部分采用前文所述的"编码者一致性信度""内容效度比"方法，分别对创业学习编码的信度和效度进行检验。编码者一致性程度的计算结果如表4-2所示，可以看出，Kappa系数均大于0.75，从编码专家一致性角度来看，此次编码达到了较为理想的效果。此外，分别计算了三位编码专家对126个分析单元的编码结果的 CVR 值，以检验各分析单元

在多大程度上表示了创业学习的范畴。结果显示，有 59 个分析单元的 $CVR=1$，43 个分析单元的 $CVR=0.56$，24 个分析单元的 $CVR=0.32$。由此可见，创业学习编码结果的内容效度较好。

表 4-2　　　　　　　　　　编码者一致性程度

内容类别	编码专家一致性程度（Kappa 系数）
利用式学习	0.82
探索式学习	0.92

（三）编码结果

关于创业学习的访谈材料内容归类的结果如表 4-3 所示，可以看出编码和类别梳理比较客观和准确，编码结果与前部分的理论推导一致性程度较高。

表 4-3　　　　　　深度访谈资料的编码类别统计（部分）

变量	组成要素	被编码访谈内容举例
创业学习	利用式学习	a)"那时没想那么多，别人做什么咱们就做什么，简单、高效，况且我们也有这方面的经验。" b)"我们团队三四个人做电子工程，有一个人做市场方面，学材料的有些技术，之前有市场经验，还有一个是做财务的。每一个人的经验对团队的发展来说都很必须，都是宝贵的。" c)"企业能否成功还是看创业团队自我学习能力、自我反省能力，要不断在实践中探索、摸索、反思和总结，这一点很重要。" d)"我在创业之前，在外企有十多年的管理经验，做的是研发主管，我的副总之前是公司的首席研发工程师，我们这些经验是创业的一个非常重要的基础。""在实践中摸索，碰壁以后慢慢学习，慢慢领悟。"
	探索式学习	a)"我们一直不断地进行新技术探索，如运用软件对包装的产品进行个性化远程软件设计降低包装成本，企业发展速度很快，盈利率远超同行。" b)"不断学习自主研发是我们一直以来做的事情。自从自主研发的新产品投入市场，我们一直保持着在系统开发和集成能力方面，在国内同行中处于领先地位。" c)"相对于国内的竞争对手来讲，我们开发了新的市场，成长较快。相对于越南的竞争对手，我们的产品具有创新，成本也不算高，还是很有竞争力的。" d)"这个阶段我们必须转型要做出特色才有出路，所以我们改变了与供应商的合作模式，这种模式是在彼此的磨合中不断创造出来的一种模式。"

关于创业学习的分析单元中，有30%的受访者提到了"利用式学习"，例如："创业的过程就是在不断探索，不断试错。我们找到某技术稳定、性价比高的产品时，要做很多次试验，做的就是试错，在实践中学习。"有18.4%的受访者提到了"探索式学习"，例如："目前做的内容是我们以前从来没有接触过的，所以只好不断地摸索、学习。比如，我们开发A产品时，天天收集一线市场信息，查阅大量文献资料，我们才逐步将产品的优势打磨出来。"

在访谈中发现，所有受访者的创业学习方式都不是单一的，均涉及利用式学习和探索式学习，例如："之所以创业是因为我有很丰富的包装行业的经验。但是只有这些经验的话，我的包装公司很难存活，所以我们开始与机器人行业进行合作，开创智能化包装服务模式。"

二　创业学习视角下创业生态系统在新创企业成长中的作用

对访谈结果的统计表明，受访者普遍认为的创业生态系统在创业学习方面的作用包括：提供各类信息和咨询；启发和激发创业者的思维和创意；帮助创业者形成并不断聚焦创业机会；对创业者的感情支持，包括克服失败的信心，面对挑战时的勇气，以及对未来的乐观心态等；为创业者提供各类与创业、企业管理相关的专业知识，例如财务管理、人力资源管理、项目管理以及行业规范等，如表4-4所示。受访者提到最多的是"为创业者提供各类与创业、企业管理相关的专业知识""对创业者的感情支持"，8位受访者都提到了这两个作用；其次是"提供各类信息和咨询"，有6位受访者提到了这一作用；有5位被访者提到了"帮助创业者形成并不断聚焦创业机会"；另外有3位受访者提到了"启发和激发创业者的思维和创意"。

表4-4　创业学习视角下创业生态系统在新创企业成长中的作用

作用	典型描述举例
提供各类信息和咨询	"获得别人的信息，有时候想要获得信息但不知道在哪里，有些是跨行业的东西，不知道怎么实现；这种情况下，求助于自己的社交网络是最有效的方式。""也许今天产品的市场很好，但是要不断地发觉未来的公司落脚点在哪里，所以我们的关注点不限于现在的领域，还是要不断地向外面的行业去接触一些资源，所以政府有时候搞的班有各行各业的人，还是有一些作用的，不同行业的企业家碰上就一些发展趋势做一些研讨，作用在于发现公司未来的着眼点。"

续表

作用	典型描述举例
启发和激发创业者的思维和创意	"一些培训班、创业营、沙龙以及俱乐部等活动,有时间的话,多去参加还是很有必要的,多认识一些人,跟他们多聊聊,多沟通,能帮助自己拓宽思路,这也是有必要的。在交流中,一些想法和创意就有了雏形,或者困扰自己很久的问题也有了答案。"
帮助创业者形成并不断聚焦创业机会	"进入到医疗器械行业得益于跟这个行业的朋友的交往。我读书时具备了一些工科能力,初步了解了医疗器械这个行业,念博士之后进入一家医疗器械行业企业,接触了这个行业的从业者和机构,包括医院之类的机构,还包括结识了一些这个行业的朋友,沟通交流中,加深了对这个行业的了解。只有对行业深入了解以后,有了积累,才能悟出一些真东西,也正是那个时候,我发现自动灌肠机存在的市场需求。"
对创业者的感情支持	"朋友圈的作用之一是让我获得别人的支持。支持很重要,得到别人的表扬和赞同,心里就是会被鼓励。" "家人和朋友能给我们的一是鼓励和支持,相信我们……" "创业是一个很艰难的过程,家人、亲戚、朋友、老同学除了提供物质方面的支持,最关键的是提供情感方面的支持,给我面对困难的勇气。"
为创业者提供各类与创业、企业管理相关的专业知识	"在实践中摸索,同时要不断学习,不停地请教人,周六、周日去拜访一些成功的、年长的人,他们走过的路、积累的经验是十分重要的,可以避免少走很多弯路。例如财务上的风险、法律上的风险、税务风险,是我之前没有想象到的。" "我在以前的工作中结识了很多销售界的大咖,他们有很丰富的销售经验,现在我自己创业,他们就成了我的销售顾问……"

受访者一致认为,对于创业者来说,书本知识是远远满足不了创业学习的要求,社会网络是创业者进行学习的重要平台,也是创业知识的重要来源,创业生态系统中各主体均有可能启发他们的思维,激发他们的灵感,以及指导他们的创业行为。在访谈中我们也发现,与提供有形的资源相比,创业生态系统作为创业学习的平台这一角色,得到了受访者的高度认可。

三 创业学习访谈研究小结

为了厘清创业学习的概念框架,选择了15家新创企业的创办者或高层管理者,进行了一系列的深度访谈,同时结合收集的其他相关文档,形成了访谈记录。对这些材料中所涉及的与创业生态系统、创业学习、商业模式相关的内容进行了分析,为后期各主要变量的概念模型的提出和大规模问卷调查的设计积累了充分的现实素材。根据前文的内容分析的结果,把创业学习界定为:在创业情境下,新创企业通过获取和开发企业内外部知识,实现机会识别、资源获取、创业能力提升,从而推动新企业成长及开展创业活动。

本部分研究从组织层面将创业学习划分为利用式学习和探索式学习两个维度。

第一，利用式学习：新创企业充分整合和利用现有知识和技术，稳步提升企业运营和组织效率，进而实现企业价值增加的过程。

第二，探索式学习：新创企业探索新的知识和技术，积极开拓新业务、研发新技术、开发新产品等，进而实现企业价值创新的过程。

此外，在访谈中设置了一道题目要求受访者回答创业生态系统在新创企业成长中的作用，并且在与受访者交流其他问题的时候，受访者主动或在研究人员的引导下回答了创业生态系统在新创企业成长中的作用。受访者普遍认为，创业生态系统在新创企业成长中的作用主要表现在资源获取的渠道和创业学习的平台两个方面：首先，促进创业者更高效地筹集到创业所需的各种资源，尤其是优秀人才和创业资金；其次，提供各类信息，帮助创业者获取创业知识，提升创业能力。

第三节 理论拓展与研究假设

一 创业生态系统与新创企业商业模式

创业生态系统一般可通过以下五个维度进行细化分析，分别是政府政策维度、创业资源基础维度、创业文化维度、创业网络维度和创业服务维度（李晶，2019）。

第一，关于政府政策维度，常从政策内容和政策环境两方面进行考量。政策内容主要指政府对创新企业的建立、成长、创新等经营阶段的各项要求和规定、法律法规，包含但不局限于劳工保障、生产规范、安全落实、环境保护、税收投资等各方面；政策环境则是关于政府政策的制定、实施、维护等情况，该地区或城市现存环境或新环境的变化，激励或阻碍相关企业具体措施的落实，政府在推动新创企业发展中表现出了高度的多元性和不可缺失性（李正卫等，2019），而政府支持则对商业模式的创新具有直接或间接的动态促进作用。

第二，创业资源基础维度包括创业相关的有形资源和无形资源，以及资源的质量和获取的难易程度。有形资源包括地区劳动力状况、原材料和自然资源等；无形资源则包括金融资本、经济活力以及主客观环境等。通过资源的生产整合、互换和组织聚合，创新主体间互依共存，形成一定范围内的稳定独立的组织体系（吴金希，2014）。

第三，创业文化维度更多强调当前社会和市场是否鼓励创业行为，是否会对创新性行为采取抵制态度。在此维度下，受当前环境影响，创新创业行为受到激励，而相关风险意识渐发趋于理性，市场内各主体间诚信互动，追求共存共建共赢。吕佳等（2021）指出，工商注册、设施设备和财务支持等方面的优惠政策，既刺激了创业动机，也激发了创业行为的落实，促进形成良好的创业文化氛围。

第四，创业网络维度指的是创新创业主体将处在一个开放式的系统当中，上下游链条畅通，内外部沟通顺畅，各创业社交活动、组织将各企业紧密连接，产学研合作也使创业企业与其他组织机构加深配合，因而形成更稳健的创业网络，创业生态系统环境要素呈现出多领域协同发展的新格局（沙德春和孙佳星，2020），为创业企业面对资源、技术劣势和市场风险威胁提供了强力支撑。

第五，创业服务维度则主要指市场的进一步配置优化，技术、资本、人才等创新创业资源不断整合，推动创新创业更稳更快开展，各类服务机构及配套设施建设层出不穷，与作为主体的创业企业进行复杂的交互作用（项国鹏和曾传圣，2020），创新创业客观环境条件得到充分满足。较好的创业服务体系既促进了创业活动，减少了创业过程中的各种因素困扰，更关键的是对创新产出具有明显的提升作用。

此外，政府政策的完善将有利于营造更好的创业环境，刺激创业资源重新配置，推动创业服务行业的进一步发展，同时带动创业文化的形成，创业文化的提升将有利于创业环境资源接纳性的完善（吕佳等，2021），并推动各组织、部门、企业间的交流与合作，形成稳健的创业网络，各部门单位间的共识深入，为政府政策的制定提供了更多有效意见。总而言之，创业生态系统五个维度彼此联系，互动促进，协同循环发展。

新创企业商业模式是多维度的动态构思，以价值主张为目标导向，价值经营为中介途径，价值获取为最终目的，形成了一个闭环价值创造循环系统。价值主张作为基本前提和逻辑起点，强调确立合适的市场定位，科学划分市场，并建立清晰目标，洞悉客户痛点。随后通过价值经营维度，进行价值的创造和传递，通过合理的资源编排与各要素协同作用，提供有效解决客户需求痛点的产品服务，从而达到价值获取的目的，即通过优化收入和成本结构，为自身和其他利益相关者创造经济价值。

在创业生态系统中，五个维度同时对新创企业商业模式产生影响，具体作用机制如下：第一，政策的导向机制。政府政策维度为新创企业商业模式的建立提供了政策导向机制（陈敏灵等，2019），并且为相应的价值创造、传递制定了要求规范与法律保障。反之，新创企业商业模式伴随变化也能够通过创业绩效为政府政策提供优化方向。第二，信号显示机制。创业资源基础维度，为价值的创造提供了必备的资源基础，具有活力的经济环境既能够提供更多的创业机会，也会进一步吸引优质资源的聚集。反之，陈敏灵等（2019）提出商业模式的改善也会对创业资源和经济环境带来反哺。第三，文化引领机制。创业文化维度为新创企业商业模式提供了良好的发展环境，环境动态和包容性能有效促进商业模式新颖性，环境变化引领了新创企业商业模式的创新发展。第四，市场驱动机制。创业网络维度通过价值网的构建，为新创企业商业模式的价值创造及传递提供了路径通道，有利于吸取多方先进经验，优化成本结构，提高企业收入，开拓新创企业市场资源。同时，良好的市场资源带来企业效益的提高，为商业模式的进一步发展创造了条件，形成了可靠的良性循环。第五，培养支持机制。创业服务维度的发展为新创企业商业模式的建立与运转提供了可靠的第三方支持，为有效解决部分系统化问题提供渠道帮助，并能够为商业模式的创新提出开拓性建议。

以上机制影响落实到商业模式各维度，具体包括以下方面。首先，在价值定位方面，创业生态系统能够引领创业孵化器载体的运营，并提供相关资金扶持和政策引导。创业网络的建立与创业文化的发展，使创业者能够获得更多的信息和资源途径，并通过创业服务机构的客观评价，重新审视自身，调整自身定位和发展方向，因此创业生态系统具有精准价值定位的作用。其次，在价值经营方面，创业生态系统提供了优质的客户来源和可靠的渠道伙伴，各种信息技术的交流升级，也为内外价值传递结构逐步趋于网络化创造了条件，网络嵌入性有助于企业绩效的提升（曹钰华和王书蓓，2022），推动客户、企业、渠道伙伴互为成长，共同发展。最后，在价值获取方面，各主体网络化联系更加密切，优势互补，有效降低了企业寻找客户、合作商以及推广宣传的成本，建立品牌优势，提高营收效益。

总而言之，市场、人力、金融、基础设施、技术、政策等单一因素对创业影响甚微，而各要素组合作用形成的创业生态系统与新创企业商业模式息息相关，对其各个维度方面均具有推动作用，促成商业模式的优化调整。

基于以上分析，本书提出以下假设：

假设H1：创业生态系统对新创企业商业模式有正向作用。

假设H1a：创业生态系统对价值主张有正向作用。

假设H1b：创业生态系统对价值经营有正向作用。

假设H1c：创业生态系统对价值获取有正向作用。

二 创业学习与新创企业商业模式

利用式学习是指在创业实践中，把已有的相关经验变成现阶段需要的创业知识，从而不断提高创业能力。利用式学习注重对已有资源的整合利用，其关注的焦点是创业企业从先前的创业实践、管理实践以及行业实践中获取的经验或者相关知识，并对这些先前经验和知识进行再处理和加工，形成新的知识（March，1991；Politis，2009）。创业的过程是复杂的、不确定的和多变的，创业企业先前的经验会潜移默化地影响其后续的创业行为，增强企业对市场环境的感知能力，使其具有更高的市场警觉性和敏锐度，从而在创业实践中展现出更高的能力水平。因此，新创企业所拥有的最珍贵的创业资本就是其积累的先前经验。

首先，利用式学习强调新创企业在原有知识基础上进行资源整合、完善拓展，降低新创企业在创业过程中可能遇到的风险，克服新创企业的资源劣势，有效增强新创企业对行业发展方向的预测和警觉能力，有效降低创业过程的不确定性，有效发现、识别和实现市场需求（Tornikoski and Newbert，2007；Politis，2009）。Politis（2009）指出，创业企业面临和应对各种困难和挑战需要具备一系列的隐性知识，这些隐性知识获取的重要渠道之一便是原有的知识经验。利用式学习能够帮助创业企业进行科学的市场细分和清晰的市场定位，为创业企业进行机会识别提供了良好的知识基础。先前的经验能够帮助新创企业更精准地分析客户需求，更加敏锐地发现市场机会。创业经验有助于提高创业者识别商业机会的能力，从而增加创业者获取更丰富创业资源的可能性。利用式学习能够提高创业企业对现有知识进行扩展的能力，使新创企业精准开发出满足客户需求的产品和服务（Greve，2007）。因此，新创企业进行利用式学习有助于识别市场中的隐性机会，帮助企业快速、准确地从复杂的市场环境中识别客户和市场需求，找准企业的市场定位，进而实现新创企业的价值主张。

其次，利用式学习在组织人员管理和资源配置方面也有独特的优势。创业企业通过之前的管理积累的经验，能够有效识别人力、财务、销售、生产等各个环节的相关问题，有助于新企业实现管理效率的最大化（Li and Zhang，2007）。利用式学习能够帮助新创企业有效识别先前经验的优势，重新整合已有的知识和资源，帮助创业企业维持竞争优势。新创企业通过利用式学习对企业内外部资源进行重组，将其应用于相关的经营领域，提高组织运行的稳定性和效率，实现新创企业的价值经营。

最后，利用式学习有效利用先前的知识和经验，因此创新周期较短，对新创企业来说，能够帮助其快速地融入市场（李怡欣等，2019），当企业面临特殊情境时，利用式学习能够帮助其基于先前的经验做出快速反应（朱秀梅等，2014）。汤淑琴（2015）提出，新创企业在短期内实现成功是具有重大意义的，利用现有的知识和经验能够帮助新创企业快速改进现有的产品和服务，降低创业中可能遭遇的风险。利用式学习帮助新创企业在低成本、低风险的环境中实现持续稳定的发展，在价值获取方面形成优势。

基于以上分析，本书提出以下假设：

假设 H2-1：利用式学习与新创企业商业模式正相关。

假设 H2-1a：利用式学习与价值主张正相关。

假设 H2-1b：利用式学习与价值经营正相关。

假设 H2-1c：利用式学习与价值获取正相关。

探索式学习是指新创企业对新颖知识的获取与利用，有助于新创企业提高创新绩效，开拓新的产品和服务市场（杨隽萍等，2013），从而获得先入者优势。探索式学习强调，在进行创业实践过程中不断获取新知识的学习行为与环境、社会关系网络等特定情境高度相关，提倡在实践活动中不断检验已有的知识，对不符合实际情境的知识进行纠正。探索式学习对于新创企业发展具有重要意义。一方面，创业活动的本质是实践性很强的；另一方面，创业的过程时刻在动态发展，因此创业活动中真正可以利用的标准化的操作规范十分有限。所以，在创业实践中不断改进旧知识和掌握新知识，在"干中学"，是每个新创企业都需要进行的学习方式。探索式学习帮助新创企业丰富知识的来源，对新创企业进行商业模式探索具有正向作用。

首先，市场和外部环境的状态是瞬息万变的，创业者只有随时掌握外界信息的发展变化，跟踪行业发展前沿，才能不断调整自身的战略和策略以应对迎面而来的各种挑战，识别未来的发展方向。探索式学习帮助新创企业搜索并转化外部知识，使新创企业的创业战略更加贴合市场环境。吴隽等（2016）指出，探索式学习提高新创企业对现有资源进行创造性的重组和配置的能力，帮助其提升创新能力，从而使新创企业更好地迎合市场的新要求。常檗心（2019）指出，探索式学习使新创企业识别最新的客户需求，挖掘潜在的市场机会，提升企业的市场竞争力。探索式学习丰富新创企业的现有知识，使企业在面临新的市场环境时能够形成全新的解决策略，从而形成有竞争力的价值主张。

其次，探索式学习使新创企业根据环境条件的变化，动态调整组织内外部资源的开发和配置。在创业过程模型中创业的核心要素包括机会、资源和团队，创业的过程是不断动态变化的，伴随实践中持续的思考、推理和行为，以更好地实现对机会的开发、资源的利用和团队的管理（Timmons and Spinelli，1994）。探索式学习提高新创企业整合内外部知识的能力，在企业原有资源基础上进行新的开发，创造出更大的价值空间（常檗心，2019）。新创企业可利用的知识经验有限，缺乏对供应商、企业内部员工、市场竞争规则等信息的理解，探索式学习能够使新创企业获取相关的内外部信息，并将其转化为战略决策的基础，从而形成竞争优势，实现价值经营。

最后，探索式学习使新创企业保持竞争优势和持续经营的能力。新创企业通过探索式学习形成新知识，并在此基础上开发新技术、新产品，不断缩短产品迭代周期，保持新创企业的竞争优势，实现价值获取。

基于以上分析，本书提出以下假设：

假设 H2-2：探索式学习与新创企业商业模式正相关。

假设 H2-2a：探索式学习与价值主张正相关。

假设 H2-2b：探索式学习与价值经营正相关。

假设 H2-2c：探索式学习与价值获取正相关。

三 创业生态系统、创业学习与新创企业商业模式

（一）理论分析

创业生态系统包括创业资源基础、创业网络、创业文化、政府政策以及创业服务五个维度。创业生态系统为新创企业提供了创业学习的平台，不仅有利于创业者高效获取创业所需要的资源，还能够为初创企业提供各类信息和资源，促进新创企业成长。创业生态系统对初创企业商业模式的整体过程都具有一定的影响，包括初创企业的价值主张、价值经营以及价值获取。创业生态系统对新创企业商业模式的作用集中表现在精准价值定位、改善价值经营、影响价值获取、促成商业模式调整这四个方面。初创企业的商业模式与创业生态系统协同共演时有助于新创企业绩效的提升及企业成长。

经济活力、企业资金、人力资本和知识等创业资源基础都会影响新创企业的发展和生存。创业资源能够为新创企业带来大量的初始资金、信息和知识。根据企业的内部资源以及社会经济活力及发展状况，企业可以判断自己的资源需求，通过创业学习，确定自身的价值定位。当缺乏资金、人力等有形资源时，企业可以借助创业生态系统采取利用式学习；当缺乏知识等无形资源时，企业可以通过创业生态系统进行探索式学习。资源基础观认为，企业的资源需要进行合理的开发和利用才能够正向影响企业的生存和发展，创业资源基础能够通过影响企业的创业学习进而影响新创企业的商业模式。初创企业可以借助创业生态系统进行高效的创业学习，而创业学习会改变新创企业资源拼凑和整合的方式，从而对商业模式产生影响，所以创业学习在创业生态系统和新创企业商业模式中起中介作用。

创业学习有助于新创企业更好地利用学习获得新知识，进而影响新创企业的商业模式。通过创业学习，新创企业能够快速认识到自身的不足，捕捉到外部的创业机会，实现新创企业的价值主张。创业生态系统对新创企业的商业模式的作用机制主要通过以下路径：创业生态系统能够提供新创企业需要的各类知识和信息，激发创业者的思维和创意，帮助创业者发现并创造创业机会，对创业者的创业行为提供感情支持，此外还能够为创业者提供各类与创业、企业管理等相关的专业知识。

（二）假设的提出

现有研究多从组织学习角度研究创业学习对新创企业商业模式的影

响。March（1991）将创业学习划分为利用式学习和探索式学习两个维度。利用式学习是指在创业实践中把已有的相关经验变成现阶段需要的创业知识，从而不断提高创业能力。探索式学习则更注重外部知识搜寻，强调在进行创业实践过程中不断获取新的知识。创业生态系统不仅能影响新创企业的资源利用效率，还会影响新创企业的创业学习行为。

1. 利用式学习中介作用假设的提出

利用式学习是指在创业实践中把已有的相关经验变成现阶段需要的创业知识，从而不断提高创业能力。利用式学习注重对已有资源的整合利用，其关注的焦点是创业企业从先前的创业实践、管理实践以及行业实践中获取的经验或者相关知识，并对这些先前经验和知识进行再处理和加工，形成新的知识（March，1991；Politis，2005）。任何一个创业者想要高效利用已有的创业知识都需要借助于外部环境来弥补自身不足。想要对自身资源进行有效的整合就必须借助于创业网络，创业网络能够为创业者提供创业的专业知识等。新创企业对企业内部的知识进行利用式学习，能够使企业充分开发利用当前的知识，进而持续实现价值的增加和拓展（March，1991）。资源基础理论指出，利用式学习能够促进企业形成自身特有的知识体系。利用式学习还可以形成自身独特的知识使用路径，使其他竞争者难以模仿和学习，从而帮助企业获取竞争优势。利用式学习能够通过获取的信息和知识对企业现有的产品或服务进行改造，进而影响新创企业的价值主张，调整企业的商业模式。

利用式学习可能会导致创业者的行为和决策形成路径依赖，所以利用式学习相对于探索式学习更加适用于稳定的环境（Petkova，2009）。当创业生态系统处于相对稳定的状态时，创业者可以利用已有资源对自身知识进行深度挖掘和学习，进行利用式学习。对企业现有知识的不断总结和学习，能够产生新的创业知识，新的创业知识有利于调整初创企业的价值主张。

在对已有知识进行处理加工时，往往离不开创业网络提供的信息以及启发。创业网络中存在着丰富的知识和信息，能够对创业者的创业知识起到补充和完善的作用，进而对新创企业的商业模式产生影响。创业生态系统有利于潜在创业者更好地了解其关注的领域、获得更多的信息以及评价自身的状况，因此创业生态系统对潜在创业者发现创业机会起着举足轻重的作用，而且有利于明确新创企业的价值定位。有研究表明，网络结构的属性、社会网络联系的密切程度与创业学习过程和创业学习效果存在显著的正相关关系。创业者可以通过创业网络获取创业知识并且进行创业学习。借助创业网络，创业者可以搜寻和获取创业的相关信息，学习创业知识，并能够从创业平台获得情感支持，从而弥补自身对创业经验和能力的不足（谢雅萍和黄美娇，2014）。新创企业借助创业网络进行深入的利用式学习，通过利用式学习对企业内外部资源进行重组，提高组织的运行效率，实现新创企业的价值经营。

关于创业方面的利好政策有很多，政府政策能够促进创业生态系统中企业创业资源的共享。政府支持还有利于创业生态系统的完善，为创业生态系统引进高端人才，从而促进创业网络内的成员进行知识的融合和碰撞，有利于创业者进行利用式学习，进而影响新创企业的价值经营。创业政策能够减少创业者的经营成本，增强创业者的资源共享，营造包容的创业文化氛围。良好的创业文化氛围有助于新创企业的创立和生存，在宽容的创业环境里创业者能够充分地进行利用式学习，促进企业形成自身的价值定位。每一个创业者自身的信息和经验都是有限的，利用式学习与创业网络密不可分，创业网络中的大量知识和信息能够弥补创业者自身的经验不足。进行利用式学习，有助于新创企业精准识别出市场中存在的创业机会，帮助企业快速准确地从复杂的外部环境中识别客户需求和市场需求，找准企业的价值定位，在价值获取方面取得优势，进而实现新创企业的商业模式调整。完善的创业服务体系能够推进新创企业的成立和发展，有利于企业现有资源的整合，从而促进企业的利用式学习，进而影响新创企业的价值获取。

基于以上分析，本书提出以下假设：

假设3：创业学习对"创业生态系统—新创企业商业模式"有中介作用。

假设H3-1：利用式学习对"创业生态系统—新创企业商业模式"有中介作用。

假设H3-1a：利用式学习对"创业生态系统—价值主张"有中介作用。

假设H3-1b：利用式学习对"创业生态系统—价值经营"有中介作用。

假设H3-1c：利用式学习对"创业生态系统—价值获取"有中介

作用。

2. 探索式学习中介作用假设的提出

创业过程具有高度不确定性，而创业者自身的资源是有限的，所以需要从所处的创业生态系统中寻求帮助，来实现新创企业商业模式的建立。借助于创业生态系统，创业者能够进行知识的共享与交流，此外创业生态系统还会提升资源的利用效率和创业机会识别的可能性。所以在创业实践中，创业生态系统是创业者进行探索式学习的重要平台。新创企业的探索式学习主要是通过获取前沿的信息与技术来影响新创企业的价值获取。

从创业资源基础的角度出发，社会经济活力、区域经济发展以及新创企业的资金、人才、原材料等资源都会对企业的创建和发展产生影响。一般来讲，创业基础资源越丰富，企业的知识越丰富，此时企业进行创业创新能够高效地判断出自身缺陷以及需要的知识和资源，继而进行探索式学习，从而影响新创企业的价值定位。有研究发现，利用社会网络资源的创业者比单独创业者能识别出更多的创业机会（Abootorabi et al., 2021）。组织学习理论强调，企业必须进行探索式学习，将从外部获取的知识进行整合和转化，才能够有效改善企业的价值经营。

政府政策对我国新创企业的商业模式有着显著的影响。创业政策、创业教育等政府政策，有利于新创企业利用政府支持进行创业知识的探索式学习，进而影响新创企业的商业模式。政府政策的完善能够提高创业资源的流动，有利于创业者之间进行知识共享，进而促进创业者进行探索式学习。

在良好的政府政策影响下，创业网络能够降低市场的信息不对称程度。信息不对称程度越低，越有利于新创企业把握市场的动向，进行有目的的探索式学习。从创业网络的角度出发，创业网络能够促使创业者更好地与外界环境进行知识的交换和学习，能够促进企业进行探索式学习。创业过程中，创业网络往往是创业者进行学习的重要平台。创业网络能够为创业者提供各类知识信息，激发创业者的思维和创意，帮助创业者识别创业机会，为创业者提供感情支持等。凭借复杂的网络关系，创业者能够搜索并获取丰富的信息，进行有效的探索式学习，从而有利于企业做出高效的决策，进而影响新创企业的价值主张和价值获取。探索式学习能够使企业获得新颖的知识和信息，帮助新创企业确定自身的价值定位（彭伟等，2018）。探索式学习丰富新创企业的现有知识，使企业在面临新的市场环境时能够形成全新的解决问题策略，从而形成有竞争力的价值主张。

创业者需要不断在创业网络中搜寻信息，不断寻找和接收新的资讯和信息，并且不断掌握和提升创业能力和企业管理能力。创业网络对创业者的探索式学习有着重大意义。创业网络规模越大越复杂，创业者进行探索式学习的效果就越好。在创业过程中，创业者面对自身无法克服的问题时可以求助创业网络；通过资源的共享和信息交流，创业者能够清楚地认识到自身不足，还能够获取新的创业知识。与单纯的利用式学习相比，探索式学习更能使创业者感知到创业前沿信息，有利于新创企业根据自身特征精准找到价值定位，并且通过对外部环境信息的了解，改善价值经营，影响价值获取进而影响新创企业的商业模式。探索式学习是新创企业获取外部知识的重要手段，企业能够通过探索式学习获取新技术和新知识，抢占新市场，从而改善企业的价值主张，影响企业的价值获取（闫华飞和孙元媛，2019）。探索式学习能够使新创企业获取相关的内外部信息，并将其转化为战略决策的基础，从而形成竞争优势，实现价值经营。

从创业文化角度出发，鼓励创业冒险以及宽容创业失败有利于企业进行探索式学习。在宽容的创业文化氛围中，新创企业能够积极大胆地探索自身所需要的创业知识以及资源。社会规范对创业行为和创业者个人的评价会对创业人员的学习积极性产生一定的影响。只有当创业的收益大于成本时，创业者才会进行创业行为。宽容创业失败的文化能够激发创业者的学习兴趣以及对创业的大胆尝试，通过不断地尝试能够确定新创企业的价值定位。从创业服务的角度出发，完整的创业服务体系有利于新创企业创业活动的顺利展开。良好的创业服务环境能够吸引优秀人才以及大量的资金，提高创业的资本利用率和创业成功率。高效的创业服务有利于企业的外部知识获取，丰富的知识获取渠道有利于企业快速寻找到自身创业所需要的知识并且进行学习。探索式学习能够为新创企业提供完整的培养支持机制，影响新创企业的价值经营和价值获取。

基于以上分析，本书提出以下假设：

假设 H3-2：探索式学习对"创业生态系统—新创企业商业模式"有中介作用。

假设H3-2a：探索式学习对"创业生态系统—价值主张"有中介作用。

假设H3-2b：探索式学习对"创业生态系统—价值经营"有中介作用。

假设H3-2c：探索式学习对"创业生态系统—价值获取"有中介作用。

四 利用式学习和探索式学习的交互效应

已有对组织双元学习与创业活动关系的研究并没有达成一致结论。一些学者认为，组织双元学习会促进创业绩效，即利用式学习与探索式学习间存有互补效应（张洁等，2015）。学者主要从以下三个方面进行了论证：第一，基于资源互补理论视角。知识和信息属于无限资源，企业可以从外部环境获得互补资源，并通过利用式学习和探索式学习不断产生互补的知识与资源。如果双元学习可以平衡，那么两者互补机制会提升企业绩效（Shapiro and Varian，1998）。第二，组织、时间和空间的分离。利用式学习和探索式学习需要不同的组织特征和结构来配合，双元学习要素可以通过企业内部组织、时间和空间的分离来实现。组织可以在不同的业务单元，分别进行利用式学习或探索式学习，或者在不同的时间点进行利用式学习或探索式学习（池毛毛等，2020）。第三，从组织文化视角来看，企业特别是新创企业可以塑造宽容冲突和矛盾的企业文化，构建双元组织文化（Gibson and Birkinshaw，2004）。基于以上三方面的分析，利用式学习和探索式学习存在互补效应，交互作用影响绩效。利用式学习和探索式学习是创业双元学习的两个方面，一个侧重于挖掘和利用组织现有资源、技术、知识和能力，另一个侧重于获取新的知识和资源探索发现新机会。由于资源互补性，组织、时间、人和空间的分离，以及组织文化双元性，利用式学习和探索式学习互相作用影响新创企业的商业模式。

另一些学者认为，组织双元学习会阻碍企业的价值创造和价值获取，利用式学习和探索式学习之间存在替代效应。这些学者主要从以下三个方面进行了论证：第一，从资源约束理论视角来看，组织的资源是有限和稀缺的，特别是大多数新创企业都会面临资源短缺，利用式学习和探索式学习存在对资源的竞争和冲突的问题，企业需要在两种学习方式间分配资源和注意力。第二，组织惯性与路径依赖。围绕企业现有知识、资源、业务流程和能力，组织很容易产生组织惯性和路径依赖。对学习路径的依赖使企业倾向于从利用式学习和探索式学习中选择其一，并可能产生能力陷阱。第三，组织结构和文化要求上存在冲突。探索式学习需要更灵活、更包容的组织结构，而利用式学习则强调组织结构和流程的稳定性（March，1991）。基于以上三方面的分析，利用式学习和探索式学习之间呈现替代效应，双元学习对很多企业来说并不是切实可行的。由于资源约束、组织惯性与路径依赖、结构与文化冲突的存在，利用式学习和探索式学习相互排斥、相互干扰。

对于本部分的研究对象新创企业而言，其组织结构和组织文化相比成熟的企业更加灵活，更可能形成利用式和探索式的双元学习组织。成熟企业由于存在组织惯性和路径依赖，以及相对固定的组织结构和文化，阻碍了双元学习的开展。在企业实践中不乏新创企业能够有效平衡利用式学习和探索式学习，进行新产品的研发、新市场和新商业模式的探索，如早期的美团、蔚来汽车都是利用这种灵活性迅速占领市场的。

基于以上分析，结合新创企业的特征，本书提出以下假设：

假设 H4：利用式学习和探索式学习对新创企业商业模式具有交互作用。即利用式学习正向调节探索式学习与新创企业商业模式之间的关系；探索式学习正向调节利用式学习与新创企业商业模式之间的关系。

本部分研究的假设归纳如图 4-1 所示。

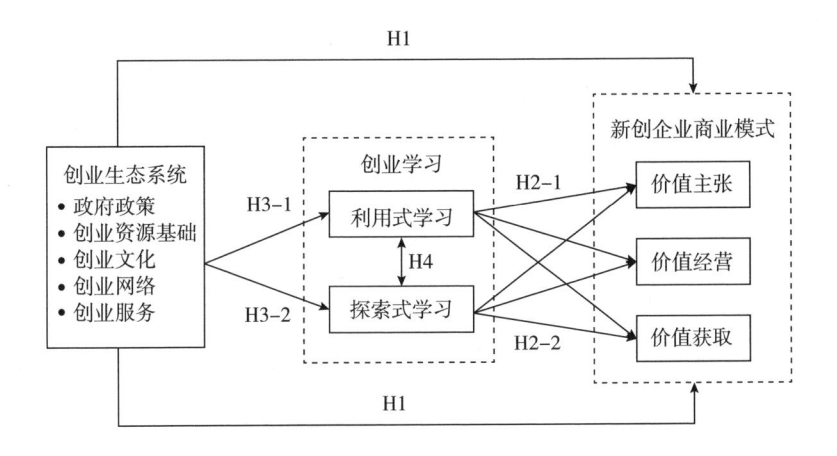

图 4-1 研究假设

第四节 研究方法

一 变量测量

本部分研究的变量测量题项主要有三种来源：一是直接引用国内外文献中，已经被定量研究证实具有较高信度和效度的测量题项；二是在案例研究、实地访谈和内容分析的基础上，对获得的编码类目进行修改而得的测量题项；三是根据研究目的，与相关领域的专家学者进行交流，根据专家意见及访谈结果提出的测量项目。

本部分研究采用 Likert 5 分量表来评估。对于变量的测度通常有主观感知方法的 Likert 5 分量表和 7 分量表两种形式。尽管 7 分量表能增加变量的变异度、提高变量间的区分度，但超过 5 级，填写人缺乏足够的辨别力，5 分量表最为可靠（吴明隆，2000）。而且 7 分量表无疑消耗了填表者更多的判断精力，对缺乏学术问卷填写热情的一般应答者而言，增添了其对问卷的抵触情绪，而到最后可能胡乱填写，因此本部分研究采用 Likert 5 分量表对变量进行测量。

（一）创业学习测量

Harrison 等认为，创业学习是一个在创业过程中汲取、交流和运用知识的过程。也有一些学者直接将整个创业过程的本质看作一个创业学习的过程，认为创业者从产生最初机会直觉，直到开发出成熟新产品或服务的整个过程就是一个学习的过程（Ravasi and Turati，2005）。组织学习视角下的创业研究通常以组织相关层面为出发点，针对不同的研究对象设计测量量表。如 Atuahene-Gima 和 Murray（2007）开发了创业学习的两维度量表，包括探索式学习和利用式学习。运用开发的量表，选取 450 家中国新创企业，从社会资本结构、关系和认知维度研究新产品开发中探索式学习和开发式学习的不同影响。实证结果表明，社会资本的不同维度确实与探索式学习和利用式学习的水平显著相关。张秀娥和徐雪娇（2019）运用这一量表，对"创业学习对新创企业成长的影响机制"进行研究，结果表明创业学习对新创企业成长有正向作用，创业机会识别和商业模式创新在两者关系中具有链式中介作用。王勃（2019）运用这一量表进行"创业学习对新创企业绩效的作用机制研究"。张敏（2021）在对这一量表进行修订的基础上,对"双元创业学习对国际创业企业可持续竞争优势的影响"进行研究。上述研究都进一步验证了 Atuahene-Gima 和 Murray（2007）开发的创业学习的两维度量表的有效性。

本部分研究基于相关的理论和已有的研究成果,参考 Atuahene-Gima 和 Murray（2007）开发的创业学习的两维度量表,结合其他学者对量表的修订以及实地访谈资料,来设计创业学习的测量题项,具体题项如表 4-5 所示。

表 4-5　　　　　　　　　创业学习的测量题项与依据

维度	题项	测量题项	依据
利用式学习	EL1-1	企业提炼解决产品或市场问题的方法	Atuahene-Gima and Murray, 2007；Kwaku et al.（2007）；朱秀梅 等, 2014；王勃, 2019；实地访谈
	EL1-2	企业搜寻易实施且能保障企业运营的方法和信息	
	EL1-3	企业搜索已被实践证明有效的产品或市场的解决方案	
	EL1-4	企业收集客户和竞争对手的相关信息,以帮助企业学习和更新经验	
	EL1-5	企业注意利用与现有经验有关的知识	
探索式学习	EL2-1	企业寻求具有试验性和高风险性特征的信息和知识	
	EL2-2	企业收集还没有被识别的产品或市场信息	
	EL2-3	企业积极学习有关新市场和新技术的信息和知识	
	EL2-4	企业搜寻超越目前市场和技术经验以外的信息和知识	
	EL2-5	企业探索对行业而言全新的产品或市场信息和知识	

（二）创业生态系统

从第二章对创业生态系统的文献回顾可以看出,有关创业生态系统内涵的研究主要有两个理论视角:一是以 Cohen、Isenberg 为代表的"环境论"学派,认为创业生态系统是创业主体所处的外部创业环境;二是以 Vogel、Suresh 等为代表的"主体—环境论"学派,认为创业生态系统是包含创业参与者与外部环境,并相互作用形成的复杂系统。Spigel（2017）将区域情境因素融入创业生态系统的内涵定义中,认为创业生态是一组相互依存的创业行为主体和环境因素互动形成的有机整体,使创业行为主体能够在特定领域内实现创业活动（项国鹏和曾传圣,2020）。遵循 Spigel 等学者的观点,本书对创业生态系统构成要素的研究放在特定情境中，将创业生态系统界定为，一定区域内创业主体及所处的外部环境，及其彼此间进行复杂的交互作用共同组成的有机整体，这是一个多维的概念构思（Leendertse et al.，2021）。本书对创业生态系统的测量主要参考李晶（2019）的测量量表，该量表经过了大样本的探索性和验证性因子分析，有较好的信度和效度，主要从政府政策、创业资源基础、创业文化、创业网络和创业服务五个维度来测量创业生态系统。

第一个维度是政府政策。政府的创业政策，包括对创业活动和成长企业的各项规定、就业的规定、环境和安全的规定、企业组织形式的规定以及税收和法规等。政府政策环境是指地区和城市政府政策及其具体的实施情况，涉及税收和政府规章制度等方面，能够表明政府在多大程度上保持中立，以及政府政策是否阻碍或者鼓励新创立和成长型企业。政府对创业教育、创业融资渠道的支持也包含在内。融资难一直是阻碍我国中小企业发展的"瓶颈"，特别是在创业初期，因而政府投入的引导作用显得异常重要。

第二个维度是创业资源基础。创业资源基础维度内涵包括：创业相关的有形资源的质量和获得的难易度；原材料和自然资源的质量和获得的难易度；创业专业人才资源基础和获得的难易度；创业金融资本获取的难易度。资源基础学派特别强调创业资源对企业创建和发展的影响，一般认为创业资源基础丰富的地区，创业活动的积极性和成效也更好。创业环境的资源属性将引发创业主体的不同决策模式。

第三个维度是创业文化。文化及社会规范考察现存的社会和文化规范是否鼓励创业行为，是否鼓励人们以新的运营模式经营商业或者经济活动。该维度调查社会对于创业的一般态度，以及对待风险失败、风险和财富创造的态度。还包括社会规范对创业行为的影响和对创业者个人评价的倾向。以往的创业领域的研究也证实了鼓励创新冒险、宽容创业失败的文化有益于创业活动。

第四个维度是创业网络。开放系统理论的观点认为，创业企业作为开放系统，无时无刻不与外部进行信息流、资金流和物质流的交换。新创企业成长过程中所构建或参与的网络为创业网络。创业网络可以弥补企业创立和成长过程中由于"新进入者缺陷"所导致的资源和技术能力方面的劣势，促进创业企业的创建和快速成长。创业网络使创业者能更好地与环境互动，不仅能使其快速地发现创业机会，而且还会让其注意市场风险，对风险的控制也异常重要。

第五个维度是创业服务。创业服务的内涵是指有利于创业者优化配置市场、技术、信息、资本、人才等创业资源，为创业活动的顺利开展提供相应服务，包括各类服务机构和设施为创业活动提供各方面的基础服务。创业服务环境维度需要调查创业者或创业企业能否以合理的成本，比较便利地获得所需的各项针对性服务，如创业教育与培训、问题咨询、融资方案等。创业服务环境被认为是引进创业人才和资金、提高创业资本利用率和创业成功率的重要影响因素。

创业生态系统的具体测量题项如表4-6所示。

表4-6　　　　　　　创业生态系统的测量题项与依据

维度	测量题项	题项依据
政府政策	政府对新成立公司提供创业融资渠道	GEM，2016；李晶，2019；程建青等，2021；实地访谈
	政府政策整合创业教育	
	税务不构成新成立公司和成长型公司的负担	
	地方政府在制定政策时，优先考虑扶持新成立公司和成长型公司	
	地方政府为创业提供了足够的支持	
创业资源基础	有充足的创业资本提供给新成立公司和成长型公司	
	有多种融资渠道解决新成立公司和成长型公司的资金问题	
	新创企业能够从周围大学、科研机构聘请到所需数量的专业人才	
	新创企业获得专业人才的成本较合理	
	基础设施（道路、设施、通信、互联网、污染处理）为新成立公司和成长型公司提供良好的支持	
创业文化	当地媒体对成功创业事迹广为宣传	
	社会环境鼓励人们去创业	
	我的很多朋友都在创业	
	教育鼓励创造性、自立和个人原创	
	新创企业经常接受创业文化教育与培训	
创业网络	新技术、新科学和其他知识迅速从高校、公共研究机构向新成立公司和成长型公司转移	
	所在区域，产学研合作普遍	
	所在区域，存在各种形式的创业社交组织	
	所在区域，经常举办各种形式的创业活动	
	所在区域，产业联盟内企业联系密切	

续表

维度	测量题项	题项依据
创业服务	新创企业能够找到服务中介机构	GEM，2016；李晶，2019；程建青等，2021；实地访谈
	新创企业可以获得高质量的中介服务（咨询、法律、会计等）	
	新创企业获得中介服务成本合理	
	所在区域有充足的资质高的中介机构为新创企业提供帮助	
	当新创企业遇到问题时，孵化器能够为其提供有针对性的服务	

（三）新创企业商业模式

通过商业模式文献综述的研究可以看出，关于商业模式维度的划分，学界并没有达成统一。对于商业模式设计的测量，Aldrich（1999）提出创新和效率是商业模式设计的两个重要主题，这两个主题也反映了创业企业在不确定市场环境下的创造价值的选择。新颖和效率对于新创企业的成立起着很重要的作用，新创企业可以选择新创一种模式或者复制当前的一种模式而获得存在的理由。Zott 和 Amit（2003）也依据以上文献的研究，开发了创业企业商业模式设计的量表，并运用此量表研究了商业模式设计与企业战略的匹配对创业绩效的影响（Zott and Amit，2008），并得到了学术界的认可。另外，商业模式维度划分的重要依据是波特战略定位理论，即从价值主张内容、价值主张对象和价值提交方式三个维度进行划分。基于这一理论视角，Demil 和 Lecocq（2010）将商业模式划分为资源能力、组织结构和价值主张三个维度；Morris 等（2013）认为，战略、运营和财务三个维度构成商业模式，关注企业谋求成长、创造价值和获取价值的结构与过程。国内学者也结合中国的企业情境进行了相关的实证研究。张敬伟和王迎军（2010）在商业模式文献研究的基础上，提出商业模式的三要素：价值主张、价值创造体系和价值获取。苏秦等（2016）结合企业成长理论，运用这三要素分析了 3D 打印行业商业模式动态调整的过程。张新香和胡立君（2018）运用案例分析的方法，研究了互联网企业商业模式动态调整的过程。研究表明，价值定义、价值实现、价值创造与传递是商业模式的三要素。姜佳莹等（2021）从市场定位、经营系统、盈利模式三方面构建了新创企业商业模式成熟度评价指标体系。

基于对商业模式相关文献的梳理，根据本书新创企业商业模式的关注点，结合第三章案例研究、实地深入访谈和内容分析的研究结论，尝试修订和构建新创企业商业模式的测量工具，将新创企业商业模式划分为价值主张、价值经营、价值获取三个内容维度。具体的测量题项如表 4-7 所示。

表 4-7　新创企业商业模式测量题项与依据

维度	测量题项	题项依据
价值主张	能够准确地进行市场细分和目标顾客的锁定	姜佳莹等，2021；王雪冬等，2018；Zott and Amit，2008；陈娟，2018；实地访谈
	以客户需求为导向	
	企业产品或服务的创新程度及技术的先进性	
	最有价值的、能够保持企业竞争优势的资源与竞争者资源的差异化程度	
	积极思考企业在价值链上的定位	
价值经营	产品生产流程中各环节及资源的协调管理水平	
	生产过程中的要素组合中使用效率高	
	供应链运营的经济价值创造能力	
	企业与合作伙伴之间合作模式互利性	
	生产系统对用户需求变化和市场竞争的响应速度	
价值获取	产品成本水平行业的领先程度	
	产品成本结构的合理性	
	能够吸引客户	
	获得规模增长的盈利模式是创新性的	
	主营业务利润为公司主要利润来源	

（四）控制变量

为了保证研究的有效性，本书在产业层面和企业层面设置了可能会对研究结果有影响的控制变量。

企业层面的因素包括企业的规模和年龄。企业规模对企业绩效有很大影响，企业规模越大则创业绩效可能就越好。本书将用员工数作为测量的指标。企业年龄，即企业成立的年限，也是创业绩效重要的影响因素。成立时间越长越有更大的能力进行资源的整合并设计相应的商业模式取得更好的创业绩效（Zott and Amit，2008），也能够识别并开发有更高盈利率的创业机会。企业年龄的测度采用到 2019 年底时经营的年份。

产业层面主要分析所属行业对企业绩效的影响，产业的类型对机会的识别和商业模式的设计会产生影响。高新技术产业比传统产业更新快，更易采用新颖的商业模式，识别新的创业机会。本书将产业设为虚拟变量，将新材料、生物医药、新能源等归为高新技术企业，赋值为1，其他产业赋值为0。

二 研究样本与数据收集过程

荣泰生（2005）认为，好的问卷设计必须遵循以下原则：问卷的内容必须与研究的观念性架构相互响应；问卷中的问题必须尽量使填答者容易回答；尽量不问个人隐私（例如收入、年龄等）；先前的问题不影响对后续问题的回答；问卷设计过程中，研究者必须决定哪些是开放性问题（Open-ended Questions），哪些是封闭性问题（Close-ended Questions）；在正式使用问卷前应先经过预测的过程。

本书的问卷设计采用上述的问卷设计原则，在问卷设计过程中尽量考虑了以下三点：将整个概念的构思包括其中；在测量问卷的答项设置上简洁明了，易于一般成年人的理解；控制问卷题项数量，减轻调查对象的负担。为了获得具有信度和效度的问卷，本书遵循了比较成熟的问卷设计及验证方法。具体操作步骤如下：

第一步，通过文献研究、梳理和归纳，结合对创业者的访谈确定主要研究内容。系统查阅、学习和梳理了创业生态系统、商业模式、创业学习、新创企业成长相关文献，在此基础上对15位创业者进行了深度访谈，并进行了焦点小组讨论，明确了研究的总体思路、相关概念和研究内容。

第二步，从研究问题、目标和内容出发，确定所要采用的量表。由于涉及的研究变量已经有一定的文献基础，因此本书所使用的量表主要选用得到广泛认可的量表，然后结合中国企业的实际情况进行适当的改进。在正式调查前进行了小规模的预测，以检验量表的信度和效度，对于测量结果不合格的题项进行了适当的修改。

第三步，邀请研究专家和创业者对问卷设计进行讨论，并根据大家的建议优化问卷，并且通过预测性调查收集受访者对问卷设计和答卷的体验，在此基础上，对问卷的设计和题项内容进行了修改和完善。

收集有效数据是实证研究过程中一个非常重要的步骤。本次调研获得国家社会科学基金、苏州市科技局软科学研究计划以及苏州市工业园区"十四五"规划项目的支持。本次调研以创业个人和新企业为调研对象,对新创企业商业模式、创业生态系统等问题进行了比较深入的现场调研。

问卷数据收集主要包括确定调查对象、发放问卷、回收数据;数据分析需要根据研究目标和内容采用一系列适宜的方法。

(一)样本与调查对象

本书的目标是探索创业机会与商业模式设计的匹配如何影响新创企业的成长,根据Zahra(1993)的研究,本书界定成立8年以内的创业企业为研究对象,即截止到2019年12月31日成立8年的企业。因为研究的是企业层面的创业机会、商业模式和企业成长绩效方面的问题,所以被调研者一定要十分了解企业创业的过程,所以本书的调研对象是创始人或创业团队成员。调研企业的样本主要来自中国大陆地区。

(二)问卷发放与回收

从理论上来说,最有效的问卷发放方式是从整体样本中随机抽取样本,同时最有效的问卷回收方式是通过面对面回收。不过,从国内外相关研究来看,基本采用了便利性抽样的调研原则,大多数都没有通过随机抽样的方式来进行数据收集,这是因为在实际调查中,随机的问卷发放和面对面回收的方式是难以做到的。

问卷初步设计完毕后,采用两种方式来获取样本:一种是直接发放与回收问卷。笔者自行联系中小企业局或者园区管委会获取新创企业名录,通过电子邮件或前往企业请中高层管理者填写问卷,或者到多所大学的EMBA、总裁班和MBA课堂请学员填写。另一种是关键被调查人技术。关键被调查人技术在管理领域的定量研究中常用,主要是通过一些与新创企业联系广泛的联系人,如高校教师、园区管委会政府官员等,将问卷以纸质或电子邮件的形式发放给相关企业的被调查者。被调查者回答完问卷后,直接将问卷寄给笔者,或交给联系人再寄给笔者。

预测阶段,发放了300份预测调查问卷,回收了176份问卷,排查到无效问卷74份。剔除无效问卷的原则有:问卷中有多处缺答现象的予以删除;问卷中"不确定"选项选择过多的予以删除;问卷填写呈现明显规律性的予以删除,如答案呈"Z"行排列、所有题项选同一项等。对于出现多选、漏选以及个人信息填报存在问题的,都不予采用。总共回收到的有效问卷有102份，有效问卷回收率为34%。

正式调查阶段，发放正式调查问卷1500份，回收问卷732份，共排查到无效问卷374份，最后回收有效问卷358份，有效问卷回收率为23.87%（见表4-8）。在使用问卷调查进行研究时，可以被接受的抽样误差率要小于10%，同时调查样本数量至少应该是研究涉及的变量数目的5倍，并且需要达到100个以上（马庆国，2002）。本书模型中涉及的变量有11个，因此本书样本规模符合要求。

表4-8　预测和正式调研问卷发放与回收情况简表

类别	发放问卷（份）	回收问卷（份）	有效问卷（份）	回收率（%）	有效率（%）
预测（探索）	300	176	102	58.67	34
正式（验证）	1500	732	358	48.80	23.87

三　统计分析方法

本部分研究主要按以下四个步骤依次进行：第一步，选取样本，发放问卷，回收数据，进行数据的初步检查，将废卷剔除，对数据进行录入整理，形成数据文件，为问卷数据分析做准备；第二步，运用SPSS22.0和AMOS23.0统计软件，对创业生态系统、创业学习、新创企业商业模式测量进行探索性和验证性因素分析，对各因素中的测量题项进行信度和效度分析，并对整体的信度及效度进行分析，同时验证各潜变量维度的有效性，并对数据分析结构进行讨论与总结，提供各效度验证结果；第四步，运用结构方程软件AMOS23.0，分析各潜变量之间的关系，对本书提出的模型进行测量和修订，并对提出的假设进行分析、验证。本部分研究各项分析技术、对应的研究目的和统计工具如表4-9所示。

表4-9　分析技术与统计工具

研究目的	分析技术	统计工具
同源偏差检验	因子分析	SPSS22.0
样本特征检验	描述性统计、方差分析、相关分析	SPSS22.0
数据质量检验	因子分析、可靠性分析	SPSS22.0 AMOS23.0

续表

研究目的	分析技术	统计工具
假设检验	方差分析、结构方程回归分析	SPSS22.0 AMOS23.0

解释变量与被解释变量的数据来自同一应答者可能产生同源性偏差（Common Method Variance）问题。在绝大多数情况下，这会导致概念间相关性的膨胀，也即方法偏差同时出现于概念的测量，产生人为膨胀而导致第一类误差，即知识累积错误。同源性偏差有时也会造成概念间相关性的降低，而导致第二类误差，即错失显著的概念相关。第一种消除同源性偏差的方法是在研究前尽可能使用提高事前预防措施，本书使用了答卷者信息隐匿法。第二种检验同源偏差的方法是哈曼单因子检测（Harman's Post-hoc Single Factor Test）：将问卷所有题项放在一起做因子分析，看未旋转时得到的第一个主成分是否能解释大部分的变量方差。如果是，则存在较大的同源性偏差问题。本书将问卷所有题项放在一起进行因子分析，未旋转的因子分析得到的第一个主成分的载荷量是32.67%，说明不存在单一主因子，也不存在一个综合因子可以解释大部分的变量方差，因此，同源性偏差并不严重。

选用结构方程对数据进行分析要满足结构方程模型的几条基本假定，包括：变项常态性；无系统遗漏值；足够大的样本；正确的模式界定；简单随机抽样（黄芳铭，2005）。

第一，对于收集的数据，在数据描述中已进行了正态性分布检验。正态性分布检验主要包括偏态和峰度两个要素，对于偏态值小于3和峰度值小于10的可以认为基本上是符合正态分布（Kline，1998；转引自黄芳铭，2005），在分析结果中可以看到本书中的数据符合正态分布。

第二，量表回收后，根据比较严格的规则对无效问题进行了剔除，以保证问卷的有效性，由此也可以保证问卷中无系统遗漏值。

第三，对于最佳样本量，学者的观点并不相同。Shumacker和Lomax（1996）指出，在大部分的结构方程研究中，样本量都在200—500个（转引自黄芳铭，2005）。本书中总共有11个变量，有效样本量为358个，且样本为企业，可以认为该样本数量满足用SEM进行分析研究的样本量要求。

第四，模型的界定问题。本书中模型是在前人研究的理论基础上产生的，根据理论模型中的假设建构因果关系路径图，并将路径图转换为一系列的结构方程式与测量方程式，可以认为本书进行了正确的模型界定。

第五，针对数据的收集，主要采用走访、电子邮件、关键被调查人技术等，样本来自全国各地，样本来源和地域的多样性保证了样本的代表性，基本可以满足第五条关于抽样的要求。

由此，在本部分将采用结构方程的研究方法，对理论模型进行分析和验证。

第五节　研究结果

一　被调查样本的特征描述

（一）小规模预测的样本特征描述

本书首先针对收集到的样本数据进行了描述性统计分析。对预测样本的基本资料，如创业者年龄、性别、教育经历、创业经历、企业规模、企业所属行业等信息进行了描述，具体结果如表4-10所示。

表4-10　　　　　　预测样本的特征描述（N=102）

	状态	赋值	样本量（个）	所占百分比（%）
年龄	26岁以下	1	3	2.94
	26—30岁	2	22	21.57
	31—40岁	3	49	48.04
	41—50岁	4	20	19.61
	50岁以上	5	8	7.84
性别	男	0	75	73.53
	女	1	27	26.47
教育经历	博士学位	1	35	34.31
	硕士学位	2	23	22.55
	本科学位	3	38	37.25
	大专及以下	4	6	5.88

续表

	状态	赋值	样本量（个）	所占百分比（%）
行业	传统行业	0	64	62.75
	高新技术行业	1	38	37.25
成立年限	1年以下	1	12	11.76
	1—3年（含）	2	37	36.27
	3—5年（含）	3	20	19.61
	5—8年（含）	4	18	17.65
	8年以上	5	15	14.71
企业规模	50人以下	1	18	17.65
	50—100人	2	77	75.49
	100—200人	3	3	2.94
	200—500人	4	2	1.96
	500人以上	5	2	1.96
创业经历	无	0	69	67.65
	有	1	33	32.35
企管经历	1年以下	1	15	14.71
	1—3年（含）	2	20	19.61
	3—5年（含）	3	22	21.57
	5年以上	4	45	44.12
行业经历	1年以下	1	7	6.86
	1—5年（含）	2	32	31.37
	5—10年（含）	3	28	27.45
	10年以上	4	35	34.31

注：因四舍五入呈现的误差，本书不做调整。下同。

从预测样本数据来看，个人层面：创业者年龄主要集中在"31—40岁"所占比例为48.04%，其次是"26—30岁""41—50岁"分别占21.57%和19.61%。男性调研对象占73.53%，女性调研对象仅为26.47%。创业者的教育经历中"本科学位"占比最大，为37.25%，博士学位占34.31%，硕士学位占22.55%，大专及以下学位占比最小，为5.88%。大多数创业者此前无创业经历的占67.65%，有创业经历的占32.35%。大多数受访者都有企管经历，"5年以上"企管经历的占了近一半。绝大多数受访者也都有相关行业经历,"5年以上"行业经历占61.76%。

企业层面:从创业企业成立时间来看,成立在1年以下的占11.76%,1—3年(含)的占36.27%,3—5年(含)的占19.61%,5—8年(含)的占17.65%,8年以上的占14.71%。从企业规模上来看,员工数"50—100人"的企业占75.49%,"50人以下"的企业占17.65%,"100人以上"的企业仅占6.86%。从行业类型来看,高新技术企业占37.25%,传统企业占62.75%。

(二)正式调查样本的特征描述

对正式调查样本的基本资料,如创业者年龄、性别、教育经历、创业经历、企业规模、企业所属行业等信息进行了描述,具体结果如表4-11所示。

表4-11　　　　　正式调查样本的特征描述(N=358)

	状态	赋值	样本量(个)	所占百分比(%)
年龄	26岁以下	1	7	2.0
	26—30岁	2	62	17.3
	31—40岁	3	216	60.3
	41—50岁	4	47	13.1
	50岁以上	5	26	7.3
性别	男	0	269	75.1
	女	1	89	24.9
教育经历	博士学位	1	95	26.5
	硕士学位	2	110	30.7
	本科学位	3	134	37.4
	大专及以下	4	19	5.4
行业	传统行业	0	256	71.5
	高新技术行业	1	102	28.5
成立年限	1年以下	1	45	12.6
	1—3年(含)	2	125	34.9
	3—5年(含)	3	65	18.2
	5—8年(含)	4	87	24.3
	8年以上	5	36	10.0

续表

	状态	赋值	样本量（个）	所占百分比（%）
企业规模	50人以下	1	86	24.0
	50—100人	2	228	63.7
	100—200人	3	22	6.1
	200—500人	4	12	3.4
	500人及以上	5	10	2.8
创业经历	无	0	246	68.7
	有	1	112	31.3
企管经历	1年以下	1	57	15.9
	1—3年（含）	2	60	16.8
	3—5年（含）	3	76	21.2
	5年以上	4	165	46.1
行业经历	1年以下	1	15	4.2
	1—5年（含）	2	66	18.4
	5—10年（含）	3	95	26.5
	10年以上	4	182	50.9

从正式调查的样本数据来看，样本基本特征与预测样本相似。个人层面：创业者年龄主要集中在"31—40岁"所占比例为60.3%，其次是"26—30岁""41—50岁"分别占17.3%和13.1%。男性调研对象占75.1%，女性调研对象仅为24.9%。创业者的教育经历中"本科学位"占的比重最大，为37.4%，博士学位占26.5%，硕士学位占30.7%，大专及以下学位所占比重最小，为5.4%，总体上看本次调研对象的学历都较高。创业者此前无创业经历的占68.7%，有创业经历的占31.3%。大多数受访者都有企管经历，"5年以上"企管经历的占46.1%。绝大多数受访者也都有相关行业经历，"5年以上"行业经历的占77.4%。

企业层面：从创业企业成立时间来看，成立在1年以下的占12.6%，1—3年（含）的占34.9%，3—5年（含）的占18.2%，5年以上的占34.3%。从企业规模上来看，员工数"50—100人"的企业占63.7%，"50人以下"的企业占24.0%，"100人以上"的企业仅占12.3%。从行业类型来看，高新技术企业占28.5%，传统企业占71.5%。

二 各测量题项评价值的描述统计

按照研究的规范性要求，进行后续研究之前，对数据的均值、标准差、正态性分布情况进行检验是必须的。本书涉及的相关变量的描述性统计情况如表4-12所示。

表4-12　　　　　　　　各测量题项的描述统计

测量项目	样本量	均值	标准差	偏度统计值	偏度标准差	峰度统计值	峰度标准差
EL1-1	358	3.4452	0.9731	-0.2408	0.121	-0.3872	0.236
EL1-2	358	3.7716	0.8556	0.4046	0.121	0.1825	0.236
EL1-3	358	3.7432	0.8594	-0.3283	0.121	0.0752	0.236
EL1-4	358	3.6941	0.8995	0.4031	0.121	0.0636	0.236
EL1-5	358	3.6752	0.9167	-0.3317	0.121	-0.1031	0.236
EL2-1	358	3.6943	0.8993	-0.4315	0.121	0.0830	0.236
EL2-2	358	3.5395	0.7335	5824	0.121	0.8526	0.236
EL2-3	358	4.2856	0.6754	-0.7180	0.121	0.6864	0.236
EL2-4	358	4.3141	0.6882	0.8724	0.121	0.9793	0.236
EL2-5	358	3.4467	0.8229	-0.3995	0.121	0.4532	0.236
BM1-1	358	3.5236	0.7563	-0.7254	0.121	0.6924	0.236
BM1-2	358	3.6471	0.6412	0.6693	0.121	0.5651	0.236
BM1-3	358	3.6392	0.7755	-0.9626	0.121	1.2263	0.236
BM1-4	358	3.7342	0.8290	0.3285	0.121	0.6442	0.236
BM1-5	358	3.4973	0.8213	0.6453	0.121	0.9708	0.236
BM2-1	358	3.7890	0.8346	0.7427	0.121	1.1235	0.236
BM2-2	358	3.5326	0.6219	-0.5974	0.121	0.6698	0.236
BM2-3	358	3.5481	0.8346	0.6843	0.121	-0.1456	0.236
BM2-4	358	3.1837	1.0256	0.2772	0.121	-0.5235	0.236
BM2-5	358	2.7553	1.1126	-0.0246	0.121	0.7126	0.236
BM3-1	358	3.1982	1.0357	0.2345	0.121	-0.6331	0.236
BM3-2	358	3.2649	1.0344	0.2781	0.121	0.5597	0.236
BM3-3	358	3.3974	0.9426	-0.1053	0.121	-0.5620	0.236
BM3-4	358	3.5841	1.0267	0.3070	0.121	-0.2306	0.236
BM3-5	358	3.4928	0.9432	-0.2845	0.121	0.1069	0.236
EE1-1	358	3.3473	0.9576	0.2926	0.121	-0.3279	0.236
EE1-2	358	3.6905	0.8706	-0.2195	0.121	-0.2637	0.236
EE1-3	358	3.5832	0.8731	0.3026	0.121	0.3098	0.236
EE1-4	358	3.6236	0.8751	-0.1953	0.121	-0.2973	0.236

续表

测量项目	样本量	均值	标准差	偏度 统计值	偏度 标准差	峰度 统计值	峰度 标准差
EE1-5	358	3.8474	0.8602	-0.4776	0.121	-0.1073	0.236
EE2-1	358	3.8235	0.7254	-0.4026	0.121	0.0438	0.236
EE2-2	358	4.0147	0.7415	-0.2539	0.121	-0.5931	0.236
EE2-3	358	3.1518	0.7302	0.3609	0.121	-0.4582	0.236
EE2-4	358	3.1647	0.7131	-0.5971	0.121	0.3073	0.236
EE2-5	358	3.3159	0.7182	0.6372	0.121	0.2665	0.236
EE3-1	358	3.6220	0.6908	-0.5049	0.121	-0.1058	0.236
EE3-2	358	3.2504	0.6637	-0.5752	0.121	0.3402	0.236
EE3-3	358	3.5145	0.8294	-0.4392	0.121	0.2250	0.236
EE3-4	358	3.4287	0.8647	-0.2639	0.121	-0.1505	0.236
EE3-5	358	3.5361	0.8259	-0.3483	0.121	0.1082	0.236
EE4-1	358	3.4538	0.8346	0.2194	0.121	0.1401	0.236
EE4-2	358	3.5247	0.9012	-0.2957	0.121	-0.2403	0.236
EE4-3	358	3.8668	0.9243	-0.4930	0.121	-0.3073	0.236
EE4-4	358	4.0132	0.7027	-0.5914	0.121	0.4925	0.236
EE4-5	358	3.7306	1.0208	0.4926	0.121	-0.3367	0.236
EE5-1	358	3.2801	1.1340	-0.3461	0.121	-0.6533	0.236
EE5-2	358	3.6419	0.9391	-0.4159	0.121	-0.1592	0.236
EE5-3	358	3.4239	0.9912	-0.1718	0.121	-0.5227	0.236
EE5-4	358	3.2535	0.8976	0.4723	0.121	0.2503	0.236
EE5-5	358	3.5613	0.8427	-0.2465	0.121	-0.3364	0.236

数据近似服从正态性分布的判断标准如下：偏度绝对值不高于3，峰度绝对值不高于10（黄芳铭，2005）。从表4-12可以看出，各主要变量的数据都达到了这个标准，后续分析是可行的。

三 测量信度与效度分析

在进行假设检验之前，需要对量表进行信度和效度分析。第一，信度分析，主要指分析测量结果的一致性和稳定性程度。信度有外在信度与内在信度两大类。本书的变量都是多题项量表，更关注量表的内在信度。内在信度，指每一个量表是否测量单一的概念，一般用信度系数法计算Cronbach's alpha（以下简称α值）检验测量题项的信度，α值不得低于0.5。另外，利用纠正题项的总相关系数（Corrected-Item Total Correlation，CITC）对测量题项进行净化，去除信度较低的题项。一般而言，纠正题项的总相关系数小于0.5时,就可以考虑删除该测量题项。本书对同时满足以下两个标准的题项予以删除:纠正题项的总相关系数小于0.5;删除此题项可使系数变大。

第二,效度分析。效度指测量题项能够反映出所要衡量事物的真实程度,表明概念与它的测量指标之间的关系。本书主要关注四种效度,即内容效度、构思效度、聚合效度和区分效度。

内容效度,是指该测量量表是否涵盖了它所要测量的某一概念的所有项目,主要依靠研究者的判断,即内容效度是一种质性的效度,主要依赖于逻辑处理而非统计分析,依赖于研究者对理论定义的认同(黄芳铭,2005)。判断方法为:测量工具是否可以真正测量到研究者所要测量的变量;测量工具是否涵盖了所要测量的变量。本书相关变量的量表是经由文献梳理、访谈研究、学者检验及预调研得来的,具有可以认可的内容效度。

构思效度是量表测度出理论的概念和特征的程度,一般可以通过因子分析来检测。使用KMO(Kaiser-Meyer-Olkin)测度来检验数据是否适合做因子分析。KMO在0.9以上,非常适合;0.8—0.9,很适合;0.7—0.8,适合;0.6—0.7,不太适合;0.5—0.6,很勉强;0.5以下,不适合。根据这一原则对KMO值在0.6以下的,不进行下一步分析;对KMO值在0.7以上的,进行因子分析;对于0.6—0.7的以理论研究为基础,根据实际情况决定是否进行因子分析(马庆国,2002)。

聚合效度是指测量同一概念的多重指标彼此间的聚合或关联程度,可以通过平均变异数抽取量(Average Variance Extracted,AVE)进行测量,其标准为测量题项的解释力超过其误差方差。若误差的解释大于测量题项的话,则表示该变量的效度是有问题的,因此AVE的最低标准为0.5。对于因子负载而言,测量的有效性要求其超过一定的标准,且达到统计显著性水平,Ford、McCallum和Tait(2006)推荐的标准化因子负载的最低水平为0.4(转引自徐碧祥,2007)。参照适配度指标的理想取值范围标准、标准化因子负载和AVE取值的下限标准,对各潜变量进行确定性因子分析以检验其各自的聚合效度。

区分效度指当一个概念的多重指标相聚合时,则这个概念的多重指标也应与其相反概念的测量指标负向相关。借鉴Fomell和Larcker(1981a,b)的研究,采用不同潜变量AVE的均方根与不同变量之间的相关系数比较的方法进行区分效度检验。如果潜变量与其测量题项共有的方差多于其他潜变量共有的方差，则其就具有了区分性。要判断区分效度是否满足分析要求，关键就是看两个潜变量之间的相关系数是否小于这两个潜变量的 AVE 均方根（徐碧祥，2007）。

（一）新创企业商业模式量表的信度和效度分析

1. 新创企业商业模式测量题项的信度评估及处理

新创企业商业模式的各题项的 CITC 值与 α 值如表 4-13 所示。从表中可以看出，BM1-2、BM2-5、BM3-3 的 CICT 值都小于 0.5，且删除这些题项后 α 值都会有所上升，因此将这三个题项删除。删除之后各变量的 CITC 的数值均达到了 0.5 以上，整体 α 值高于 0.7，因此该量表的各题项均符合内在信度的要求。

表 4-13　　　　新创企业商业模式量表的 CITC 值与 α 值

题项	初始 CITC	最终 CITC	删除题项后 α 值	整体 α 值
BM1-1	0.614	0.626	0.785	
BM1-2	0.419		0.802	
BM3-4	0.607	0.645	0.793	
BM3-1	0.599	0.671	0.872	
BM1-5	0.547	0.594	0.828	
BM2-1	0.576	0.566	0.850	
BM3-2	0.592	0.611	0.792	初始 α=0.772
BM1-3	0.534	0.568	0.861	最终 α=0.868
BM3-5	0.597	0.631	0.834	
BM2-5	0.456		0.765	
BM1-4	0.548	0.587	0.814	
BM2-2	0.519	0.532	0.790	
BM3-3	0.423		0.827	
BM2-3	0.538	0.581	0.789	
BM2-4	0.607	0.613	0.859	

替代学习、经验学习和实践学习题项的 KMO 值和 Bartlett 球形检验值如表 4-14 所示。从表中可以看出 KMO 值大于 0.7，且 Bartlett 统计值不

显著，可以进行因子分析。

表 4-14　新创企业商业模式量表的 KMO 与 Bartlett 球形检验

		价值主张	价值经营	价值获取
KMO 值		0.725	0.754	0.812
Bartlett 球形检验	χ^2	101.672	182.743	199.587
	自由度（df）	3	3	3
	显著性	0.000	0.000	0.000

2. 新创企业商业模式量表的探索性因素分析结果

运用预测调研收集的数据，采用最大方差主成分分析法进行探索性因素分析。探索性因素分析结果如表 4-15 所示。数据分析结果支持了新创企业商业模式三维度的假设。三个因素共解释了新创企业商业模式变量 66.056% 的变异。

表 4-15　新创企业商业模式探索性因素分析结果（N=102）

	因素 1	因素 2	因素 3
因素 1：价值主张　α 系数 = 0.8563　解释的变异为 20.356%			
BM1-1	0.612	0.028	0.109
BM1-3	0.598	0.012	0.052
BM1-4	0.764	0.138	
BM1-5	0.689		0.132
因素 2：价值经营　α 值 = 0.7634　解释的变异为 27.262%			
BM2-1	0.287	0.745	-0.009
BM2-2		0.623	
BM2-3	0.306	0.798	0.124
BM2-4		0.658	0.235
因素 3：价值获取　α 值 = 0.7208　解释的变异为 18.438%			
BM3-1	0.106	0.439	0.608
BM3-2	0.152	0.217	0.742
BM3-4	0.228		0.687
BM3-5			0.649

3. 新创企业商业模式量表的验证性因素分析结果

本书通过探索性因素分析得到新创企业商业模式的三个维度，需要通过进一步的验证性因素分析，验证性因素分析可以对概念结构模型进行更有意义的检验和拟合指标。

（1）验证性因素分析模型

探索性因素分析将新创企业商业模式分为价值主张、价值经营、价值获取三个因子，每个因子包括四个测量题项。基于此构建新创企业商业模式因素分析模型（见图4-2）进行验证性因子分析。

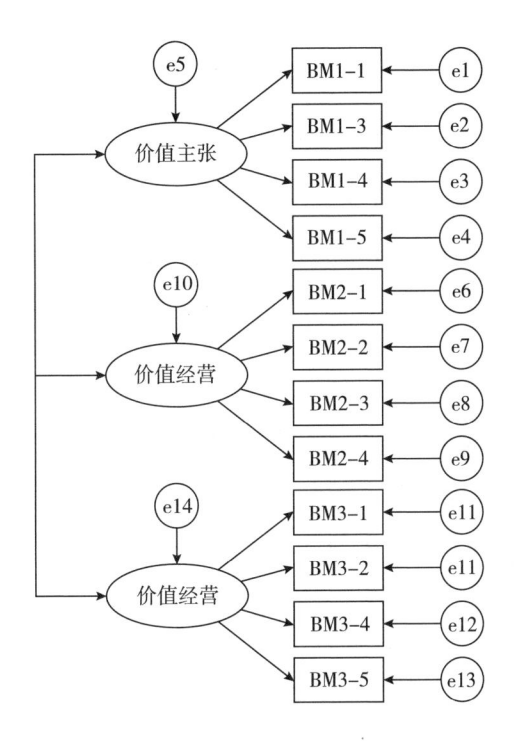

图4-2 新创企业商业模式因素分析模型

（2）各测量题项的建构信度

建构信度是用来检验一组测量题项间构建的程度是否能够达到一致。一般用个别题项的信度系数来表征各个因子的整体信度，整体信度指标被称为建构信度，用 CR 来表示。

$$CR = \frac{(\sum \lambda)^2}{(\sum \lambda)^2 + \sum \varepsilon_j} \quad (4-1)$$

式中，λ 是标准化负荷系数，ε 是对应第 j 项的测量误差系数。

关于信度系数的最低标准，学者采用的标准不相一致，有的学者认为，此指标系数不能低于 0.6；有的学者认为，只要不低于 0.5 即可（Bagozzi et al.，1998；Hair et al.，1998）；也有的学者根据不同的情况采取不同的标准，认为个别变项信度检验的标准要大于 0.5，但是潜在变量信度检验的标准要大于 0.6（黄芳铭，2005）。

经过计算，新创企业商业模式的三个因子即价值主张、价值经营和价值获取的 CR 值分别为 0.78、0.86 和 0.89，均大于 0.6 的标准。

（3）聚合效度

采用平均数变异抽取量（AVE）来衡量聚合效度，相应的判断标准是测量题项的解释力不低于误差方差。很多学者一致认为，如果误差解释大于测量题项，那么该变量的效度存在严重的问题，因此 AVE 的最低标准一般认为是 0.5。

$$AVE = \frac{\sum \lambda^2}{\sum \lambda^2 + \sum \varepsilon_j} \quad (4-2)$$

式中，λ 是标准化负荷系数，ε 是第 j 项的测量误差。

经过计算，新创企业商业模式的三个因子即价值主张、价值经营和价值获取的 AVE 值分别为 0.54、0.61 和 0.65，三个因子均有较好的聚合效度。

（4）区分效度

本书采取比较两个因子 AVE 的均方根与这两个因子之间的相关系数的方法，来进行区分效度的检验。如果因子与测量题项共有方差多于其他因子的共有方差，则其就具有了区分性。因此，如果两个因子之间的相关系数（Φ 估计）小于这两个因子的 AVE 的平方根，那么区分效度就得到支持。表 4-16 显示了各因子间的相关系数，对角线为各因子 AVE 的平方根，各因子 AVE 的平方根均大于其所在行和列的相关系数值，说明量表具有可接受的区分效度。

表 4-16　　　　　　　新创企业商业模式测量区分效度分析

维度	价值主张	价值经营	价值获取
价值主张	0.735		
价值经营	0.703	0.781	
价值获取	0.678	0.726	0.806

（5）模型适配度分析

测量 SEM 模型的适配度检验主要体现在以下三方面：第一，模型整体拟合情况，包括绝对拟合优度指标（χ^2、χ^2/df、RMR、GFI、AGFI、RMR）、相对拟合优度指标（NFI、FII、CFI、TLI）以及简约拟合优度指标（PNFI）等，表 4-17 显示了 SEM 模型的常用适配度指标及建议值；第二，基本拟合标准包括的内容主要有测量误差不能有负值，以及因子载荷适中（标准化因子载荷一般要在 0.5 至 0.95）且达到显著性水平两方面；第三，模型内在结构拟合检验主要考察模型中显变量能否合理地反映对应潜变量以及理论模型的因果关系。

表 4-17　　　　　　　SEM 检验的适配度指标及其建议值

指标	χ^2/df	RMR	GFI	AGFI	NFI	IFI	CFI	TLI	PNFI	RMSEA
建议值	<3	<0.08	>0.9	>0.8	>0.9	>0.9	>0.9	>0.9	>0.5	<0.08

资料来源：侯杰泰等，2004。

尽管大量学者认为 GFI、AGFI、NFI、IFI 和 CFI 等拟合指数的值大于 0.9 时，才表示模型拟合良好，但在实际研究中，对于模型拟合度指标判断标准的采用，学者的观点不尽相同。有的学者认为，模型拟合度较好的标准是 GFI、AGFI、NFI、IFI 和 CFI 等拟合指数不能低于 0.9；但当结构方程模型中涉及的变量很多，变量之间关系比较复杂的时候，一些拟合指标是很难高于 0.9 的。因此，应该根据研究模型的具体情况，灵活选取判断标准。

新创企业商业模式测量模型拟合优度指标如表 4-18 所示，与适配度指标建议值对比可以发现，除 GFI 和 NFI 小于建议值 0.9 以外，其他值都较理想，测量模型是有效的。另外，从测度模型的参数估计可以看出，所有参数的标准化估计值都在 0.5—0.95，且 CR 检验值都大于 1.96；参数估计值的标准差都大于零,表明模型满足基本拟合标准。

表 4-18　　　　　新创企业商业模式测量模型拟合优度指标

指标	χ^2/df	RMR	GFI	AGFI	NFI	IFI	CFI	TLI	PNFI	RMSEA
值	1.672	0.043	0.895	0.912	0.842	0.938	0.946	0.960	0.902	0.063

(二) 创业学习

1. 创业学习测量题项的信度评估及处理

创业学习量表中各题项的 CITC 值与 α 值如表 4-19 所示,从表中可以看出,利用式学习和探索式学习变量的 CITC 值都不低于 0.5,整体信度系数大于 0.7,因此创业学习量表的各题项信度较高。

表 4-19　　　　　创业学习量表的 CITC 值与 α 值

变量	题项	CITC	删除题项后 α 值	整体 α 值
利用式学习	EL1-1	0.710	0.839	0.863
	EL1-2	0.777	0.775	
	EL1-3	0.738	0.811	
	EL1-4	0.686	0.788	
	EL1-5	0.723	0.752	
探索式学习	EL2-1	0.692	0.783	0.837
	EL2-2	0.506	0.799	
	EL2-3	0.718	0.704	
	EL2-4	0.750	0.679	
	EL2-5	0.513	0.805	

在进行下一步分析之前,先检验利用式学习和探索式学习测量题项的 KMO 值和 Bartlett 球形检验的显著性,结果见表 4-20。从表中可以看出,KMO 值大于 0.7,接近 0.8,且 Bartlett 统计值不显著,可以进行因子分析。

表 4-20　　　　　创业学习量表的 KMO 与 Bartlett 球形检验

	利用式学习	探索式学习
KMO 值	0.792	0.786

续表

		利用式学习	探索式学习
Bartlett 球形检验	χ^2	1187.626	1061.248
	df	247	247
	显著性	0.000	0.000

2. 创业学习量表的验证性因素分析结果

因为创业学习测量基本上利用了成熟的量表，所以可不进行探索性因素分析，直接进行验证性因素分析。验证性因素分析主要涉及两项内容，首先是量表的信效度检验，其次是研究模型的整体适配度分析。

（1）验证性因素分析模型

根据相关理论基础和创业学习相关的成熟量表，本书将创业学习分为利用式学习和探索式学习 2 个因子，2 个因子分别包括 5 个测量题项。基于这一模型，对创业学习进行验证性因子分析，分析模型见图 4-3。

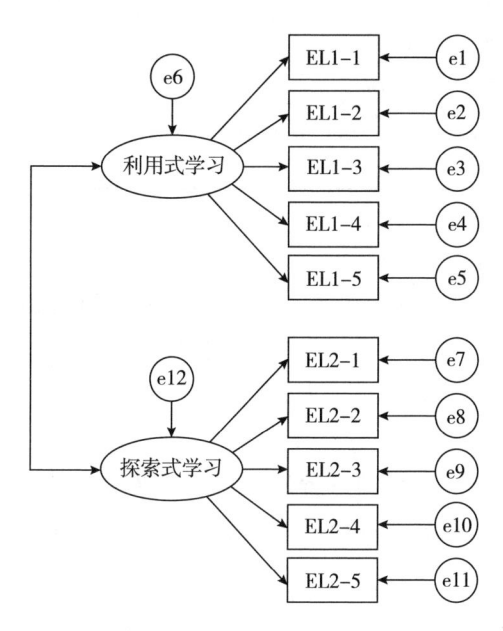

图 4-3 创业学习分析模型

（2）各测量题项的建构信度

建构信度（CR）的计算公式和相关要求标准同前部分内容，不再详述。各测量题项的标准化系数均大于 0.7，各测量题项的 R^2 都在 0.4 以上（见表 4-21），表明单个测量题项的信度较高。两个因子的建构信度（CR）分别为 0.826、0.809，均大于 0.6，表明各因子测量题项的整体信度及内部一致性较高。

表 4-21　　　　创业学习测量建构信度和聚合效度分析结果

因子	测量题项	标准化系数	R^2	建构信度（CR）	AVE
利用式学习	EL1-1	0.817***	0.626	0.826	0.634
	EL1-2	0.739***	0.725		
	EL1-3	0.765***	0.658		
	EL1-4	0.812***	0.636		
	EL1-5	0.862***	0.662		
探索式学习	EL2-1	0.834***	0.685	0.809	0.657
	EL2-2	0.729***	0.605		
	EL2-3	0.640***	0.536		
	EL2-4	0.739***	0.525		
	EL2-5	0.646***	0.582		

拟合优度指标值：$\chi^2/df = 1.4237$，GFI = 0.935，NFI = 0.875，IFI = 0.945，CFI = 0.909，RMSEA = 0.045

（3）聚合效度

聚合效度（AVE）的计算公式和相关要求标准同前部分内容，不再详述。经过计算，利用式学习和探索式学习的 AVE 值分别为 0.634 和 0.657，大于 0.5 的最低标准，聚合度较好。

（4）区分效度

对创业学习测量进行的区分效度检验结果如表 4-22 所示，各因子 AVE 的平方根均大于其所在行和列的相关系数值，说明量表具有可接受的区分效度。

表 4-22　　　　创业学习测量区分效度分析

维度	利用式学习	探索式学习
替代学习	0.796	
经验学习	0.738	0.811

(5) 模型适配度分析

模型适配度的相关分析方法和标准同前部分内容,创业学习测量模型适配度各项指标的数值符合标准(见表4-21),整体模型的拟合度较理想。同时,创业学习测量模型标准化参数估计值都在0.5和0.95之间;并且各项标准差为正数,因此整个模型较为合理。

(三) 创业生态系统

1. 创业生态系统测量题项的信度评估及处理

创业生态系统量表的各题项的CITC值与α值如表4-23所示。从表中可以看出,EE2-5、EE3-1、EE5-4题项的CITC值小于0.5的标准,并且这些题项被删除后的α值提高了。因此,删除这三个题项。其余题项的CITC值均大于0.5。删除上述三个题项后,新量表三个因子的整体信度指标系数高于0.7,因此创业生态系统量表的各题项可以用于后续的研究。

表4-23 创业生态系统量表的CITC值与α值

变量	题项	CITC	删除题项后α值	整体α值
政府政策	EE1-1	0.765	0.798	0.835
	EE1-2	0.781	0.806	
	EE1-3	0.700	0.858	
	EE1-4	0.727	0.837	
	EE1-5	0.746	0.785	
创业资源基础	EE2-1	0.746	0.808	0.847
	EE2-2	0.736	0.842	
	EE2-3	0.745	0.818	
	EE2-4	0.684	0.843	
	EE2-5	0.430	0.859	
创业文化	EE3-1	0.422	0.836	0.809
	EE3-2	0.654	0.839	
	EE3-3	0.728	0.852	
	EE3-4	0.758	0.860	
	EE3-5	0.694	0.846	

续表

变量	题项	CITC	删除题项后 α 值	整体 α 值
创业网络	EE4-1	0.530	0.852	0.778
	EE4-2	0.598	0.831	
	EE4-3	0.629	0.749	
	EE4-4	0.602	0.856	
	EE4-5	0.616	0.739	
创业服务	EE5-1	0.535	0.736	0.815
	EE5-2	0.589	0.919	
	EE5-3	0.630	0.832	
	EE5-4	0.428	0.869	
	EE5-5	0.609	0.842	

删除不合格项后的各因子 KMO 值和 Bartlett 球形检验结果见表 4-24。从表中可以看出，政府政策、创业资源基础、创业文化和创业服务各因子的 KMO 值大于 0.7，创业网络的 KMO 值十分接近 0.7，且 Bartlett 统计值不显著，后续分析可以进行。

表 4-24　创业生态系统量表的 KMO 与 Bartlett 球形检验

		政府政策	创业资源基础	创业文化	创业网络	创业服务
KMO 值		0.735	0.812	0.813	0.678	0.752
Bartlett 球形检验	χ^2	1290.655	1195.279	1288.965	1097.516	1045.72
	df	247	247	247	247	247
	显著性	0.000	0.000	0.000	0.000	0.000

2. 创业生态系统量表的验证性因素分析结果

本部分创业生态系统测量基本上利用了成熟的量表，因此不再进行探索性因素分析，直接进行验证性因素分析。验证性因素分析主要涉及两项内容，即量表的信效度检验和研究模型的整体适配度分析。

（1）验证性因素分析模型

根据相关理论基础和创业生态系统相关的成熟量表，本书将创业生态系统分为政府政策、创业资源基础、创业文化、创业网络和创业服务五个因子，五个因子分别包括 5、4、4、5、4 个测量题项。基于这一模型，对创业生态系统进行验证性因子分析，分析模型见图4-4。

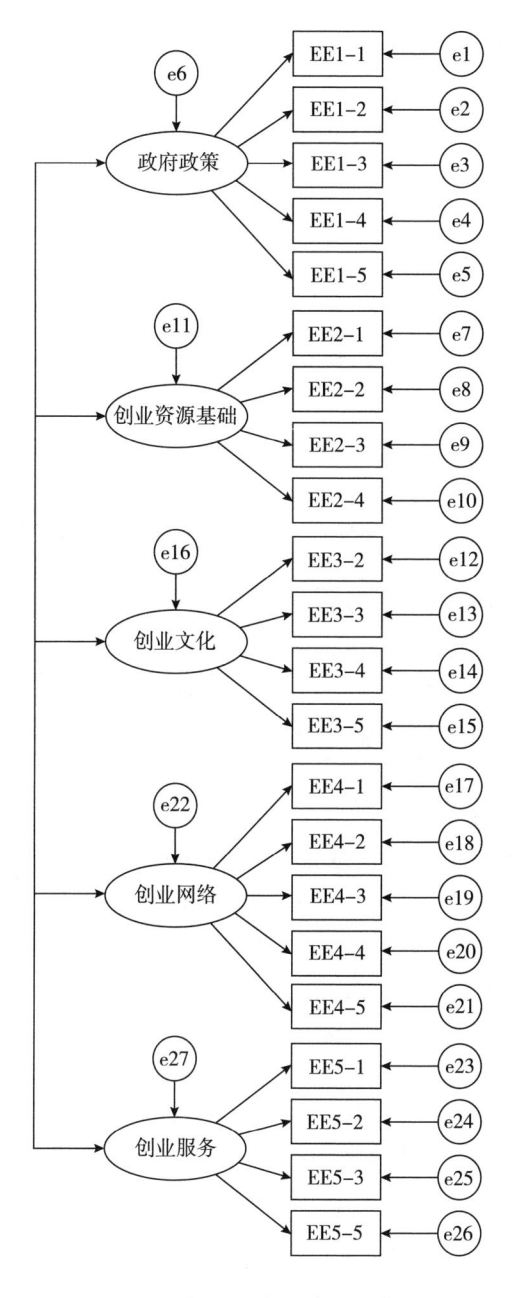

图4-4 创业生态系统分析模型

(2) 各测量题项的建构信度

建构信度 CR 的计算公式和相关要求标准同前部分内容，不再详述。各测量题项的标准化系数均大于 0.7，各测量题项的 R^2 都在 0.4 以上，表明单个测量题项的信度较高。五个因子的建构信度（CR）均大于 0.6，表明各因子测量题项的整体信度及内部一致性较高（见表4-25）。

表 4-25　创业生态系统测量建构信度和聚合效度分析结果

因子	测量题项	标准化系数	R^2	CR	AVE
政府政策	EE1-1	0.778***	0.582	0.810	0.627
	EE1-2	0.717***	0.685		
	EE1-3	0.726***	0.536		
	EE1-4	0.704***	0.662		
	EE1-5	0.712***	0.582		
创业资源基础	EE2-1	0.825***	0.634	0.827	0.669
	EE2-2	0.847***	0.599		
	EE2-3	0.819***	0.716		
	EE2-4	0.789***	0.725		
创业文化	EE3-2	0.756***	0.684	0.814	0.657
	EE3-3	0.732***	0.703		
	EE3-4	0.714***	0.658		
	EE3-5	0.820***	0.721		
创业网络	EE4-1	0.745***	0.605	0.784	0.674
	EE4-2	0.821***	0.525		
	EE4-3	0.836***	0.626		
	EE4-4	0.796***	0.636		
	EE4-5	0.826***	0.596		
创业服务	EE5-1	0.830***	0.601	0.790	0.649
	EE5-2	0.762***	0.580		
	EE5-3	0.728***	0.623		
	EE5-5	0.710***	0.612		

拟合优度指标值：$\chi^2/df = 1.4176$，GFI = 0.906，NFI = 0.857，IFI = 0.913，CFI = 0.925，RMSEA = 0.041

(3) 聚合效度

聚合效度（AVE）的计算公式和相关要求标准同前部分内容，不再详述。经过计算，创业生态系统的五个因子，即政府政策、创业资源基础、创业文化、创业网络和创业服务的 AVE 值分别为 0.627、0.669、0.657、0.674 和 0.649，均大于 0.5 的最低标准，具有较好的聚合效度。

(4) 区分效度

对创业生态系统测量进行的区分效度检验结果如表 4-26 所示。各因子 AVE 的平方根均大于其所在行和列的相关系数值，说明量表具有可接受的区分效度。

表 4-26　　　　　　　　创业生态系统测量区分效度分析

维度	政府政策	资源基础	创业文化	创业网络	创业服务
政府政策	0.791				
创业资源基础	0.745	0.817			
创业文化	0.780	0.698	0.811		
创业网络	0.723	0.719	0.725	0.821	
创业服务	0.746	0.762	0.784	0.769	0.806

(5) 模型适配度分析

模型适配度的相关分析方法和标准同前部分内容。创业生态系统测量模型适配度各项指标的数值符合标准（见表 4-25），整体模型的拟合度较理想。同时，创业生态系统测量模型标准化参数估计值都在 0.5 和 0.95 之间；并且各项标准差为正数，因此整个模型较为合理。

四　各主要变量的相关分析

对本部分涉及的变量进行简单相关分析，计算两两之间的简单相关系数。创业生态系统与价值主张、价值经营、价值获取有正向且显著的相关关系，创业生态系统与利用式学习、探索式学习有正向且显著的相关关系，创业学习与新创企业商业模式有正向且显著的相关关系（见表 4-27），初步说明本书的假设预期。

五　创业学习中介效应检验

本书通过结构方程建模的方法来验证所提出的各项假设。越来越多的学者赞同且采用结构方程建模技术检验变量的中介效应，其优点在于不

表 4-27　主要变量各维度相关性分析

	均值	标准差	政府政策	创业资源基础	创业服务	创业网络	创业文化	替代学习	经验学习	实践学习	价值主张	价值经营	价值获取
政府政策	3.293	0.768	1										
创业资源基础	3.474	0.736	0.667**	1									
创业服务	3.541	0.682	0.658**	0.710**	1								
创业网络	3.725	0.714	0.703**	0.637**	0.651**	1							
创业文化	3.643	0.642	0.721**	0.576**	0.632**	0.782**	1						
利用式学习	3.682	0.746	0.648**	0.725**	0.679**	0.730**	0.738**	1					
探索式学习	3.635	0.728	0.559**	0.655**	0.728**	0.612**	0.625**	0.559**	1				
价值主张	3.580	0.687	0.778**	0.637**	0.735**	0.650**	0.693**	0.789**	0.802**	1			
价值经营	3.574	0.784	0.596**	0.758**	0.759**	0.679**	0.583**	0.548**	0.387**	0.749**	1		
价值获取	3.662	0.813	0.554**	0.692**	0.590**	0.673**	0.629**	0.689**	0.751**	0.675**	0.737**	1	

注：a. ***、**、* 分别表示在1%、5%、10%的显著性水平下显著。
b. 以上各变量均采用因子得分。

仅可以得到逐步回归分析法的效果，而且还能综合考虑测量误差项造成的影响（候杰泰等，2004）。判断变量是否起到中介变量的作用，Baron和Kelmy（1986）认为需要同时满足以下四个条件：第一，中介变量对自变量的回归分析中，回归系数达到显著水平；第二，因变量对中介变量的回归分析中，回归系数达到显著水平；第三，因变量对自变量的回归分析中，回归系数达到显著水平；第四，因变量同时对自变量和中介变量的回归分析中，中介变量的回归系数达到显著水平，自变量的回归系数减小。另外，当自变量的回归系数减小到不显著水平时，说明中介变量起到完全中介的作用，自变量完全通过中介变量对因变量产生影响；当自变量的回归系数减小，但仍然达到显著水平时，中介变量只起到部分中介作用，即自变量不仅通过中介变量间接影响因变量，而且还会对因变量产生直接的影响。运用结构方程建模的方法进行回归分析时，用同样的原理对中介效应进行检验。

本书采用AMOS23.0统计软件进行分析，对数据的分析参照上述对中介效应的判定原则进行。创业学习对"创业生态系统—新创企业商业模式"的中介效应模型如图4-5所示。从各项指标来看，模型拟合较好（见表4-28）。

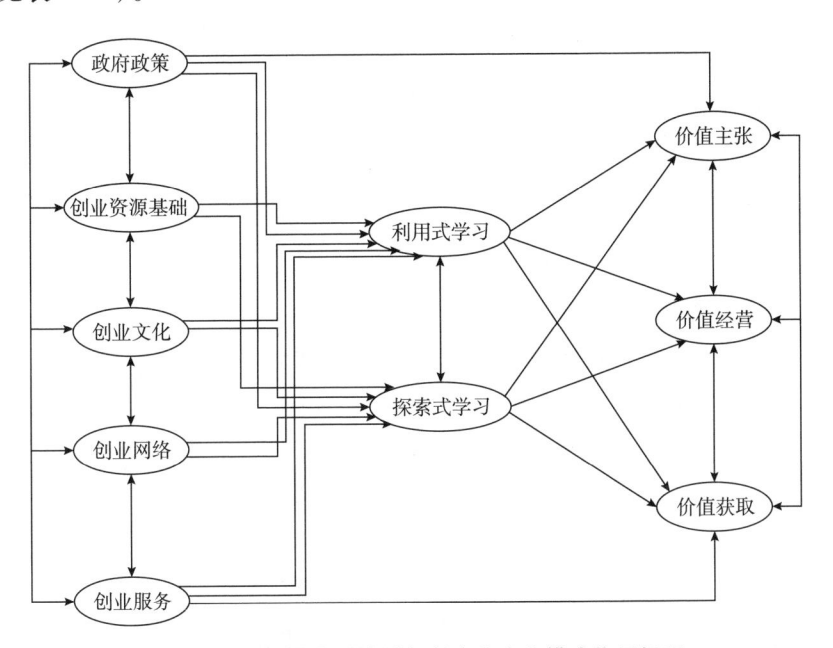

图4-5 创业生态系统对新创企业商业模式作用机理

表 4-28　　　　　　　　　　模型拟合优度指标

CMIN/df	GFI	AGFI	NFI	IFI	CFI	RMSEA
1.572	0.926	0.903	0.931	0.908	0.915	0.038

从表 4-29 可以看出，利用式学习到价值主张、价值经营和价值获取的路径系数均显著，探索式学习到价值主张和价值经营的路径系数显著，但到价值获取的路径系数不显著。

表 4-29　　　　　　　创业学习中介效应检验结果简示

因变量：价值主张

自变量	显著系数	中介变量	显著系数	因变量	中介效应
政府政策	0.305**	利用式学习	0.132*	价值主张	部分中介
	—	无中介变量显著系数	0.317**		
	0.221**	探索式学习	0.367**		
	—	无中介变量显著系数	0.317**		
创业资源基础	0.385**	利用式学习	0.132*	价值主张	完全中介
	—	无中介变量显著系数	0.432**		
	0.104	探索式学习	0.367**		
	—	无中介变量显著系数	0.432**		
创业文化	0.106	利用式学习	0.132*	价值主张	无中介
	—	无中介变量显著系数	0.022		
	0.025	探索式学习	0.367**		
	—	无中介变量显著系数	0.022		
创业网络	0.232**	利用式学习	0.132*	价值主张	部分中介
	—	无中介变量显著系数	0.256**		
	0.225**	探索式学习	0.367**		
	—	无中介变量显著系数	0.256**		
创业服务	0.218**	利用式学习	0.132*	价值主张	部分中介
	—	无中介变量显著系数	0.326**		
	0.206*	探索式学习	0.367**		
	—	无中介变量显著系数	0.326**		

续表

				因变量：价值经营		
政府政策	0.305**	利用式学习	0.183*	价值经营	无中介
	—	无中介变量显著系数	0.057		
	0.221**	探索式学习	0.261**		
	—	无中介变量显著系数	0.057		
创业资源基础	0.385**	利用式学习	0.183*	价值经营	完全中介
	—	无中介变量显著系数	0.374**		
	0.104	探索式学习	0.261**		
	—	无中介变量显著系数	0.374**		
创业文化	0.106	利用式学习	0.183*	价值经营	完全中介
	—	无中介变量显著系数	0.207*		
	0.025	探索式学习	0.261**		
	—	无中介变量显著系数	0.207*		
创业网络	0.232**	利用式学习	0.183*	价值经营	部分中介
	—	无中介变量显著系数	0.432**		
	0.225**	探索式学习	0.261**		
	—	无中介变量显著系数	0.432**		
创业服务	0.218**	利用式学习	0.183*	价值经营	部分中介
	—	无中介变量显著系数	0.309**		
	0.206*	探索式学习	0.261**		
	—	无中介变量显著系数	0.309**		
			因变量：价值获取		
政府政策	0.305**	利用式学习	0.263**	价值获取	无中介
	—	无中介变量显著系数	0.328**		
	0.221**	探索式学习	0.084		
	—	无中介变量显著系数	0.328**		
创业资源基础	0.385**	利用式学习	0.263**	价值获取	无中介
	—	无中介变量显著系数	0.396**		
	0.104	探索式学习	0.084		
	—	无中介变量显著系数	0.396**		
创业文化	0.106	利用式学习	0.263**	价值获取	无中介
	—	无中介变量显著系数	0.047		
	0.025	探索式学习	0.084		
	—	无中介变量显著系数	0.047		

续表

		因变量：价值获取			
创业网络	0.232**	利用式学习	0.263**	价值获取	部分中介
	—	无中介变量显著系数	0.356**		
	0.225**	探索式学习	0.084		
	—	无中介变量显著系数	0.356**		
创业服务	0.218**	利用式学习	0.263**	价值获取	无中介
	—	无中介变量显著系数	0.406**		
	0.206*	探索式学习	0.084		
	—	无中介变量显著系数	0.406**		

注：a. ***、**、*分别表示在1%、5%、10%的水平下显著；
b. 以上各变量均采用因子得分。

政府政策维度到利用式学习的路径系数为 0.305（显著性水平为 0.05）、到探索式学习的路径系数为 0.221（显著性水平为 0.05）、到价值主张的路径系数为 0.317（显著性水平为 0.05），到价值经营的路径系数为 0.057（不显著），到价值获取的路径系数为 0.328（显著性水平为 0.05）。从数据结果来看，利用式学习对政府政策维度与价值主张和价值获取有部分中介作用，与价值经营无中介作用，探索式学习对政府政策维度与价值主张有部分中介作用，与价值经营和价值获取无中介作用。

创业资源基础维度到利用式学习的路径系数为 0.385（显著性水平为 0.05），到探索式学习的路径系数为 0.104（不显著），到价值主张的路径系数为 0.432（显著性水平为 0.05），到价值经营的路径系数为 0.374（显著性水平为 0.05），到价值获取的路径系数为 0.396（显著性水平为 0.05）。从数据结果来看，利用式学习对创业资源基础维度与价值主张有部分中介作用，与价值经营无中介作用，与价值获取有部分中介作用；探索式学习对创业资源基础维度与价值主张有完全中介作用，与价值经营有完全中介作用，与价值获取无中介作用。

创业文化维度到利用式学习的路径系数为 0.106（不显著），到探索式学习的路径系数为 0.025（不显著），到价值主张的路径系数为 0.022（不显著），到价值经营的路径系数为 0.207（显著性水平为 0.1），到价值获取的路径系数为 0.047（不显著）。从数据结果来看，利用式学习对创业文化维度与价值主张无中介作用，与价值经营有完全中介作用，与价值获取无中介作用；探索式学习对创业文化维度与价值主张无中介作用，与价值经营有完全中介作用，与价值获取无中介作用。

创业网络维度到利用式学习的路径系数为 0.232（显著性水平为 0.05），到探索式学习的路径系数为 0.225（显著性水平为 0.05），到价值主张的路径系数为 0.256（显著性水平为 0.05），到价值经营的路径系数为 0.432（显著性水平为 0.05），到价值获取的路径系数为 0.356（显著性水平为 0.05）。从数据结果来看，利用式学习对创业网络维度与价值主张、价值经营、价值获取均有部分中介作用；探索式学习对创业网络维度与价值主张、价值经营和价值获取有部分中介作用。

创业服务维度到利用式学习的路径系数为 0.218（显著性水平为 0.05），到探索式学习的路径系数为 0.206（显著性水平为 0.1），到价值主张的路径系数为 0.326（显著性水平为 0.05），到价值经营的路径系数为 0.309（显著性水平为 0.05），到价值获取的路径系数为 0.406（显著性水平为 0.05）。从数据结果来看，利用式学习对创业服务维度与价值主张、价值经营和价值获取均有部分中介作用；探索式学习对创业服务维度与价值主张和价值经营有部分中介作用，与价值获取无中介作用。

六 利用式学习和探索式学习的交互效应检验

本书还进一步运用逐步回归法，检验利用式学习和探索式学习的交互作用对新创企业商业模式的影响，具体分析结果如表 4-30 所示。共线性检验发现，模型 1 到模型 5 的方差膨胀系数 VIF 远小于 10，并不存在严重的共线性问题。具体分析步骤如下：①在模型 1 中加入相关控制变量；②模型 2 在模型 1 的基础上加入利用式学习，结果显示利用式学习对新创企业商业模式起到积极的正向作用（$\beta=0.463$，$p<0.01$）；③模型 3 在模型 1 的基础上加入探索式学习，结果显示探索式学习对新创企业商业模式起到积极的正向作用（$\beta=0.392$，$p<0.01$）；④模型 4 在模型 1 的基础上同时加入利用式学习和探索式学习，结果显示利用式学习（$\beta=0.428$，$p<0.01$）和探索式学习（$\beta=0.264$，$p<0.01$）均对新创企业商业模式起到积极的正向作用；⑤模型 5 在模型 4 的基础上加入利用式学习和探索式学习的乘积项，结果发现乘积项对新创企业商业模式有显著的正向作用（$\beta=0.194$，$p<0.01$），即利用式学习和探索式学习对新创企业商业模式影响方面具有互补作用。

表 4-30　　　　利用式学习和探索式学习的交互效应检验

变量	新创企业商业模式				
	模型 1	模型 2	模型 3	模型 4	模型 5
控制变量	−0.103	−0.092	−0.074	−0.048	−0.057
Z 利用式学习		0.463***		0.428***	0.387***
Z 探索式学习			0.392***	0.264***	0.253***
Z 利用式学习×Z 探索式学习					0.194***
调整后 R^2	0.032	0.245	0.272	0.365	0.422
ΔR^2		0.231	0.027	0.093	0.057
F 统计量（ΔR^2）		42.636***	48.558***	56.541***	5.36*
VIF	1.758	2.367	2.541	2.624	3.162

注：a. ***、**、*分别表示在1%、5%、10%的显著性水平下显著；
b. 以上各变量均采用因子得分；
c. Z 表明经过中心化处理的变量。

第六节　本章小结

本部分研究主要检验了创业生态系统对新创企业商业模式的作用机理。通过对正式调研收集的 358 份问卷进行分析，运用 AMOS23.0 统计软件，用结构方程建模方法对前文提出的理论假设进行了实证检验，结果如表 4-31 所示。

表 4-31　　　　　　　假设检验结果汇总

变量关系	假设内容	检验结果
创业生态系统与新创企业商业模式	假设 1：创业生态系统对新创企业商业模式有正向作用	支持
	假设 1a：创业生态系统对价值主张有正向作用	部分支持
	假设 1b：创业生态系统对价值经营有正向作用	部分支持
	假设 1c：创业生态系统对价值获取有正向作用	部分支持
创业学习与新创企业商业模式	假设 2：创业学习与新创企业商业模式正相关	支持
	假设 2-1：利用式学习与新创企业商业模式正相关	支持
	假设 2-1a：利用式学习与价值主张正相关	支持

续表

变量关系	假设内容	检验结果
创业学习与新创企业商业模式	假设 2-1b：利用式学习与价值经营正相关	支持
	假设 2-1c：利用式学习与价值获取正相关	支持
	假设 2-2：探索式学习与新创企业商业模式正相关	部分支持
	假设 2-2a：探索式学习与价值主张正相关	支持
	假设 2-2b：探索式学习与价值经营正相关	支持
	假设 2-2c：探索式学习与价值获取正相关	不支持
创业学习对"创业生态系统—新创企业商业模式"关系的中介作用	假设 3：创业学习对"创业生态系统—新创企业商业模式"有中介作用	支持
	假设 3-1：利用式学习对"创业生态系统—新创企业商业模式"有中介作用	部分支持
	假设 3-1a：利用式学习对"创业生态系统—价值主张"有中介作用	部分支持
	假设 3-1b：利用式学习对"创业生态系统—价值经营"有中介作用	部分支持
	假设 3-1c：利用式学习对"创业生态系统—价值获取"有中介作用	部分支持
	假设 3-2：探索式学习对"创业生态系统—新创企业商业模式"有中介作用	部分支持
	假设 3-2a：探索式学习对"创业生态系统—价值主张"有中介作用	部分支持
	假设 3-2b：探索式学习对"创业生态系统—价值经营"有中介作用	部分支持
	假设 3-2c：探索式学习对"创业生态系统—价值获取"有中介作用	部分支持
利用式学习和探索式学习的交互效应	假设 4：利用式学习和探索式学习对新创企业商业模式具有交互作用	支持

一　创业生态系统对新创企业商业模式的直接作用

在进行结构建模之前，本部分首先对相关变量进行了相关分析（见表4-27），识别各变量之间的关联程度，初步验证相关研究假设。结果表明，创业生态系统各维度与价值主张、价值经营、价值获取均呈正向相关关系，且都达到 0.01 的显著性水平。

从创业生态系统对新创企业商业模式的直接效应检验可以看出：第一，创业生态系统中对价值主张有直接显著影响的维度有政府政策、创业资源基础、创业网络和创业服务，回归系数分别在 0.05 和 0.01 的显著性水平下显著；第二，创业生态系统中对价值经营有直接显著影响的维度有创业资源基础、创业文化、创业网络、创业服务，回归系数分别在 0.05 和 0.01 的显著性水平下显著；第三，创业生态系统中对价值获取有直接显著影响的维度有政府政策、创业资源基础、创业网络和创业服务，回归系数分别在 0.05 和 0.01 的显著性水平下显著。从以上分析可以看出，创业资源基础、创业网络、创业服务对新创企业商业模式具有重要性，对价值主张、价值经营和价值获取都有显著直接影响。而政府政策对价值经营没有显著直接影响，创业文化对价值主张和价值经营都没有显著直接影响。因而，有必要进一步探析创业学习在"创业生态系统—新创企业商业模式"关系中的中介效应。

二 创业学习的中介作用

第一，利用式学习的中介作用。从表 4-29 中对利用式学习的中介效应的验证结果来看，利用式学习的中介效应在 11 条路径上得到验证。其在政府政策—价值主张/价值获取、创业资源基础—价值主张/价值获取、创业网络—价值主张/价值经营/价值获取、创业服务—价值主张/价值经营/价值获取关系中有部分中介作用，而创业文化通过利用式学习影响新创企业价值经营。

第二，探索式学习的中介作用。从表 4-29 中对探索式学习的中介效应的验证结果来看，探索式学习的中介效应在政府政策—价值主张、创业网络—价值主张/价值经营、创业服务—价值主张/价值经营的关系中有部分中介作用，而创业资源基础通过探索式学习影响新创企业价值主张和价值经营，创业文化通过探索式学习影响新创企业价值经营。

知识和信息的获取、转化并非简单的认知过程，而是一个比较复杂的社会化过程，创业学习离不开新创企业建立的内外联系。嵌入到创业生态系统中的新创企业能获得关于竞争对手、市场需求、技术信息等异质性较高的信息。新创企业通过创业学习将这些异质性信息用于扩展新知识、积累经验、形成新能力（葛宝山等，2016），有助于新创企业识别新机会、编排和整合资源，避免新进入者缺陷，获得合法性并实现企业的生存与成长。

三 利用式学习和探索式学习的交互效应

运用逐步回归法分析发现，利用式学习和探索式学习的乘积项对新创企业商业模式有显著的正向作用，回归系数在 0.01 的显著性水平下显著，利用式学习和探索式学习对新创企业商业模式影响具有互补作用。March（1991）的研究成果表明，企业应该在探索和利用间达到平衡。已有研究结果表明，新创企业仅依靠已有资源、技术、知识和经验的利用式学习无法适应动态变化的不确定性环境，新创企业还需要通过探索式学习来探索和创造新知识、资源，进行激进式创新。两者交互作用，可以降低仅进行利用式学习可能导致的"成功陷阱"，或仅进行探索式学习导致的"失败陷阱"。

第五章 基于创业生态系统的新创企业商业模式多元组态

在这一部分，还进一步采用模糊集定性比较分析（fsQCA）和必要条件分析（NCA）相结合的方法，探索驱动新创企业商业模式的复杂因果机制。从组态的视角，探究新创企业商业模式创新的多条路径，探索创业生态系统、创业学习对新创企业商业模式的多种影响组态，从而能更好地解释创业生态系统对新创企业商业模式的影响机理。

第一节 研究目的

本书将商业模式分解为三大要素，其中价值主张反映了核心企业商业模式的总目标，即为利益相关者创造价值，明确价值主张需要准确把握顾客需求，这是商业模式与顾客关联最密切的环节（Anderson et al.，2006）；价值传递是创设价值流通的途径；价值获取是价值维度的最后一环，通常存在于最小机会成本之上，由于风险会带来价值损耗，公司的目标是尽可能减少风险，从而最小化价值损耗，因此在价值获取中要选择最恰当的战略（Sethuraman and Cole，1999），开放的商业模式会促成更高程度的价值获取（Llanes，2018）。商业模式具有多要素、系统性和跨组织的特征，从企业成长过程理论[①]来看，新创企业商业模式也会伴随新创企业成长过程中各要素的不断整合匹配进行动态演化和创新。商业模式创新是企业围绕目标客户需求，对价值定位、价值经营或价值获取

---

① 20世纪80年代后期，创业者的行为和创业过程开始引起创业学者的关注（Gartner，1988），尤其是过程视角的研究得到创业领域学者的普遍认同，并开始进一步探索创业过程中如何促进创业企业的成长。关于创业过程的研究分为两个视角：一个是根据创业企业发展的阶段分析创业过程。另一个是关注创业过程中各要素的匹配，关于创业过程理论的模型。

各要素创新整合，使企业获取持续利润的过程。它提供了新的产品、服务、信息以及与利益相关者之间的连接方式；给利益相关者的激励是全新的，从而产生企业与利益相关者间全新的合作方式；与现有同行的商业模式相比，能够带给顾客全新的价值体验。因此，有必要从新创企业成长视角，探索新创企业成长过程中创业生态系统和创业学习各要素的整合匹配对新创企业商业模式创新的作用机理。

第四章主要运用结构方程模型（SEM）对创业生态系统、创业学习对新创企业商业模式的作用机理进行了分析。基于对称思维的结构方程模型遵循演绎逻辑和假设检验，对于变量层面的净效应关系分析比较适用。而基于非对称思维的定性比较分析（QCA）从溯因逻辑视角来分析特定结果产生的组态原因，可以用于研究内外部环境组态是如何塑造创业活动这类复杂关系的（杜运周和贾良定，2017）。两种研究方法存在诸多区别。模糊集定性比较分析方法（fsQCA）具有非对称性和因果复杂性两个特征。非对称性，指原因条件之间的关系并非对称的，多个解决方案或作用路径可能产生相同的结果。因果复杂性，指前因条件的不同组合和相互协作，会产生多重并发因果关系（Elliot，2013）。另外，fsQCA方法使用模糊集合代替变量的具体测量，与实际情况更加契合。fsQCA方法还可以弥补传统定性研究基于个案归纳，结论缺乏研究外部效度的短板。可以看出，fsQCA方法结合了定性分析与定量分析优势，从整体视角进行跨案例的比较分析，适合探索复杂因果关系，哪些前因条件组态会产生预期结果，哪些前因条件组态无法产生预期结果等（杜运用和贾良定，2017；杜运周等，2021）。作为传统定性与定量研究有益补充，fsQCA方法在社会科学研究领域得到了广泛应用。创业生态系统各要素组合形成不同组态，由此产生的对新创企业商业模式的复杂影响就属于这类问题，可以采用fsQCA方法进行研究。

与传统回归方法不同，fsQCA使用布尔代数来决定集合成员隶属，并采用必要和充分条件检验。必要因果关系和充分因果关系是因果检验的两个不可分割的重要方面。必要条件因果，指某一前因不存在时结果不会发生。而充分条件因果指某一前因或前因组合充分地产生结果（拉金，2019）。fsQCA可以识别必要关系，但其只是定性地陈述"一个条件对于一个结果是必要的还是不必要的"，没有定量地体现必要程度，即"一个条件在什么程度时才是一个结果的必要条件"（杜运周，2020）。特别是模糊集的变化包括详细的隶属分数，而不是简单的"是"或"否"，从而NCA与fsQCA相结合能更好地分析必要和充分因果关系。布尔代数还允许前因条件组合，如高创业生态系统、高创业学习是实现新创企业商业模式创新的组态。fsQCA通过引入模糊集合成分数扩展了一般集合的布尔函数（Ragin，2009）。模糊隶属度分数范围为0—1，可以用0—1区间任意值来表示案例隶属集合成员的程度。模糊集对企业层面和环境层面的变量较实用，这些变量如果简化为清晰集合，会导致大量有用信息的丢失（Fiss，2007）。此外，fsQCA方法不会导致遗漏变量偏差，没有对控制变量的要求（杜运周等，2021）。

综上所述，SEM只能依据理论构建固定的变量路径，进行单一变量的简单统计验证，忽视了多变量间的协同交互对新创企业商业模式的复杂作用机理，没有回答创业生态系统的这种多元逻辑互动对新创企业商业模式的影响。作为创业生态系统对新创企业商业模式作用的探索性研究，本部分在第四章统计分析的基础上，基于模糊集定性比较分析（fsQCA）和必要条件分析（NCA）相结合的方法，进一步地对创业生态系统与新创企业商业模式的复杂关系机理进行探究。

第二节　模型构建

一　新创企业商业模式创新的驱动因素

新创企业外部价值网络、市场机会、组织资源、管理者认知等因素的变化，会促使企业为利益相关者提供新的解决方案组合满足新需求，革新企业编排组织内外资源方式及与外界利益主体间的"连接架构"，调整收入与成本创新利润获取方式。商业模式创新比单纯的产品、服务或市场创新更有挑战性，对新创企业成长发挥重要作用。新创企业商业模式创新是新创企业与利益相关者整合相关资源、重塑组织结构和运营机制、识别和利用新的商业机会实现企业价值主张、价值经营和价值获取变化的过程。对现有研究进行回顾可以看出，学者主要从市场需求、资源拼凑、技术驱动和创业学习四个视角来探究商业模式创新的驱动因素。具体如下：

第一，市场需求视角。已有研究结果表明，市场需求包括潜在的市场需求，对商业模式创新有重要的驱动作用（Morris et al.，2005；Teece，2010）。商业模式创新往往与客户需求偏好相关，挖掘客户深层次需求对企业识别创业机会、进行价值主张创新有重要的作用。商业模式创新始于市场创新机会，依赖于新创企业有效整合各类资源，重构组织结构和运营流程，实现价值创造与获取。在乌卡（VUCA，volatile，uncertain，complex，ambiguous）时代，数字化技术强化了企业与客户之间的链接，不仅利于企业捕捉客户需求，而且为客户参与价值创造过程提供了有利条件。Yang等（2020）指出，响应型市场导向和主动型市场导向均与商业模式创新正相关。

第二，资源拼凑。商业模式创新的本质是组织对内外资源优化和再造的过程。商业模式创新是一个试验性、探索性的过程，资源拼凑也是一个不断进行资源重组试错的过程。已有研究结果表明，企业能否有效地进行资源拼凑与编排，是否具有动态能力，直接决定了企业能否快速地调整和重新设计商业模式，从而决定能否实现商业模式创新（Chesbrough，2010）。资源拼凑通过创造性地整合和重新配置现有资源，不仅可以帮助新创企业解决资源约束问题，还可以使其捕捉拓展业务模式的新机会。市场处于动态变化中，新创企业只有识别潜在的商业机会，并协调资源抓住这些机会，才能实现商业模式创新。同时，在整合和重构资源的过程中，提升企业创新利用资源的管理逻辑，促使新创企业重塑企业的运营流程和组织结构，从而推动商业模式创新。

第三，技术驱动视角。诸多学者的研究结果表明，技术创新是商业模式创新的重要驱动力。技术创新能够提高新创企业机会感知的能力，企业需要调整商业模式的结构和治理来实现与技术创新匹配。也有学者认为，技术创新与商业模式创新是一种共演（共赢）关系，二者协同作用相互促进。在乌卡时代，数字化技术通过重构企业的产品、客户、交易方式等核心要素创造新的盈利模式，推动商业模式不断创新演化，实现产业价值链跃升（Ghezzi et al.，2020）。技术创新和商业模式创新存在显著的交互作用，两种创新模式通过非线性作用形成协同关联，逐渐达到良性共振耦合，共同实现企业价值，才能使制造企业应对不断变化的复杂商业环境。

第四，创业学习视角。新创企业的创建和成长是一个渐进的学习过程，在创业的各个阶段采取不同的学习形式，应对和解决各个阶段相应的问题，推动企业不断成长。在创业的过程中，技术不确定性和市场不确定性极高，每一阶段都会面临许多问题，不同阶段面临不同的问题，新创企业需要进行持续地学习，不断提升各种创业能力，才能应对和解决这些问题，从而推动新创企业商业模式创新和持续发展（Zhao et al.，2021）。

二 组态分析理论模型

对于新进入市场的创业企业而言，由于有限资源约束、激烈的市场竞争和不确定性环境的共同作用，其成长面临着诸多挑战。如果把新创企业看作一个开放的系统，新创企业是不断与外界进行资源、信息和知识交换的主体，而非孤立存在于市场的个体。创业生态系统在很大程度上能够快速弥补新创企业作为新进入者的劣势。其一，新创企业通过创业生态系统可以获取各类社会资源、商业资源，以及大量的与企业成长相关的知识和信息。新创企业利用在创业生态系统中的生态位为企业生态发展提供必要的，甚至是关键的支持。其二，凭借创业生态系统各主体长期互动形成的信任关系和情感支持，特别是创业网络所构建的良好的交流与沟通平台，能够更好地促进创业生态系统内各主体间隐性知识的快速溢出和共享，有利于降低新创企业成长中面临的风险和不确定性。

创业领域的组织学习研究，不仅关注"新创企业在创业过程中应该不断获取什么新知识，并如何与现有知识整合，从而更好地识别和利用商业机会"，还关注创业学习发生的特定过程（Cope，2005），因而创业学习是一个跨层次多内涵的概念。现有的理论和实证研究结果表明，新创企业可以凭借创业学习，实现知识和信息累积、创新突破和科学合理决策，促进新创企业的生存和成长。网络视角的创业学习研究，强调了信息和知识的广泛的外界分布对于创业企业学习的影响。对于创业企业而言，通过创业生态系统多渠道获取大量对企业成长有益的知识和信息，通过利用式学习和探索式学习将这些知识和信息高效地转化为新创企业成长所需的、可利用的内部知识和技能，有助于新创企业新知识和创新能力的形成，并运用这些知识和能力识别和开发商业机会，实现价值经营和价值获取能力的提升，从而获得新创企业商业模式创新的推动力。

知识的获取、吸收和整合并不是一个简单的认知过程，而是一个复杂的社会化过程。新创企业嵌入创业生态系统中，与不同的生态主体协同互动，这些社会关联可以为新创企业提供多样化的信息，特别是与行业外主体的社会关联可能提供新颖的知识和信息，增加了新创企业知识和信息的广度。新创企业可以获得不同的经验和思维模式，能够识别新产品设计、新兴市场等存在于产业边界之外的机会，促进探索式学习的实施；为新创企业现有资源和能力的整合提供新颖视角，促进利用式学习的实施，有助于新创企业探索新的市场和开发新的客户需求，实现新创企业的商业模式创新。同时，嵌入创业生态系统中的新创企业，也有更多机会与行业内企业联系，这些行业内社会关联可以为新创企业提供本行业相关的知识、信息和技术等，使新创企业对本行业所面临的市场状况和顾客需求有更深入了解，增加了新创企业知识的深度。也可以使新创企业快速模仿行业内其他企业对问题的解决方式，从而提高新创企业处理类似问题的效率，快速适应不确定性的市场环境。对本行业内部知识和信息的深度挖掘，促进了新创企业利用式学习的实施，提高了新创企业的运营效率，改善现有的价值创造和价值获取范式，实现新创企业商业模式创新。

从以上的论述可以看出，新创企业商业模式并不是单一要素作用的结果，而是创业生态系统和创业学习各前因条件交互作用形成的前因组态作用的结果。在文献梳理和理论推演的基础上，基于生态系统理论和组织学习理论，聚焦政府政策、创业资源基础、创业文化、创业网络、创业服务、利用式学习以及探索式学习，提出了新创企业商业模式创新的前因组态模型，具体如图5-1所示。

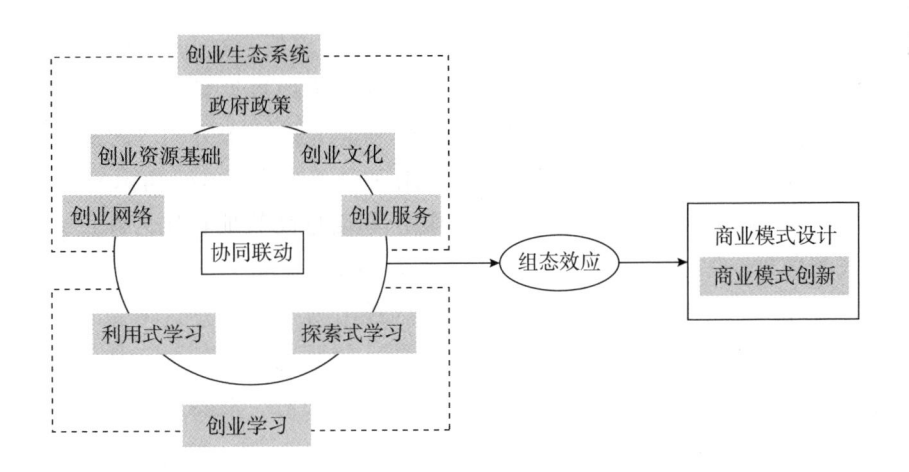

图5-1 组态分析理论模型

第三节 研究设计

一 研究方法

本部分采用模糊集定性比较分析（fsQCA）和必要条件分析（NCA）相结合的方法来分析新创企业商业模式创新的前因组态。定性比较分析（QCA）方法的核心逻辑是充分性分析，NCA方法的核心逻辑是必要非充分性分析，将二者结合进行分析有助于更好地解释创业生态系统和创业学习前因变量的作用机理。

首先，用定性比较分析方法（NCA）检验"创业生态系统是否产生新创企业商业模式创新的必要条件"。如果结果是肯定的，需要回答"在什么水平上是？"的问题，并用模糊集定性比较分析法（fsQCA）检验必要条件分析结果的稳健性。

其次，新创企业商业模式是创业生态系统中相互依赖的要素通过复杂的作用机制共同作用而导致的，基于组态和溯因逻辑的QCA方法正适合分析上述复杂关系与机制。本部分具体采用模糊集的定性比较分析法（fsQCA）来分析政府政策、创业文化、资源基础、创业网络、创业服务等条件如何共同影响新创企业商业模式，以揭示新创企业商业模式的前因变量的复杂作用机制。与基于清晰集的定性比较分析法（csQCA）将变量赋值为0或1不同，fsQCA参照理想值，在0—1区间对变量赋值，能相对更精准地表征变量，尽可能减少信息失真。

最后，完整的因果分析应包括充分性和必要性两个方面。因此，在采用fsQCA进行充分性分析的同时，采用NCA分析了政策环境、创业文化、创业资源基础、创业网络、创业服务等条件对于新创企业商业模式形成的必要性程度。尽管必要性分析也是fsQCA分析的必要环节，但是fsQCA的必要性分析仅仅是从定性的角度去判定某个因素是否结果的必要条件，而NCA不仅能给出"是"或"否"的结论，还能揭示出"是"或"否"的程度，将NCA方法融入fsQCA分析过程，既能保证逻辑上的完整性，也能保证方法上的一致性。

二 研究样本与变量测量

本部分中各变量均采用第四章中测量量表（见表4-5、表4-6和

表4-7），以及第四章正式调查的样本，样本的具体情况如表4-11所示。

第四节 数据分析与结果

一 数据分析过程

（一）信效度分析

借助 SPSS22.0 和 AMOS23.0 软件进行各个变量的信效度分析，具体的分析结果在第四章中已经呈现，不再赘述。自变量和因变量的各题项因子载荷均大于 0.6（见表5-1）。具体的拟合优度指标如表 4-18、表 4-21、表 4-25 所示，各拟合优度指标表明，变量测量模型满足基本拟合标准，各变量的测量模型具有较高的信效度。

表 5-1　　　　　　　各变量信效度分析结果汇总

变量	α值	KMO	CR	AVE
政府政策	0.835	0.735	0.810	0.627
创业资源基础	0.847	0.812	0.827	0.669
创业文化	0.809	0.813	0.814	0.657
创业网络	0.778	0.678	0.784	0.674
创业服务	0.815	0.752	0.790	0.649
利用式学习	0.863	0.792	0.826	0.634
探索式学习	0.837	0.786	0.809	0.657
商业模式	0.868	0.763	0.843	0.630

（二）校准

校准是将原始数据转为可用于 QCA 分析所需数据形式的过程，即将样本数据变成集合隶属程度的表达形式。本书的数据来源于问卷调查，其原始形式为 Likert 5 点定距数据，分值越高说明符合程度越高，反之亦然。同时，Likert 量表在测量设计阶段已经进行了程度的区分，分值之间的分布较为均衡。因此，遵循 QCA 方法对于定距数据校准的操作标准，参考程建青等（2021）、池毛毛等（2020）的做法，将最大值"5"设置为完全隶属，中间值"3"设置为"交叉点"，最小值"1"设置为完全不隶属，并在此基础上利用QCA软件中的"校准"功能对所有原始数据进行校准。

（三）必要条件分析

对于必要性条件的分析，本部分研究同时应用了QCA的必要性条件检验和NCA方法，通过结合两种方法，分析结果更加精准和科学。

首先，必要条件分析是组态分析的必要步骤。基于QCA运算的基本逻辑，真值表中如果包含必要条件，那么该必要条件极有可能会被纳入"逻辑余项"的简约解中，从而被简化掉。QCA分析中，判定某一条件是否为必要条件的重要标准是一致性水平。具体做法为：参考杜运周等（2020）的做法，当某个前因条件的一致性水平大于0.9时，可判定该条件为必要条件。本部分分别对新创企业商业模式的前因条件的必要性进行分析，结果显示所有单个条件的一致性水平均不高于0.9，也就意味着没有任何一个条件是新创企业商业模式创新的必要条件。

其次，相对于QCA对于必要条件定性的判断，NCA能够提供更加细化、精准的分析结果。NCA对于必要条件的判断指标主要包括效应量和瓶颈水平，效应量刻画的是前因条件对结果变量的约束程度，瓶颈水平表示的是在结果变量最大值某一水平下，前因条件达到其最大值的水平值。效应量的值介于0和1之间，数值越大，表示效应量越大。NCA效应量的分析包括上限回归（Ceiling Regression，CR）和上限包络（Ceiling Envelopment，CE）两种方法。相对而言，CR更适合于处理连续变量或程度水平大于5的离散变量。CE更适合于处理程度水平小于5的离散变量。为确保分析的全面性和准确性，参考杜运周等（2020）的做法，本部分研究同时采用CR和CE两种方法。

表5-2为基于NCA方法的新创企业商业模式创新的必要条件分析结果。NCA方法中，对于必要条件的判定标准为效应量大于0.1且P值达到显著水平。结果显示，创业资源基础、创业网络、创业服务、探索式学习的P值达到了显著水平，但是效应量小于0.1，没有达到规定标准，其他条件的显著性水平不达标。因此，没有任何单独一个条件是新创企业商业模式的必要条件。

表 5-2　基于 NCA 的新创企业商业模式创新必要条件分析结果

条件	方法	精确度(%)	上限区域	范围	效应量	P 值
政府政策	CR	100	0.006	1	0.004	1.000
	CE	100	0.005	1	0.007	1.000
创业资源基础	CR	100	0.000	1	0.003	0.006
	CE	100	0.007	1	0.000	0.002
创业文化	CR	100	0.004	1	0.003	1.000
	CE	100	0.006	1	0.000	1.000
创业网络	CR	100	0.002	1	0.005	0.007
	CE	100	0.006	1	0.004	0.013
创业服务	CR	100	0.000	1	0.007	0.009
	CE	100	0.002	1	0.003	0.011
利用式学习	CR	100	0.003	1	0.005	1.000
	CE	100	0.005	1	0.000	1.000
探索式学习	CR	100	0.003	1	0.002	0.007
	CE	100	0.008	1	0.006	0.002

以表 5-3 结果中 80% 的新创企业商业模式创新水平为例：要达到 80% 的新创企业商业模式创新，政府政策、创业资源基础、创业文化、创业网络、创业服务、利用式学习和探索式学习分别应达到 0.2%、0.5%、0.3%、0.5%、0.6%、0.3% 和 0.6% 的水平。根据 NCA 方法基于瓶颈水平对必要条件分析结果判断的标准，参考杜运周等（2020）的分析，可以判断无单一前因条件是新创企业商业模式创新的必要条件。

表 5-3　NCA 瓶颈水平的分析结果

BM（%）	政府政策	创业资源基础	创业文化	创业网络	创业服务	利用式学习	探索式学习
0	NN/NN	NN/NN	NN/NN	NN/NN	NN/NN	NN/NN	NN/NN
10	NN/NN	NN/NN	NN/NN	NN/NN	NN/NN	NN/NN	NN/NN
20	NN/NN	NN/NN	NN/NN	NN/NN	NN/NN	NN/NN	NN/NN
30	NN/NN	NN/NN	NN/NN	01./0.1	NN/NN	NN/NN	NN/NN
40	NN/NN	0.1/0.1	NN/NN	0.2/0.2	0.1/NN	NN/NN	NN/NN

续表

BM（%）	政府政策	创业资源基础	创业文化	创业网络	创业服务	利用式学习	探索式学习
50	NN/NN	0.2/0.3	NN/NN	0.3/0.4	0.2/NN	NN/NN	0.1/NN
60	NN/0.1	0.3/0.4	0.1/NN	0.4/0.5	0.4/0.1	NN/0.1	0.2/NN
70	0.1/0.2	0.4/0.5	0.2/0.1	0.4/0.6	0.5/0.2	NN/0.3	0.4/0.1
80	0.2/0.4	0.5/0.6	0.3/0.2	0.5/0.7	0.6/0.4	0.3/0.4	0.6/0.3
90	0.4/0.5	0.7/0.7	0.5/0.4	0.6/0.8	0.7/0.6	0.4/0.6	0.7/0.4
100	0.5/0.7	0.8/0.8	0.6/0.5	0.7/0.9	0.8/0.7	0.5/0.7	0.8/0.6

综合 QCA 必要条件分析结果和 NCA 的分析结果，可以发现政府政策、创业资源基础、创业文化、创业网络、创业服务、利用式学习、探索式学习中任何单个变量的解释力均较弱，没有任意单一变量是新创企业商业模式的必要条件，因此从系统视角进行新创企业商业模式的前因组态分析是必要的。

（四）组态分析

在校准和必要条件分析完成后，进行新创企业商业模式创新的前因组态分析。首先是构建真值表，分别得到新创企业商业模式创新前因条件的不同组态，本部分研究中涉及的前因条件共 7 个，共计形成 2^7 个不同的前因条件逻辑组合；之后，通过设置案例频数值对真值表中的组合进行筛选，具体参考 Ragin（2009）的做法，将案例频数值设置为原始案例数的 1.5%，在本书中总案例数为（358），案例频数值为 6，并基于此保留样本数大于 6 的逻辑条件组合，删除掉样本数小于 6 的逻辑条件组合；最后，对保留下来的逻辑条件组合进行重新编码，具体参考 Fiss（2011）和杜运周等（2017）的做法，按照原始一致性门槛值为 0.8、PRI 一致性门槛值为 0.7 的标准对保留的逻辑条件组合重新编码。若原始一致性分值大于 0.8、PRI 一致性分值小于 0.7 时，对应的逻辑条件组合的结果改为 0；若原始一致性分值大于 0.8、PRI 一致性值大于 0.7 时，对应的逻辑条件组合结果为 1。

在真值表构建并完成重新编码后，利用 fsQCA3.0 软件中包含的 Quine-McCluskey 模块进行新创企业商业模式创新的有效前因组态分析。fsQCA3.0 软件一共提供三种分析方案：简约方案、中间方案和复杂方案。

简约方案仅仅包含核心条件,中间方案包含辅助条件,因此本书同时分析简约方案和中间方案。

二 新创企业高商业模式创新水平的前因组态

在组态分析之前就表 5-4 中各指标的含义作出说明:一致性表示组态中大于一致性阈值的最低实际数;原始覆盖度表示该组态解释结果的程度;唯一覆盖度表示由该组态唯一解释(除去与其他解共同解释部分)结果的比例或程度;总体一致性表示子集关系成立的程度。由表 5-4 可知,总体一致性水平为 0.85,总体覆盖度为 0.57,由此可知整体方案可靠性强、解释力度高。

表 5-4　　新创企业高商业模式创新水平的前因条件组态

条件组合	组态			
	HM1	HM2	HM3	HM4
政府政策	•	●	•	
创业资源基础	●		•	⊗
创业文化		•		
创业网络	●	●	⊗	●
创业服务	•		•	⊗
利用式学习	•	⊗	●	•
探索式学习	⊗	•	●	●
一致性	0.86	0.80	0.88	0.89
原始覆盖度	0.37	0.35	0.57	0.56
唯一覆盖度	0.03	0.04	0.03	0.04
总体一致性	0.85			
总体覆盖度	0.57			

注:①"●"表示对应变量以核心条件的形式存在于相应组态中,"⊗"表示对应变量以核心条件的形式在组态中缺失,"•"表示对应变量以边缘条件的形式存在于相应组态中,"⊗"表示对应变量以边缘条件的形式在组态中缺失;②反事实分析采用了默认标注,即假设单个前因条件出现与否均可成为新创企业高商业模式创新水平的原因。下同。

分析结果显示,共存在 4 个新创企业高商业模式创新水平前因条件组态,分别为 HM1、HM2、HM3 和 HM4。各组态的原始覆盖度分别为 0.37、0.35、0.57 和 0.56,HM1、HM2 组态对提升新创企业商业模式创新的影响效果差异不大，HM3 和 HM4 也是如此。HM1 中，创业资源基础和创业网络共同作为核心条件存在，政府政策、创业服务、利用式学习作为边缘条件存在，探索式学习作为边缘条件缺失，创业文化为无关紧要的条件。组态 HM2 中，政府政策和创业网络作为两个共同核心条件存在，创业文化和探索式学习作为边缘条件存在，利用式学习作为边缘条件缺失，创业资源基础和创业服务是无关紧要的条件。组态 HM3 中，利用式学习和探索式学习作为两个共同核心条件存在，政府政策、创业资源基础和创业服务作为边缘条件存在，创业网络作为边缘条件缺失，创业文化是无关紧要的条件。组态 HM4 中，创业网络和探索式学习作为两个共同核心条件存在，创业文化和利用式学习作为边缘条件存在，创业资源基础作为核心条件缺失，政府政策为无关紧要的条件。

创业生态系统不同的构念维度、创业学习的不同功能属性，及其在新创企业商业模式创新中发挥的不同作用是形成不同组态的底层逻辑。基于创业生态系统、创业学习的特性及其在新创企业商业模式设计中的作用，可进一步将上述五个组态概括为两大类转型模式，即创业生态主导型和创业学习推动型，其中创业生态系统主导型包括 HM1 和 HM2，创业学习推动型包括 HM3 和 HM4。

创业网络是创业生态系统主导型组态形成的关键因素，同时具备利用式学习和探索式学习。该组态的基本逻辑为：新创企业在嵌入与其他创业主体互动形成的正式或非正式的创业网络的基础上，能更好地进行信息、知识和其他要素的互动，同时获得政府政策上的支持和充足的关键资源要素供给，使企业可以形成更加开放的合作网络，完成企业商业模式中价值网络的重构。组态 HM1 的底层逻辑是：新创企业如果嵌入的创业网络成熟度较高，所处的地区有较好的技术、资金和人才等关键创业资源基础，若同时有产业扶持、财政引导、金融扶持、人才激励等政策引导，以及必要的创业认知和创业技能方面的服务，并具备较好的利用式学习能力，则更容易实现商业模式创新。从资源基础理论和交易成本理论视角来看，新创企业通过嵌入庞大紧密的创业网络，能够以较低的交易成本获得异质性资源与合作伙伴。利用式学习能帮助新创企业利用良好的沟通机制，对顾客和价值主张有更好的理解，能够迅速整合内外部资源，调整价值理念而实现商业模式设计的创新。组态 HM2 的底层逻辑是：新创企业如果嵌入的创业网络成熟度较高，所处的地区有产业扶持、财政引导、金融扶持、人才激励等政策引导，以及鼓励创新创业的高包容性环境文化氛围，若同时具备较好的探索式学习能力，则更容易实现商业模式创新。从资源依赖理论和价值链理论视角来看，新创企业通过嵌入庞大紧密的创业网络，对价值链上企业价值活动优化选择，探索式学习能力强的企业能够高效地识别政府政策和市场需求等环境变化带来的新商业机会，以更有效地编排资源的方式来整合资源，打破组织惯性以实现商业模式创新。综合 HM1 和 HM2 可以发现，创业生态主导型是表征外部环境的创业生态系统与组织内部主动性学习行为共同决定的。

创业学习的开放性是创业学习推动型组态的关键因素，利用式学习和探索式学习同时存在。该组态的基本逻辑是：开放性能够帮助企业以更低的成本、更优的方式与更多内外部主体连接，形成创业生态嵌入。组态 HM3 的底层逻辑是：新创业企业如果具备利用式学习和探索式学习的能力，同时所处的地区有产业扶持、财政引导、金融扶持、人才激励等政策引导，所处的地区有较好的技术、资金和人才等关键创业资源基础，并且有相应的创业配套服务，则更容易实现商业模式创新。从知识和资源的角度来看，利用式学习强调对企业现有知识和资源的高效合理利用，增强新创企业知识深度，深挖对创新有用的信息，改进产品功能和服务流程。而探索式学习采用试验的方法来探索、开发和创造新的知识和资源，增强新创企业知识的宽度和多样性，促进资源的构建。两种学习方式的结合，既能避免利用式学习因仅关注企业已有经验和技术而陷入路径依赖，又能降低探索式学习高资源投入带来的不确定性和高风险。政府政策引导辅以必要的创业资源基础和创业服务，能够使新创企业在两种学习之间合理分配资源，在满足顾客需求的基础上，开发探索突破资源约束、更好实现企业价值的知识和技术，从而实现新创企业商业模式创新。组态 HM4 的底层逻辑是：嵌入与其他创业主体互动形成的正式或非正式的创业网络的新创企业，如果具备探索式学习能力，辅以利用式学习，同时所在区域具有鼓励创新创业的高包容性环境文化氛围，则更容易实现商业模式创新。从创业网络理论视角来看，新创企业如果嵌入的创业网络成熟度较高，新创企业可以通过与正式网络成员间的沟通交流获得更多的创业资源和情感上的支持，经由与网络内部成员间的强弱联系获取大量异质性创新知识和信息。如果新创企业所处外部环境能够宽容地对待创业失败、理性评价创业风险，新创企业能够更积极地通过对这些异质性创新知识和信息的突破式利用，来实现新创企业商业模式创新。综合 HM3 和 HM4 可以发现，创业学习推动型组态是新创企业内部在经营业务开展过程中的创业学习与表征外部环境的创业生态系统因素"彼此呼应"而实现的，是由两个方面因素共同决定的。此外，与HM3 相比，"创业网络"这一核心前因条件的增加，使得 HM4 不仅仅在"连接"层面实现价值网络的重构，进一步地实现了与网络成员的"价值共创"。

进一步地，综合 HM1、HM2、HM3 和 HM4 可以发现，无论是创业生态系统主导型还是创业学习推动型，都是环境、组织多层面因素彼此之间互动的结果，创业生态系统形成的外部"托力"以及新创企业层面主动和开放性组织学习的"呼应"，均扮演着不可或缺的角色。

三 新创企业非高商业模式创新水平的前因组态

由于 QCA 分析具有因果非对称性，为更准确和全面地了解新创业企业商业模式创新的形成机理，参考杜运周等（2020）的做法，本部分同时分析了导致新创企业非高商业模式创新水平的前因组态。本部分研究仍将原始一致性与 PRI 一致性门槛值分别设置为 0.8 与 0.7，将案例频数阈值设定为 1。如表 5-5 所示，共存在 4 个新创企业非高商业模式创新水平前因组态。

表 5-5　　新创企业非高商业模式创新水平的前因条件组态

条件组合	新创企业非高商业模式创新水平前因组态			
	NHM1	NHM2	NHM3	NHM4
政府政策	⊗	●	⊗	•
创业资源基础	●		●	⊗
创业文化	⊗	⊗	•	⊗
创业网络	⊗	⊗		●
创业服务	•	⊗	⊗	
利用式学习	⊗	•	⊗	⊗
探索式学习		⊗	⊗	⊗
一致性	0.83	0.82	0.89	0.88

续表

条件组合	新创企业非高商业模式创新水平前因组态			
	NHM1	NHM2	NHM3	NHM4
原始覆盖度	0.56	0.39	0.61	0.36
唯一覆盖度	0.06	0.06	0.08	0.07
总体一致性	0.87			
总体覆盖度	0.54			

根据核心条件的情况，新创企业非高商业模式创新水平的前因组态可进一步分为两类。NHM1 和 NHM2 共同点为创业网络的缺乏。具体而言，仅有创业资源基础和创业服务存在，而创业网络及其他条件缺乏，或仅有政府政策和利用式学习，而创业网络及其他条件缺乏，均不足以实现新创企业商业模式创新，这说明创业网络在新创企业商业模式创新过程中的重要作用。NHM3 和 NHM4 共同点为探索式学习和利用式学习缺失。具体而言，仅有创业资源基础和创业文化，而探索式学习、利用式学习及其他条件缺乏，或仅有政府政策和创业网络，而探索式学习、利用式学习及其他条件缺乏，新创企业商业模式创新都无法实现，此结果凸显了新创企业商业模式创新对创业学习的依赖性。这些分析结果再一次说明，新创企业商业模式创新取决于外部环境与内部组织要素彼此"互动"的结果。

四 稳健性检验

本部分研究参考杜运周等（2020）的稳健性检验方法，采用了改变案例的频数和提高 PRI 一致性阈值两种方式，分别将案例频数由 1 调整为 2，将 PRI 阈值由 0.7 提高至 0.75，该方法的稳健性检验结果如表 5-6 和表 5-7 所示。案例频数由 1 提高至 2，使案例数量小于新阈值 2 的组态 HM1 被作为逻辑余项消除掉，新模型的 3 个组态与原模型的组态完全一致，两个模型的组态存在清晰的子集关系（张明和杜运周，2019）。根据 Ragin（2009）的研究结论，本部分模糊集定性比较分析研究结论具有较高的稳健性。具体的分析结果变化如下：高新创企业商业模式创新水平前因条件各组态中，HM2 的一致性未变，HM3 的原始覆盖度由 0.57 变为 0.53，HM4 的一致性由 0.89 变为 0.90，总体一致性水平不变，总体覆盖度由 0.57 变为 0.53，其余指标未变，整体组态分布未变。

表 5-6　　　　　　　　　提高频数阈值的稳健性检验

条件组合	频数阈值为 1				频数阈值为 2		
	HM1	HM2	HM3	HM4	HM2′	HM3′	HM4′
政府政策	•	●	•	•	●	•	•
创业资源基础	●	•	•	⊗	•	•	⊗
创业文化	•	•	•	•	•	•	•
创业网络	●	●	⊗	●	●	⊗	●
创业服务	•	•	•	⊗	•	•	⊗
利用式学习	•	⊗	●	•	⊗	●	•
探索式学习	⊗	•	●	●	•	●	●
一致性	0.86	0.85	0.88	0.89	0.85	0.88	0.90
原始覆盖度	0.37	0.35	0.57	0.56	0.37	0.53	0.56
唯一覆盖度	0.03	0.04	0.03	0.04	0.04	0.03	0.04
总体一致性	0.85				0.85		
总体覆盖度	0.57				0.53		

表 5-7　　　　　　　提高 PRI 一致性阈值的稳健性检验

条件组合	频数阈值为 1，PRI 一致性阈值为 0.7				频数阈值为 1，PRI 一致性阈值为 0.75		
	HM1	HM2	HM3	HM4	HM2′	HM3′	HM4′
政府政策	•	●	•	•	●	•	•
创业资源基础	●	•	•	⊗	•	•	⊗
创业文化	•	•	•	•	•	•	•
创业网络	●	●	⊗	●	●	⊗	●
创业服务	•	•	•	⊗	•	•	⊗
利用式学习	•	⊗	●	•	⊗	●	•
探索式学习	⊗	•	●	●	•	●	●
一致性	0.86	0.85	0.88	0.89	0.83	0.88	0.89
原始覆盖度	0.37	0.35	0.57	0.56	0.37	0.34	0.56
唯一覆盖度	0.03	0.04	0.03	0.04	0.04	0.03	0.03
总体一致性	0.85				0.85		
总体覆盖度	0.57				0.53		

PRI 一致性阈值改变后的分析结果如下：高新创企业商业模式创新水平前因条件各组态中，HM2 的一致性水平由 0.85 变为 0.83，HM3 的原始覆盖度由 0.57 变为 0.34，HM4 的唯一覆盖度由 0.04 变为 0.03，其余指标未变，整体组态分布未变。由此可见，各项指标均只发生小幅改变，整体结果未出现明显变动，因此检验组态解明显可以作为原组态解的子集。根据 Ragin（2009）的研究结论，本部分模糊集定性比较分析的研究结论具有较高的稳健性。

第五节　本章小结

在第四章运用 SEM 方法对创业生态系统对新创企业商业模式创新的作用机理进行分析的基础上，本章运用模糊集定性比较分析和必要条件分析相结合的方法，探索驱动新创企业商业模式的复杂因果机制，分析了创业生态系统（政府政策、创业资源基础、创业文化、创业网络、创业服务）和创业学习（利用式学习和探索式学习）对新创企业商业模式创新的协同作用机制。

模糊集定性比较分析和必要条件分析研究结果表明，新创企业商业模式创新并不存在单一必要条件，新创企业商业模式创新的前因组态包括创业生态系统主导型和创业学习推动型两种类型。模糊集定性比较分析的分析结果与结构方程（SEM）的分析结果基本一致。首先，HM1 和 HM2 两种创业生态系统主导型组态表明，创业生态系统对新创企业商业模式创新具有重要的积极作用，从而为第四章假设 H1 的成立提供了佐证；其次，HM3 和 HM4 两种创业学习推动型组态表明，创业学习对新创企业商业模式创新具有重要的积极作用，从而为第四章假设 H2-1 和 H2-2 的成立提供了佐证；最后，在 HM1 和 HM2 组态中，利用式学习或探索式学习作为边缘因果条件存在，证明了利用式学习或探索式学习在创业生态系统和新创企业商业模式创新中的核心作用，从而为本书第四章的假设 H3 的成立提供了佐证。此外，在 HM3 和 HM4 组态中，利用式学习和探索式学习分别作为核心因果条件和边缘因果条件同时存在，间接检验了两种学习方式的交互效应。

尽管本部分研究得到了一些有价值的结论，但也存在一些不足：其一，本书基于创业生态系统理论和创业学习理论，从组态视角来揭示新创企业商业模式创新的驱动因素，但受限于数据收集方式和研究精力，仅选择了七个前因条件。未来可以从其他理论视角进一步地深入挖掘更多前因条件，提高研究的信度与效度。其二，采用横截面数据，不能很好地反映新创企业商业模式创新过程中的动态变化，未来可以基于杜运周等（2021）提出的思路，对样本企业进行跟踪调研，进一步将时间维度纳入分析框架，用动态视角和其他研究方法探究新创企业商业模式创新的过程。其三，采用的是传统"小数据"样本，未来研究可以挖掘新创企业商业模式创新相关的各类"大数据"资源，借力自然语言处理、机器学习等数据分析手段，采用"大数据+小数据"结合的混合研究方案（马鸿佳等，2023），以进一步拓展和深化新创企业商业模式创新的路径与机理研究。其四，研究样本在区域和行业方面有进一步优化的空间。一方面，可通过增加区域多样性提升研究的普适性；另一方面，可深入挖掘不同特定细分行业和特定类型新创企业商业模式创新的细节和规律，使研究结论更具现实意义。

第六章　新创企业商业模式动态演化与企业成长

企业成长是一个动态的过程，发展的不同阶段各要素都在动态地发生变化，创业生态系统与商业模式的耦合也会经历动态调整的过程，以促进新创企业成长。因此，有必要对创业企业成长的不同阶段下商业模式的动态演化过程进行进一步的探讨。本部分尝试在前文研究基础上，构建新创企业商业模式动态演化理论分析框架。本部分在创业生态系统对新创企业商业模式作用机理研究的基础上，运用跨案例分析方法，特别注意选取成长动态差异性大的新创企业样本，分析新创企业商业模式的触发和转化的动力和机制。从研究整体构思上看，创业生态系统对新创企业商业模式作用机理分析是静态的横向分析，新创企业商业模式动态演化研究则是商业模式动态的纵向分析，从而可能形成纵横交互的立体分析框架。

第一节　研究目的

新创企业与创业生态系统的协同互动能够获得创业必需的资源和信息，从而可能产生新的价值获取方式的机会，有利于商业模式获得可行性。在中国市场经济转型的环境下，外部环境充满不确定性和复杂性，使得这种协同互动显得更为重要（Rahman and Thelen，2019）。综观商业模式的研究，主要有三个视角：战略视角、组织内部结构视角和价值创造视角。Zott 和 Amit（2010）认为，价值创造视角的研究有利于增进对商业模式的动态性和系统性认知。明确商业模式的构成要素是理解和分析商业模式的第一步。本书的研究对象是新创企业的整个成长过程，因此采纳价值创造这一动态视角，将商业模式分解为三大要素，即价值主张、价值传递和价值获取。其中，价值主张反映了核心企业商业模式的总目标，即为利益相关者创造价值。明确价值主张需要准确把握顾客需求，是商业模式与顾客关联最密切的环节（Anderson，2006）；价值传递是创设价值流通的途径；价值获取是价值维度的最后一环，价值获取通常存在于最小机会成本之上。Sethuraman 和 Cole（1999）提出，由于风险会带来价值损耗，公司的目标是尽可能减少风险，从而最小化价值损耗，因此在价值获取中要选择最恰当的战略，开放的商业模式会促成更高程度的价值获取（Llanes，2019）。根据商业模式设计主题的不同，可以把商业模式分为两种主要的类型，即效率型商业模式和新颖型商业模式。效率型商业模式的特点是，降低了商业模式参与者的交易成本，减少了信息不对称，提高了交易效率。新颖型商业模式的特点是，提供新的产品、服务和信息，带给顾客全新的价值体验，与利益相关者之间的连接方式和合作方式是全新的。

新创企业成长的过程与商业模式构建的过程共同演化（王迎军和韩炜，2011），但商业模式设计促进企业成长的情境研究十分缺乏。如何设计适合创业机会的商业模式以实现企业的生存和成长是本书的核心问题之一。商业模式构建为观察新创企业成长过程提供了新的重要理论视角。Teece（2010）等学者指出，商业模式是一个验证假设、不断试验和学习的过程。而新创企业是在不断调整经营方向、运作方式（经营过程或价值链）与利润模式的过程中获得生存和成长的，这些方面与商业模式的构建活动是一致的。从商业模式要素互动演化视角来看，商业模式的核心要素处于持续互动之中，新创企业成长是其商业模式各要素不断匹配的过程，是不断验证企业经营假设的过程，最初计划的商业模式将在实施和探索的过程中不断改进和调整，最后实现的可能是另一种商业模式。Sosna 等（2010）运用组织学习的理论，对商业模式创新的前置因素和驱动因素进行了研究，并提出了一个学习和商业模式创新过程的分析框架，从试错学习视角对商业模式演化进行了深入探讨。Zott 的系列研究，强调可行的商业模式对于新创企业的重要意义，并对新创企业的商业模式调适模式进行了探究。新创企业在不同阶段的主要任务和应对不确定性的策略不同，新创企业商业模式构建过程中的阶段转换受到若干因素的驱动，在不同阶段的转换中，驱动因素存在差异，驱动性质也有主动和被动的区分（王迎军和韩炜，2011；张敬伟和王迎军，2012；陈熹等，2016）。企业最初的商业模式经过不断的试错和调整，最终可能演化成另外一种商业模式,这也正是新创企业灵活性的表现。Sarasvathy 等(2010)的研究表明,新创企业的成长过程中商业模式也跟随演化。因此,新创企业成长与商业模式互动的机制,值得进一步研究探讨。这些研究着重分析了不同阶段商业模式要素的调整,但没有分析在企业成长的过程中商业模式调整转化的因素,也没有把商业模式调整放到整个企业成长的系统过程中以探讨调整的动因和促进企业成长的机理,目前的这方面的研究还十分缺乏(Rahman and Thelen,2019;Shakeel et al.,2020)。

本书选取两家新创企业,通过对案例企业的不同阶段创业生态系统和商业模式的变化过程分析,探究二者在动态耦合中商业模式动态演化和新创企业成长的机制。具体来说,聚焦以下两个方面:第一,基于创业生态系统的新创企业商业模式动态演化研究。创业生态系统内的多主体以及所处的创业环境之间时刻进行着动态的交互活动,创业者在这种互动中获得创业所需的机会和资源。在这种互动中,哪些因素触发并且如何促使形成新创企业商业模式原型?第二,商业模式动态演化视角的新创企业成长研究。在商业模式与创业生态系统耦合互动过程中,商业模式各要素匹配的均衡态可能会被打破,创业者积极调整原有的商业模式,不断尝试生成新的价值获取方式,这个过程即商业模式创新。反过来,商业模式创新又会影响新创企业与创业生态系统的互动,继而出现新的价值创造机会。

第二节 研究设计与方法

一 研究方法

(一)扎根理论方法

案例研究是一种实证研究,致力于在现实情境中研究特定现象,包括特有的设计逻辑、特定的资料收集和独特的资料分析方式,回答"如何""为什么"等研究问题。扎根理论(Grounded Theory)是一种质性研究方法,是系统地收集资料和分析资料的研究理论和方法。扎根理论是通过归纳的方法,对观测到的现象与资料进行分析,从而达到对现象进行挖掘、发展成理论的一种方法论(Strauss and Corbin,1998)。资料的收集与分析，与理论的发展是彼此相关、彼此影响的。由此可见，扎根理论强调理论的发展，并且理论需要根植于收集的经验资料，强调经验资料的收集和分析持续互动，其基本宗旨是"在经验资料基础上创建理论"。简单地说，扎根理论方法是在界定研究问题的基础上，收集文献资料，对收集来的资料进行转录编码，通过资料编码分析后构建理论。这里的编码是指，把资料进行分解、抽象、提炼，继而概念化、范畴化的过程，可以看出编码是扎根理论最核心的步骤。Strauss 提出的程序化扎根理论的编码过程分为开放式编码、主轴编码和选择性编码三步骤，过程更加标准化、程序化，便于对概念和范畴整理成理论框架（李晶，2019）。

本部分拟探究新创企业商业模式的触发和转化的动力和内在机理，核心在于探讨创业生态系统从哪些方面及"如何"对新创企业商业模式和企业成长产生影响，以及新创企业商业模式与创业生态系统如何协同演化。丰富的资料信息和程序化扎根理论分析的探索性案例研究，有助于识别现象或问题背后的真相，实现对其内在机理的把握，并进行理论构建和拓展。

（二）选择扎根理论方法的原因

选择扎根理论来研究新创企业商业模式动态演化，是出于以下三个方面因素的考虑：

第一，研究问题的复杂性。从第四章和第五章的研究结论可以看出，新创企业商业模式受到创业生态系统、创业学习等多因素的影响，有着复杂的作用机理，因而仅仅依靠定量研究方法存在诸多不足。定量研究方法通常是在已有理论的假设基础上，探讨变量之间的相关性，而扎根理论不是对某一假设的检验，而是试图去诠释某一特定现象，通过对现象进行深入地分析来发展理论。因而，扎根理论比较适用复杂的新创企业商业模式动态演化分析。

第二，扎根理论优势。实证研究方法存在两个方面的问题：一是提出假设构建理论模型，容易漏失真实经济实践中的关键信息；二是定量研究对客观规律的探究是通过对变量间相互关系的测度与计算开展的，因而很难直接研究动态的、复杂的现象和问题，也很难进行开拓式理论研究。对比扎根理论与定量研究方法可以发现，经验资料的作用类似于实证研究中的变量取值，概念类似于定量研究中的可测变量，主要范畴及其相互关系类似于定量研究中建构的理论模型。不同于定量研究，扎根理论方法是自下而上的，研究者在运用扎根理论方法分析问题时，并不提出假设或预设理论模型，而是通过田野调查获取第一手资料，继而通过对资料的开放式编码、主轴编码和选择式编码，来得到概念和发展范畴，并"自然涌现"理论模型。

第三，资料的可获得性。研究新创企业商业模式动态演化，需要涉及多方创业主体的数据，而收集每一个主体的相关数据非常困难，特别是非上市公司的企业财务数据、民营中介服务机构的历年数据、金融机构的相关数据等，很多都属于企业或第三方机构的保密信息。即使获取到一些数据，也很难保证时间序列数据的可比性和可靠性，因而单纯地进行定量研究不太现实。扎根理论是对文献资料的分析和整理，获取资料的渠道更加广泛。

基于新创企业动态演化研究问题的特征、扎根理论的优越性以及资料的获得性考虑，本部分将选用扎根理论这种质性研究方法来进行分析，以使研究的过程和结果更加科学与合理。

二 案例选择

本部分在前文结构方程模型和模糊定性比较研究的基础上，探讨"基于创业生态系统的新创企业商业模式动态演化"这一核心问题。通过案例研究，可以从管理实践中发现新事物，对理论研究进行有效的验证。与单案例相比，双案例研究得出的结论更有普适性，能使案例研究获得更好的外部效度。Yin（1994）指出，双案例研究可以应用复制逻辑，从两个案例研究中得出的结论可以相互验证，从而提高案例研究的信效度水平。基于以上考虑，本部分采用双案例来进行研究，以两个案例企业的商业模式作为分析单元，并进行横向与纵向比较，提炼出相关研究命题。

运用扎根理论方法来分析新创企业商业模式动态演化，需要寻找具有代表性的典型案例。本部分研究对案例的选取标准，主要有以下两个方面：第一，案例企业需要具有代表性。研究对象是创建8年以内的新创企业，选择的案例企业在同行业内不仅要有良好的业绩，其商业模式在业界也要有一定的代表性，并且企业在成长的过程中商业模式的设计有较多的调整和改变。第二，资料可获得性。为保证案例分析结果的信效度，案例选择时考虑了信息获取的可行性和丰富性。收集到充足和合适的资料是扎根理论的研究基础,并且收集资料与资料编码是一个动态的过程,也就是说需要根据研究需要,随时可以增加新的相关资料。因而,在选择案例时资料的可获得性是需要考虑的一个重要问题,尽可能选择能够获取较多资料的新创企业来进行研究。

基于以上的标准和对案例的深入了解,本部分从前文15位深度访谈对象所在企业中,选择两家企业进行深入分析。两家案例企业的基本情况如表6-1所示。

表6-1　　　　　　　　　　案例企业的基本情况

企业	A 企业	B 企业
成立时间	2014 年	2016 年
2021 年员工数	88 人	90 人
2021 年销售额	1000 万元	2200 万元
主营业务	软件开发	工业互联网
主要市场	国内	国内

三　案例简介

A公司是一家软件开发企业。创业者曾是某企业IT部门人员,具有丰富的软件开发知识背景和工作经验,看到市场对仓库管理软件有一定需求,便与朋友创立服务于立体仓库的应用软件公司。随着这一市场的萎缩,创始人发现零售行业发展迅速,为零售供应商开发软件是一个很好的商机。于是,从几家客户做起,不断积累用户资源,目前用户有1000多家。随着外部竞争环境的复杂性和动态性日益明显,简单的软件不能解决客户企业发展的问题。在积累了很多企业管理的经验和能力后,于是开始拓展新的业务即企业管理培训和咨询业务,为企业的进一步发展创造了新的增长点。

在分析案例企业商业模式动态调整时,本部分借鉴张红和葛宝山(2016)、陈娟和邢建国(2018)的研究将创业过程划分为初次创业和再创业两个阶段(以下简称初创阶段和再创阶段)。其中初次创业被界定为,创业者首次创建一个新企业的行为。在新创企业成长过程中,为开发新机会而进入新业务领域、创建子企业的行为称为再创业。本部分以创业阶段为时间维度、以创业学习为研究视角描绘案例企业商业模式的动态演化。A 公司创业过程中商业模式设计的调整如表 6-2 所示。

表 6-2　　　　　　　A 公司商业模式调整和企业成长过程

	初创阶段	再创阶段 1	再创阶段 2
创业机会	基于创始人工作经历和市场对立体仓库软件的需求成立公司	凭着对市场的敏感和调查，发现零售供应商的管理软件是一个零售市场	随着环境的动态变化，竞争越来越激烈，客户急需企业管理知识
商业模式	价值主张： （1）目标客户：需要立体仓库管理软件的中小企业； （2）主要产品：立体仓库管理软件	价值主张： （1）目标客户：大卖场、超市供应商； （2）主要产品：供应商卖场产品管理软件	价值主张： （1）目标客户：需要跟随互联网的发展进行变革的企业； （2）主要产品：管理软件、企业管理咨询与培训
	价值创造： （1）核心资源：立体仓库管理软件的开发； （2）关键活动：软件的开发、安装与维护	价值创造： （1）核心资源：开发团队、管理软件； （2）关键活动：销售和维护管理软件	价值创造： （1）核心资源：管理软件、管理知识； （2）关键活动：销售和维护管理软件、企业管理咨询与培训
	价值获取： （1）收益模式：软件销售和维护收入； （2）成本结构：人力成本、软件开发成本	价值获取： （1）收益模式：软件销售和维护收入； （2）成本结构：人力成本、软件开发成本	价值获取： （1）收益模式：软件销售和维护收入、培训与资源收入； （2）成本结构：人力成本、软件开发成本、课程开发成本
企业成长	能获得一定的市场利润	销售额和团队成员发展比较快	发展较好，培训业务在行业内具有一定知名度
成长困境	后期由于市场竞争激烈，企业生存受到威胁	市场竞争激烈，客户数量增长缓慢，销售额增长放缓。需要拓展新业务	疫情常态化对企业经营有不小的影响，人才培养上也面临比较大的挑战

B 公司是一家专注于工业行业软件及服务的公司，属于国家高新技术企业，在苏州、上海、嘉善、宁波设有公司，是一家跨行业、跨领域的工业互联网平台企业，以自主研发的平台产品作为核心，为制造业企业提供一站式的数字中台解决方案和数字化转型服务。截至 2021 年底，公司员工 90 人，其中研发人员占比超 70%。2021 年获得 Pre-A 轮融资，

2021年创业者获得领军人才称号。在数字化、智能化的严峻挑战下，受制造业数字化转型政策驱动，公司创业过程中经历了几个关键的阶段。目前处于高速发展初期，已完成产品化沉淀和规模化准备，客户群覆盖全国。B企业创业过程中商业模式的调整如表6-3所示。

表6-3　　　　　　　B公司商业模式调整和企业成长过程

	初创阶段（2016—2017年）	再创阶段1（2017—2019年）	再创阶段2（2019年至今）
创业机会	新疆那边要卖棉花，江浙沪这边要买棉花，就做了一个在线棉花交易平台	制造业数字化转型成为当前亟待解决的现实问题，凭着对市场的敏感和调查，发现工业互联网行业大有可为	随着数字技术的进一步发展，数字化转型政策的深化，中小型制造企业数智化需求增长，拓展公司业务以最低的成本帮助中小制造企业实现核心模块信息化和数字化的升级
商业模式	价值主张： （1）目标客户：新疆的棉农和江浙沪的企业客户； （2）主要产品：棉花b2b在线交易平台	价值主张： （1）目标客户：有数智化转型需要的大型制造企业； （2）主要产品：工业软件、L工业互联网平台	价值主张： （1）目标客户：有数智化转型需要的中小型制造业； （2）主要产品：L工业互联网平台订阅版
	价值创造： （1）核心资源：交易平台的开发； （2）关键活动：交易平台的开发与维护	价值创造： （1）核心资源：开发团队、工业互联网平台； （2）关键活动：销售、维护工业互联网平台、帮助企业进行智能化改造升级	价值创造： （1）核心资源：L工业互联网平台订阅版； （2）关键活动：提供轻量级的一站式一体机解决方案，用最低的成本帮助中小型制造业完成核心模块信息化和数字化的升级
	价值获取： （1）收益模式：平台使用和交易提成； （2）成本结构：人力成本、平台开发成本	价值获取： （1）收益模式：大客户的定制化收费、软件销售； （2）成本结构：工业软件开发成本、工业互联网开发和维护成本	价值获取： （1）收益模式：中小制造企业的数字化转型硬件和软件收费和大客户的定制化收费； （2）成本结构：人力成本、平台开发和维护成本
企业成长	能获得一定的市场利润	销售额和团队成员发展比较快	市场爆发式增长，产品迭代速度快

续表

	初创阶段（2016—2017年）	再创阶段1（2017—2019年）	再创阶段2（2019年至今）
成长困境	棉花作为大宗商品交易，如果平台要做成需要重资本投入，估计累计融资40亿元。另外市场受中美贸易谈判影响波动大	工业互联网平台是比较新颖的商业模式，能够了解并且愿意投资的机构非常少，需要拓展新业务	高端人员缺口大，新人比例高，从40人扩展到90人，只用了半年的时间，所以目前最大的挑战是在组织文化、团队新人的融合上，怎么把人员能力最大化，人均能效最大化，以及塑造企业价值观等

从创业生态、创业机会、创业学习、企业成长几个方面的动态变化来分析案例企业的创业过程。从B公司案例来看，创业机会在初创阶段是基于创业者的工作经验和市场需求成立的在线棉花交易平台，再创阶段1是根据政策的变化和对市场的分析，发现工业互联网行业大有可为。随着环境的动态变化越发剧烈，中小制造企业的数字化转型需求不断凸显，再创阶段2的创业机会是为中小制造企业提供轻量级的一站式一体机解决方案，用最低的成本帮助中小制造企业完成核心模块信息化和数字化的升级。创业机会在不断变化，创业企业需要及时把握市场需求的节奏。

新创企业创业过程中，创业机会被识别，但只有被开发出来才能有助于企业成长。商业模式的设计随着创业机会的变化而动态调整。虽然商业模式的概念很多，但是学者一致认为，商业模式是企业价值创造和价值获取的逻辑。所以，本案例从价值主张、价值创造和价值获取三个方面进行分析。企业的价值主张是商业模式的关键，是企业通过产品和服务能向消费者提供的价值。然后，企业通过核心资源和关键活动进行价值创造和价值传递。价值获取是由收益模式和成本结构构成的，共同体现了企业获取利润的机制。从案例企业分析可以看出，随着创业机会的变化，商业模式的价值主张势必随着调整，企业由最初提供在线棉花交易的平台调整到为大型制造企业提供智能化改造升级软件和服务，再调整到为中小制造企业提供一站式的数字化转型解决方案。然后，企业设计关键活动和收益模式来实现价值的创造和获取。在企业发展的不同阶段，企业的核心资源和关键流程也随之发生变化，在这一过程中资源也在不断积累，为下一阶段商业模式的设计打下基础。企业成长方面，每个阶段最初都能获得一定的利润，随着竞争的加剧或者市场需求的变化，企业的发展面临新的困境，这时企业需要通过创业学习把握新的创业机会,寻找下一个利润增长点。

从整个创业过程可以看出,创业机会、创业学习、商业模式和企业成长都在不断地动态变化。创业企业在识别创业机会的同时,通过商业模式的设计向客户提供价值并创造利润,实现创业绩效。经过三次创业机会和商业模式设计的调整,创业学习能力也不断在提高,从而形成了企业的成长模式。为了了解企业的成长"密码",需要进一步探究它们之间的互动机制。

四 数据收集及信效度保障

为确保该研究案例的信度和效度,本部分研究采用了"三角形"方法来收集数据,具体如下:第一,网络资料法。对该企业官网、微信公众号以及新闻报道的相关内容进行了资料的筛选与梳理。第二,访谈法。对该企业内的中高层管理者、企业内技术员工、其他利益相关者进行了访谈,获取了一手资料。第三,实地观察法。实地探访了企业内部,了解该平台的运作模式及实际应用情况,丰富了研究资料。同时,基于其他文献的丰富研究成果,利用相关理论进行了深度探讨。具体数据收集方式、案例企业资料来源和多数据来源示例如表6-4至表6-6所示。

表6-4 数据收集方式

资料来源	数据对象	数据获取方式	目的
一手资料	高级副总裁	开放式访谈	发展历程、运作模式、合作发展战略、商业模式等
	轮值总经理		
	团队成员	半结构化访谈	印证管理者的访谈信息
二手资料	项目场地观察	观察记录	深入了解企业并印证访谈信息
	公司网页、微信公众号信息	阅读、整理	补充并佐证一手资料
	媒体资料		
	内部会议记录		

表6-5 案例企业资料来源

企业	访谈	实地考察	二手资料
企业A	访谈创始人3次,创业团队其他成员1次,分销商2次,客户3次	考察公司3次,参与招商会2次	公司的内部资料、宣传资料、网站、手机客户端以及相关的报道

企业	访谈	实地考察	二手资料
企业 B	访谈创始人 3 次，客户 2 次，员工 3 次	公司实地考察 5 次	公司网站资料、公司内部报告、公司的宣传手册等

表 6-6　　多数据来源的示例

主题	半结构化访谈	文献资源查阅	实地考察
伙伴关系	"我们有正式的和非正式的伙伴关系。比如说跟一些大学签订了产学研合作协议。"	2022 年与苏州城市学院共建《苏州智能制造与数据科学重点实验室》（公司宣传手册）	公司门口挂着若干实训基地、共建实验室牌匾
利用式学习	"我们会追踪行业发展的最新态势，订阅相关期刊，主动与行业伙伴交流。"	公司官网上有行业最新动态，公司也是数字工业协同创新联合体成员（公司网站）	办公区书架上摆放了一些有关工业互联网的最新书籍和期刊
价值主张	"我们为客户提供好用不贵的工业软件，赋能企业快速实现数字化转型和智能化升级，赋能企业用数据驱动商业价值。"	客户故事"风场数据可视化的管理""降本增效解决方案"（公司网站）	公司里面有多种关于产品系统、功能特性、定制方案的宣传图册

本书以发现新创企业成长过程中的共性为主要研究目标，并不要求理论模型和资料之间完全一致的匹配。采用以下信效度策略以保证研究结果的可靠性（见表 6-7）。

表 6-7　　信效度策略

信效度指标	研究策略
信度	研究开始之前，研究者与专家面对面讨论研究方案
	建立分类数据库，分门别类地保存资料
构念效度	基于经典理论和文献设计研究方案，与专家面对面讨论研究结果
内在效度	3 个小组独立进行开放式编码，分歧之处与专家商讨，直至意见一致
外在效度	多数据来源相互印证研究结果

五　数据编码

本部分基于程序化扎根理论研究方法的原理，包括开放式编码、主轴编码和选择性编码三步骤，应用 Nvivo11 质性分析软件对所收集的案例资料进行分析和编码。通过对关键词句的提取、概念化和范畴化，提炼出理论构念并探究不同构念间的逻辑关系。

（一）开放式编码

首先对两个案例材料"贴标签"，对资料进行简化和初步提炼，共建立 176 个现象的标签；其次"概念化"，将贴出来的现象标签初步归纳、聚集成概念，共得到 65 个概念；最后"范畴化"，将与同一现象相关的概念聚集成一类，提炼出 42 个范畴。具体编码过程示例见表 6-8。

表 6-8　　　　　　　　　　开放性编码示例

案例证据资料	贴标签	概念化	范畴化
我们独立开发的支持多种工业协议、免编程发布、融合大量工业知识图谱的工业互联网，帮助制造企业实现数字化转型	a1 数智赋能		
平台进行了政府、市场、生产等多源数据的梳理和指标体系的确立，明确数据收集的方向，辨别哪些数据具有实际价值	a2 数据价值	A1 满足平台服务对象需求	
为平台生态中各主体提供一站式的数字化转型解决方案	a3 提供服务		
平台在收集与利用数据后，根据其开发的软件系统所适用的具体场景	a4 个性化服务		AA1 价值主张
……	……	……	……
要切中平台服务对象在发展过程中制约发展的痛点	a10 切中痛点		
政府涉农部门最先面临引资引智的问题，需要全国视野的农业产业数据和信息平台作为支持	a11 信息支持	A2 达到预期效果	
同时我们也获得平台生态各主体的数据	a12 产生回报		
……	……	……	……
我们做这个平台就是希望能真正帮到中小企业数字化转型，在帮助它们的同时我们也在成长	a26 共同成长		
通过该平台接触到产业链上不同企业，而共同使用平台并为其提供一定专业知识的行为也在一定程度上增强了认同感与信任感	a27 增强认同	A3 认同与信任	AA2 知识信息共享

续表

案例证据资料	贴标签	概念化	范畴化
由于该平台上聚集的专业领域知识来自权威机构和不同类型的生态主体	a28 专业信任		
……	……	……	……

（二）主轴编码

经过系统地整理案例资料，42个范畴经聚类分析得到5个主范畴，如"协调主体合作""知识信息共享"两个副范畴可以抽象为"生态主体协同"主范畴（见表6-9）。

表6-9　　　　　　　　主轴编码结果示例

主范畴	释义	副范畴	释义
生态主体协同	打通创业生态系统中各主体间的"信息孤岛"，触发各主体反馈行为，使其基于资源协作创造价值	协调主体合作	数字赋能平台的内在结构和功能调整，实现目标差异化协调平衡的各主体合作
		知识信息共享	利用要素的流动性整合网络，打破主体间、产业间的边界，实现信息在创业生态系统的共享
资源整合过程	各主体通过交互活动将其资源协同、链接起来以实现互惠互利	资源协同	运用多源数据汇集各主体资源，整合协调各主体所需的资金、专业知识、行业信息等资源
		资源重构	信息赋能思维创新，突破主体资源结构依赖和过程依赖，重新组合创业生态系统资源，联结形成新的资源组合
创业机会识别	创业机会既可以是发现的，也可以是创造的，二者的情境不同也就产生了不同的创业机会识别方式	发现型机会	来源于市场的不均衡，由创业者通过行业经验和市场调研分析识别出来的。运用因果决策的逻辑
		创造型机会	基于对市场的超前思考，在手段和目标都缺乏的情况下，通过不断试错调整确定新机会。运用效果决策的逻辑
创业学习提升	创业过程中的学习行为。在创业学习过程中新创企业识别创业机会、获得创业知识和资源	利用式学习	充分整合和利用现有知识和技术，稳步提升企业运营和组织效率，进而实现企业价值增加
		探索式学习	探索新的知识和技术，积极开拓新业务、研发新技术、开发新产品等，进而实现企业价值创新

续表

主范畴	释义	副范畴	释义
商业模式设计与创新	以适当的成本将价值传递给顾客的经济逻辑，是价值主张、价值经营、价值获取等活动连接的架构	效率型设计	通过商业模式获取交易的有效性，降低交易成本，提高交易效率
		新颖型设计	通过新的方式或交易机制与原有或新的利益相关者发生联系

基于开放式编码分析得到的25个范畴，通过典范模型阐明主范畴与副范畴之间的逻辑层次与相互关联，初步形成主副范畴之间的典范模型（见图6-1）。

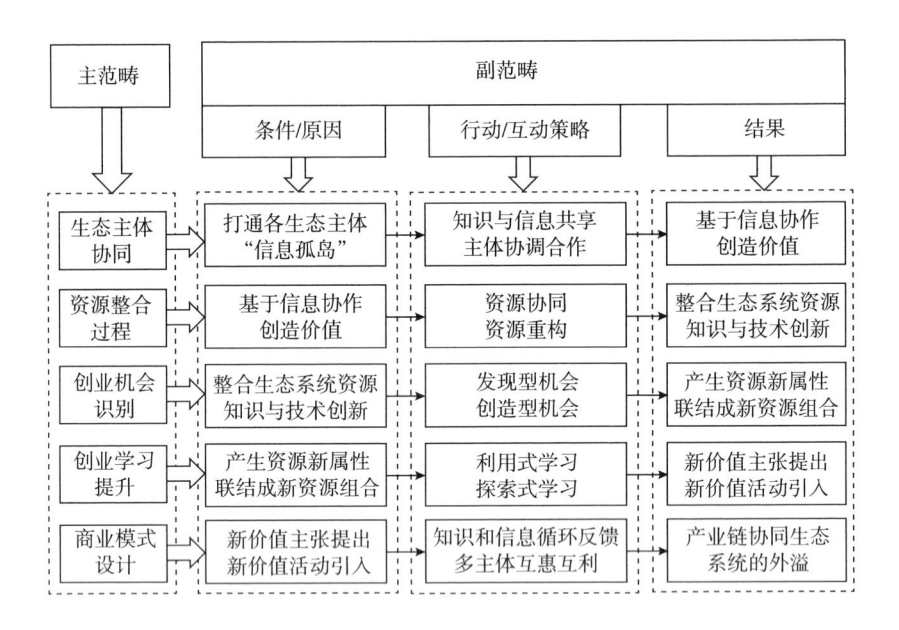

图6-1 主轴编码形成的主副范畴典范模型

（三）选择性编码

将"生态主体协同""资源整合过程""创业机会识别""创业学习提升""商业模式设计"这五个主范畴与已有理论进行对接和互动比较发现，这些主范畴反映了新创企业商业模式动态演化的条件/原因、行动/互动策略和结果，将其归入"新创企业商业模式动态演化"的核心范畴。综上可得故事线：通过协同互动，各生态主体达成价值主张进行资源的链接和整合，新创企业获得网络协同效应，通过创业学习识别和开发创业机会，最终实现商业模式创新和企业成长。据此"新创企业商业模式动态演化"核心范畴可表述为"以生态主体协同为基础，在资源协同和重构的前提下，新创企业通过创业学习识别和开发创业机会，引入新的价值活动，实现商业模式创新，以及各生态主体价值共创"。本部分借由"条件/原因—行为/互动策略—结果"范式模型进行范畴联系，如图6-2所示。

图 6-2 核心范畴的范式模型

第三节 案例分析与命题提出

本部分以商业模式为分析单元，在前几部分研究的基础上，对 A 公司和 B 公司每一阶段商业模式的关键事件进行分析与总结，加上相关理论支撑，提出基于案例分析的研究命题。表 6-10 为 A 公司与 B 公司的商业模式创新的具体介绍。

表 6-10　　　　案例公司商业模式创新典型例证

创新事件	生态主体协同	资源整合过程	创业机会	创业学习	商业模式创新事件	案例证据
A1	知识信息共享	资源协同	发现式机会	利用式学习	开发立体仓库管理软件	我在外企从事软件开发工作8年，后来读了MBA，有经验又有思路后决定试试。通过与其他企业建立的联系和行业信息汇总，根据中小企业仓库管理需要，设计了立体仓库管理软件

续表

创新事件	生态主体协同	资源整合过程	创业机会	创业学习	商业模式创新事件	案例证据
A2	知识信息共享	资源重构	发现式机会	探索式学习	拓展管理培训业务	我们从几家客户做起,不断积累客户资源,在与客户接触中发现,不是简单的软件就能解决客户发展的问题,客户存在企业管理方面的困惑
A3	协调主体合作+知识信息共享	资源重构	创造式机会	探索式学习	新的合作模式	这个阶段我们必须转型,要做出特色才有出路,所以我们改变了与企业的合作模式,这种模式是在彼此的磨合中不断创造出来的一种新模式
B1	知识信息共享	资源协同	发现式机会	利用式学习	开发在线棉花交易平台	我们这个创业团队都是搞软件工程出身的,发现新疆那边要卖棉花,江浙沪这边要买棉花,就做了一个在线棉花交易平台
B2	协调主体合作	资源重构	创造式机会	利用式+探索式学习	构建L工业互联网平台	制造业数字化转型是一个大趋势,在政府政策推动下,我们也发现工业互联网大有可为。我们加入了数字工业协同创新联合体,对我们在技术、信息、业务上帮助非常大
B3	协调主体合作+知识信息共享	资源重构	发现式机会	探索式学习	上线L工业互联网平台订阅版	在融资的时候,我们发现资本更关注中小企业是否可以复制使用我们的工业软件和互联网平台。我们开始思考如何为中小企业提供一站式的可复制、可定制的数字化转型解决方案

一 创业生态系统、创业学习与新创企业商业模式演化

创业生态系统是由不同类型的创业主体,以正式或非正式方式形成的彼此依存、相互影响、共同发展的动态复杂系统,主要功能是服务于系统中的各创业生态主体,提高创业活跃度和创业质量。创业生态系统中多类型创业参与主体(如政府部门、新创企业、科研院所、投资机构等)在一定的政策、资源和文化环境下,持续进行着信息、资源、知识

的交互作用。其中，以新创企业为核心的能量交互机制是整个创业生态系统的核心部分，直接关系到该系统的生命力。新创企业生存与成长会受到创业生态系统的影响，新创企业自身作为开放系统在成长过程中不断与创业生态系统进行交互，并根据环境情况做出决策，即新创企业与创业生态系统是一个不断进行刺激和反应的交互过程。从复杂系统理论中的刺激反应理论视角来看，主体通过"探测器"接收来自环境的信息，接收到信息刺激后主体会产生一系列应激反应，效应器把这种反应再反馈到环境中，循环往复实现整个系统的动态均衡（陆园园和薛镭，2007），具体的过程如图6-3所示。

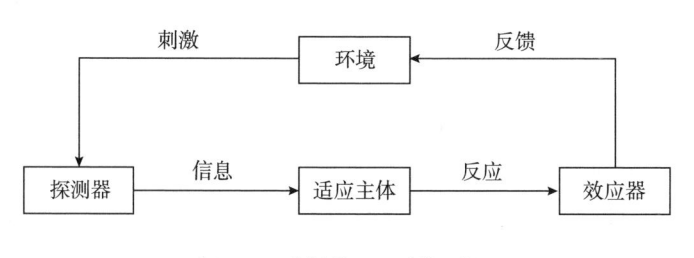

图6-3 "刺激—反应"过程

从刺激反应理论来看，新创企业接收创业生态系统刺激做出反应的过程，也遵循复杂系统理论的刺激—反应过程。新创企业往往会面临资源匮乏和合法性缺失的问题，会从创业生态系统中收集相应的资源信息并进行筛选和处理，并做出相应的反应措施并反馈到创业生态系统中。

（一）探测器

从微观视角来看，创业生态系统的功能主要是，为创业企业提供创业机会和创业资源。创业生态系统中各生态主体以自身的发展需求为导向主动进行正式和非正式的交互，在交互过程中进行知识的双向流动，整个过程依赖于非正式惯例和关系治理结构等。探测器负责帮助面临资源约束的新创企业收集创业生态环境中与创业活动相关的信息，这些信息包括创业生态系统中的政策、知识、信息、技术、资源、市场与机会等。通过对这些信息的汇总和整理，结合企业内部资源状态，明确新创企业创业初期存在的资源约束、合法性缺乏和信息不完全的情况，并了解市场中的信息对新创企业有怎样的拉动作用，相关技术又对新创企业的创业活动有怎样的推动作用。创业者和创业团队基于以往的工作和创业经验及企业现有的资源，将这些信息进行整合。

（二）适应主体

新创企业对创业生态系统中与企业创业活动相关信息进行及时处理，是"刺激—反应"模型中的适应主体。从创业学习理论视角来看，当接收到探测器收集到的创业生态系统给予的外界刺激后，可以有三种应激反应，即维持现状、寻求外界帮助和创业学习。维持现状和寻求外界帮助都不可能实现企业的可持续发展。创业学习实现新创企业发展可以分为利用、探索和实践三个过程。新创企业接收到资源约束和合法性缺乏的外界刺激之后，先通过对企业现有能力、内部知识、技术、经验的提炼、选择、执行，并进行一定程度的拓展和利用，挖掘资源内在价值，寻找发现型的创业机会。继而，在创业实践中探索对企业而言全新的知识和技能，甚至研发超越当前市场和产品的知识和技能，利用全新管理和组织技能开发创造型创业机会。最后，把这些知识、技术、信息和资源都合理运用到新创企业的创业实践中，实现企业的生存与发展。

创业学习贯穿创业活动全过程，创业学习是在创业的过程中创业者为了识别和开发新机会，在企业创立和管理新创企业的过程中重构新方法的过程（Rae and Carswell，2001），是新创企业与其他生态主体有效进行机会识别、主体协同、资源整合的重要途径。创业机会是创业过程的核心，在其识别和开发的过程中都需要创业者具备丰富的知识，创业学习通过不断地获取新的知识、进行知识的储备将有助于创业机会的识别与开发（Cope，2005）。创业学习基于创业生态系统中各生态主体的协调合作、知识与信息共享，但创业学习本身也是知识的正式和非正式的交流过程，可以反过来促进生态主体的协同。创业生态系统主体间的竞合关系创造新的创业机会，也使生态系统进一步演化。知识网络和关系要素是创业生态系统中各生态主体协同作用的结果，这对于分享隐性知识、资源整合异常重要。创业学习为如何进行新创企业内外部资源拼凑、整理提供了重要途径。创业学习影响资源识别、资源整合、创造性拼凑和资源利用的过程，通过资源协同和资源重构为新创企业成长提供可利用的资源。

（三）反应器

效应器是"刺激—反应"模型中的对外输出集合，它将新创企业商业模式设计与创新的结果进行汇集，继而输出到创业生态系统中。本书

第四章和第五章的研究结果表明，创业学习是新创企业商业模式创新的重要前因变量，新创企业可以凭借创业学习，实现知识和信息累积、创新突破和科学合理决策，实现商业模式创新和促进新创企业的生存和成长。这些通过创业生态系统中的信息刺激产生的商业模式创新反应，又通过效应器反馈到创业生态系统中，从而对创业生态系统中的其他企业产生进一步影响，同时这些信息反馈会汇集成创业生态系统中新的信息，再次通过探测器传递给新创企业，形成相互作用的螺旋上升的循环系统。

综上所述，本部分研究构建了创业学习视角下"刺激—反应"机制模型，如图6-4所示。

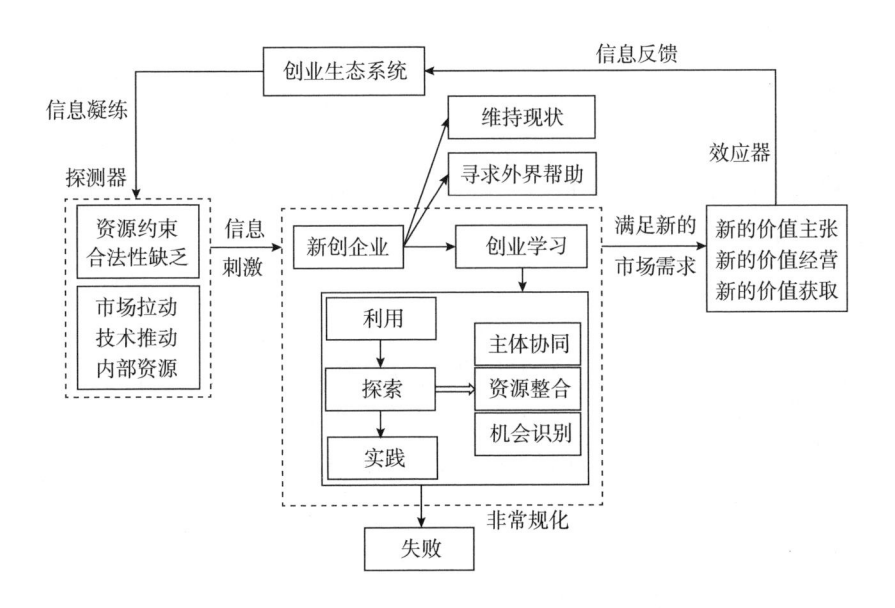

图6-4 创业学习视角下"刺激—反应"机制模型

通过以上案例分析，本部分研究提出以下命题：

命题1：创业生态系统下的新企业在多主体协同作用下实现知识信息共享和资源整合，通过创业学习识别和开发涌现的创业机会，触发形成商业模式原型。新创企业成长过程中，通过与其他生态主体互动产生资源新属性或联结成新资源组合，通过创业学习来不断检验商业模式设计，进行价值创造活动的迭代，实现商业模式创新。

二 创业学习视角的不同成长阶段商业模式形成机制

商业模式设计和创新的核心旨在为企业带来经济价值（Schaltegger et al.，2016）。在新创企业创业过程中，创业学习能够为新创企业带来知识积累，有助于新创企业塑造竞争优势。创业学习贯穿整个创业过程，使新创企业在运营过程中及时调整价值主张、价值经营和价值获取策略，是新创企业商业模式创新的重要途径之一。同时，创业学习能帮助新创企业提升其整合知识和创造知识的能力，为新创企业商业模式创新提供了有力支撑（Zhao et al.，2011）。尽管利用式学习和探索式学习共同影响新创企业商业模式，但通过案例分析发现，在创业不同阶段，不同学习方式对新创企业商业模式影响力度存在差异。在新创企业成长的不同阶段，创业学习从单一的利用式学习向利用式学习与探索式学习相结合，再向探索式学习转变。案例公司创业机会和商业模式演化的典型证据举例如表6-11和表6-12所示。本部分的分析思路如图6-5所示，其中横轴的变化表示创业学习、机会识别和商业模式在不同成长阶段的演化，而纵轴的变化则表示在不同成长阶段创业学习、机会识别和商业模式三者之间的匹配关系。

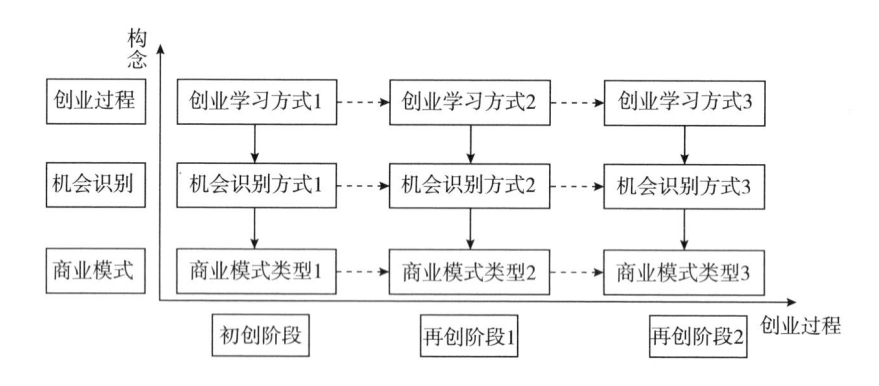

图 6-5 不同成长阶段商业模式演化研究思路

（一）初创阶段

在企业初创阶段，新创企业并没有大量的知识积累，且创业和企业管理经验相对缺乏，迫切需要从创业生态系统中获取资源和知识，可以说企业每次行动都在进行知识的积累。在该阶段，新创企业主要通过利用式学习增加组织的知识存量，拓展知识的广度，并了解市场上现存的价值主张，对企业自身的资源和知识有更清晰的认知，构建自身创业知识体系，从而能够在复杂环境中识别创业机会。嵌入在创业生态系统中的新创企业，通过政府政策引导、模仿其他主体的经营行为、创业文化鼓励和创业服务支持，能有效提升创业机会识别概率。然而对于新创企业而言，识别出创业机会并不一定意味着创业成功，核心是要将识别出的创业机会转化为企业价值（杨俊和张玉利，2008），商业模式创新是实现企业价值的重要途径。从本质上看，商业模式设计过程就是对识别的创业机会进行开发利用的过程，也是将创业机会转化为企业价值的活动过程。这在 A、B 两案例公司的多次商业模式创新事件中有所体现。

案例 A 公司基于创始人软件开发方面的工作经历和资源，结合市场对中小企业仓库管理软件的需求找到了企业创立的可行性和盈利机会。B 公司基于创业团队的专业经历和用户对产品的需求成立了新创企业。此时，两家企业所从事的业务均是对行业内其他企业的模仿，均是基于均衡市场的利用式学习，这一机会的特点是与行业内其他企业业务没太大差异，但对生存绩效有着重要的影响。新创企业成立之初，存在着新进入缺陷，能够投入的资源和承担的经营风险均有限，设计与创业机会特点相匹配的商业模式将有助于克服这一缺陷，实现企业的成长。新创企业在初创时，通过商业模式的构建提供高效的创造价值逻辑，得到用户的认可并使企业成立并运转起来。这种高效的商业模式是在创始人熟悉的领域内通过降低成本、提高交易的效率等方式快速构建企业，短期内提升了企业的生存能力。在此阶段，发现型创业机会的识别和效率型商业模式的构建在一定程度上规避了新创企业资源缺乏、资金短缺等弊端。快速构建起企业运营的机制，借助原有的资源能够短时间内找到客户以实现一定的销售额。企业的初始资源和产品的定位为新创企业的成立提供了可行性和盈利性，但也可能存在成长性差等问题。

（二）再创阶段 1

在企业成立并运作起来以后，企业的生存能力还比较薄弱。只有提升企业的获利和发展空间才能提升企业的生存能力。提升企业获利能力的方式包括开发新的产品，在原有产品的基础上进行市场的开发，或者两者同时进行。案例中的两家企业分别采取了不同的方式。案件 A 公司在目标客户群没有变化的前提下，提供了新的产品和服务满足用户的需求。案例 A 公司在原有业务市场竞争日益激烈、成长空间受限的前提下，

178 | 新创企业商业模式及其动态演化

表 6-11 案例公司创业机会演化的典型证据举例

企业		创业机会的特征要素	A 公司	B 公司	两家企业共同的特点
初创阶段		机会描述	基于始人工作经历和市场对立体仓库软件的需求成立公司	基于创业团队成员的工作经历和市场对棉花交易平台的需求成立公司	发现型创业机会： 基于创业者的从业经验，决策方式是根据市场分析进行市场的预测，创业者倾向于微观层次的分析，倾向于关注客观有利的外部因素
		机会的来源	"我在软件行业做了8年，积累了一定的人脉，便与自己的朋友一起成立这家软件开发公司。""竞争比较激烈，市场份额很难再扩。"（F1）	创始人具有多年的软件开发经验。根据当时新疆棉花卖方和江浙沪棉花买方需求开发了棉花交易平台（S2）	
		机会的决策	"当时就想，大家做有钱赚，我们应该也可以，况且我还有固定的客户。"（F1）	"我们根据市场上现有的需求进行预测。"（F2）"当时需求很大，只要用心经营一定能从中分一杯羹。"（F2）	
		机会的边界	"还是在原有的行业里进行资源的构建，没什么特色的地方。"（F1）	关注内部资源的整合和企业的盈利（S2）	
再创阶段1		机会描述	凭着对市场的敏感和调查，发现超市供应商的管理软件是一个利基市场	数字化转型是数字经济时代，制造企业转型升级的必经之路。凭着对市场的敏感和调查，以及对政策的深刻理解，发现数字化转型解决方案市场	创造型创业机会： 创业者的主观性在机会的识别中起着重要作用。决策的过程采用迭代、归纳、渐进的方式。创业者多从组织域或行业的层次观察世界进行机会的识别
		机会的来源	"随着市场竞争的加剧和市场的萎缩，转型企业可能会有生存危机，这时我们发现客户的需求痛点：供应商卖商品管理软件。"（F1）	为了让公司的运营模式有所突破，公司专注于工业行业的软件和服务，自主研发了X工业互联网平台（S2）	
		机会的决策	"开发一款产品时，也不会知道如何做才能成功，只能做好每一步进行测试，并听从客户的反馈进行下一个产品的改进。"（F1）	"工业互联网本身是一个比较新的商业模式，我们一直在思考工业互联网的未来以及它的商业模式，所以决策的过程是一个比较痛苦的过程。"（F2）	
		机会的边界	跨组织边界进行资源的整合（S1）	"突破原有平台的模式，我们与客户进行合作，进行资源的整合、开发业务。"（F2）	

第六章 新创企业商业模式动态演化与企业成长 | 179

续表

企业	创业机会的特征要素	A 公司	B 公司	两家企业共同的特点
再创阶段 2	机会描述	随着环境的动态变化越来越剧烈，服务客户急需企业管理的知识	发布面向中小型制造业 L 工业互联网平台订阅版，用最低的成本帮助中小制造业完成核心模块信息化和数字化的升级	发现型+创造型创业机会：在原有的创造型创业机会的基础上，创业者通过识别行业发现型创业机会，完善机会的构成
	机会的来源	"根据现有的客户需要，我们指导他们进行企业管理。"（F1）	"创业过程就是一个不断试错迭代的过程，在与投资机构的接触过程中，我们重新审视了产品的方向、市场的定位，开始把公司战略方向由服务大客户为主转向服务中小制造业。"（F2）	
	机会的决策	"根据调查，需求量还是有的，加上政府的支持我们开始决定做起来。"（F1）	"了解市场需求后，我们及时调整产品方向，仅仅经过 2 个多月的攻坚调整，我们就开发出订阅版。"（F2）	
	机会的边界	整合孵化器等相关的资源（S1）	"突破企业现有的资源进行业务的拓展。"（F2）	

注：本书对 A、B 两家公司的访谈资料做了标记，分别为 F1、F2；对于二手资料，依次编码为 S1、S2 形成文字材料。

表 6-12 案例公司商业模式演化的典型证据举例

企业	商业模式构成要素	A 公司	B 公司	两家企业共同的特点
初创阶段	价值主张	目标客户：需要立体仓库管理软件的中小企业 主要产品：立体仓库管理软件	目标客户：新疆的棉农，江浙沪棉花买家 主要产品：在线棉花交易平台	商业模式的设计（效率型）；
	价值创造	核心资源：立体仓软件的开发 关键活动：软件的开发、安装与维护	核心资源：在线平台的开发 关键活动：作为棉花卖家和买家之间的中介平台，平台的开发与维护	商业模式的构建是基于创业者的从业经验，产品单一，价值创造的过程和价值获取方式也基
	价值获取	收益模式：软件销售和维护收入 成本结构：人力成本、软件开发成本	收益模式：平台交易佣金 成本结构：人力成本、平台开发成本	本上是模仿现有的企业，这一方式更有利于短期内获得生存的基础。但竞争激烈的生存面临着很大的不确定性
	商业模式设计	"根据行业的经验，立体仓库管理软件设计的主要目标是低成本、高效。"（F1）	"当时主要是模仿其他的在线交易平台开发，所以整个商业模式也是参照其他农产品交易平台设计的。"（F2）	
再创阶段 1	价值主张	目标客户：大卖场、超市供应商 主要产品：供应商实场管理软件	目标客户：亟须数字化转型的大型制造企业 主要产品：X 工业互联网平台，工业软件	商业模式的调整（新颖型）； 基于新的创业机会，由
	价值创造	核心资源：开发团队、管理软件 关键活动：管理软件的开发、销售和维护	核心资源：X 工业互联网平台 关键活动：定制化产品服务大企业	模仿其他的商业模式设计，开始调整为构建独特竞争异的商业模式。此时价值主张具有差异性，产品单一，核心的价值
	价值获取	收益模式：软件销售和维护收入 成本结构：人力成本、软件开发与维护费用	收益模式：平台销售和维护收入 成本结构：人力成本、平台开发与维护费用	创造过程逐渐形成，利润提高，企业生存的不确定性降低
	商业模式设计	"我们的产品定位、与供应商、卖场合作的方式，在产品和开发的过程中相比竞争对手都是很有创新性的，能很好满足利基市场需求。"（F1）	"新的商业模式提供了新的产品和服务，是工业数字应用和工业级硬件集一体的一站式边缘计算解决方案。"（F2）	

续表

企业	商业模式构成要素		A 公司	B 公司	两家企业共同的特点
再创阶段2	价值主张		目标客户：需要跟随互联网发展进行变革的企业；主要产品：管理软件、企业管理咨询与培训	目标客户：有数字化转型需求的中小制造企业；主要产品：X工业互联网平台订阅版	商业模式的完善（效率+新颖型商业模式）：随着企业发展和资源的积累，开始开拓新的业务，产品完成了由单一产品向整套解决方案提供者的转换，完善了业务之间的内涵。各流程之间相互补充并良好匹配。企业的获利能力进一步增强，进入企业的成长阶段。此时商业模式设计的主题不是简单的新颖型或是新颖型，而是在原有基础上的新颖型商业模式与效率模式的整合
	价值创造		核心资源：管理软件、管理知识；关键活动：销售和维护管理软件、企业管理咨询与培训	核心资源：提供轻量级的一站式一体机解决方案；关键活动：标准化产品服务中小企业	
	价值获取		收益模式：软件销售和维护收入、培训与资源收入；成本结构：人力成本、软件开发、课程开发成本	收益模式：产品授权的价格+开发实施的收入；成本结构：人力成本、平台维护费用	
	商业模式设计		"商业模式是对以前的经营模式进行了比较大的创新，从原来专注软件开发，转变为提供了整套企业管理解决方案。"（F1）	开创性地使用X精益数智一体机来赋能中小企业数字化转型和智能化升级，帮助企业构建数字中台，从产品研发、原材料采购、生产制造、质量管控、设备维护保养、员工技能培训等多维度赋能企业转型升级（S2）	

注：本书对A、B两家公司的访谈资料做了标记，分别为F1、F2；对二手资料，依次编码为S1、S2形成文字材料。

针对目标客户群拓展管理培训业务。这一方式在成立之初相对竞争对手而言更是以新的组织方式实现价值。案例 B 公司变化比较大，完全进入另外一个经营领域。B 公司在最初的商业模式运营一段时间后，由于产品交易平台后期投入大、盈利率低，不足以维持企业的生存，企业需要重塑价值创造模式。B 公司在再创阶段通过对政府政策的洞察，对市场环境的分析，并加入数字工业协同创新联合体，识别到工业互联网带来的机会。B 公司整合现有资源，对新的知识领域进行探索，开发了新的工业互联网平台，提供了新的价值主张，即为工业企业提供一站式的数字化转型解决方案。转型恰逢市场机遇，满足工业企业数智化转型需求的同时使企业得到了快速成长。

两家企业创业机会识别的时机还有一个共同的特点，即在原有的获利能力丧失之前便进行了新机会的开发。随着初创期创业机会的开发，企业获得了一定能力和资源的积累，但市场的快速变化，新创企业开始探寻到新的知识和信息，需要通过新的创业机会来提升企业生存的能力和实现企业成长。这时创业机会的识别大多是受新创企业的创业网络、创业资源积累和探索式学习的影响。这一阶段，案例企业都采取了创造型创业机会的识别，分别进行了利基市场的开发。在案例企业进行业务拓展的时候都识别了新的机会，除外部环境的需求导致客户需求变化外，企业也经过一段时间的发展具备了更高的识别和开发机会的能力。比如 A 企业正是因为创业者在第一阶段管理软件服务中接触了客户在企业管理中的痛点，以及前期资金的积累才使创业团队进行新的系统的开发。企业 B 也是通过前期的积累更了解这一行业发展的趋势，才能领跑于同行而获取更强的生存能力。这些机会不同于均衡创业机会，是一种创新的创业机会，即与现存组织的常规业务和业务范围明显不同。

通过案例分析可以看出，新创企业在度过成立期后，生存能力还比较弱，最初提供的价值主张随着竞争的加剧已不足以维持企业的生存，需要寻找新的市场。尽管新创企业还是能力弱、资源欠缺，但也积累了一定的资源和能力，通过探索式学习通常会发现大企业不屑于或者忽略的利基市场。一方面，由于机会具有一定的创新性，开发创业机会的商业模式的设计也要体现出新颖的价值主张，即进行新颖型商业模式的设计。新颖型商业模式利用新创企业创新的机会获得创新价值，从而能够领先竞争对手以差异化获得收益。另一方面，新的合作或运作机制将使创业团队能够接触更多的合作伙伴，获得更多的资源实现创新型的产品和服务提供差异化的优势。虽然创新型机会的开发可能因其缺乏可信性而拖累经营绩效，但是对于已克服进入门槛、成功创办起来的企业而言，创造型创业机会开发将通过促进产品创新、竞争能力提升和生存空间拓展而发挥更大的正面作用。Zhao 等（2021）指出，商业创意的原创性对企业成长有积极影响，创造型创业机会对创业绩效的影响更明显。从案例分析中可以看出，创造型创业机会的开发使两家企业都取得了较好的创业绩效。此阶段，企业进行创造型创业机会的开发，并将商业模式调整为新颖型的商业模式。

（三）再创阶段2

随着新创企业的不断成长，企业的知识基础积累到一定程度和生存能力得到提升以后，新创企业就很难再从创业生态系统中获得异质性知识，利用式学习的效果会减弱。但是随着新创企业的成长，探索式学习能力进一步提升。探索式学习不仅强调创造性地整合已有知识从而升级已有的产品和技能，更强调探寻对企业而言全新的知识和技能，甚至是超越当前市场和产品的知识和技能，从而识别甚至是创造出全新的创业机会。

案例 A 公司开始在原有业务的基础上进行资源的整合，开发与原有业务相补充的业务类型，提供整体解决客户需求问题的方案。案例 A 公司开始拓展新的业务即企业管理的培训、咨询业务，为解决客户在企业发展方面困惑提供帮助。进一步完善了企业为客户提供一套完整的企业管理解决方案的价值主张，使企业的业务更加丰富、企业的知名度和美誉度更高，创业绩效也更好。案例 B 公司在工业互联网平台业务运营一段时间后，嵌入创业生态系统的程度随之加深，在与各创业生态主体互动过程中不断调整产品方向、市场定位和商业模式，开始把公司战略方向由服务大客户为主转向服务中小制造业企业，用最低的成本帮助中小制造业企业完成核心模块信息化和数字化的升级。这一探索行为不仅使 B 公司把业务领域拓展到"轻量级的一站式一体机解决方案"，也为客户带来了新价值，为实现商业模式创新奠定了基础。新的商业模式的构建，使企业提供了更具有竞争力的价值主张，企业的收益开始稳步增长。企业的销售额和员工数也开始增加并且在行业里拥有了一定的市场地位，为企业未来的发展奠定了基础。

此阶段的创业机会是在原有创造型创业机会的基础上的进一步创新，属于发现型创业机会的识别。此时的发现型创业机会是在创造型创业机会的基础上整合现有的业务以提供整套系统服务的创业机会，这一机会既有创造型创业机会的特点又有发现型创业机会的特点，所以此阶段的创业机会为"创造型+发现型"创业机会。此阶段，商业模式设计的特征既有原来的新颖型商业模式的设计特征，又有结合借鉴行业内增值业务的效率型商业模式的设计特征。

命题2：在企业初创阶段，新创企业主要通过利用式学习进行资源拼凑、整合，识别创业机会来实现商业模式设计；随着新创企业的不断成长，利用式学习效果减弱，新创企业开始通过探索式学习来实现商业模式创新。

三 基于商业模式动态演化的新创企业成长机制

本部分将案例企业不同发展阶段在创业机会、创业学习、商业模式、企业成长方面表现出来的特征进行汇总，如表6-13所示。

从以上案例分析可以看出，在创业的初始阶段，机会比较多、资源较稀缺，所以创业者大多是以自身的资源作为创业的起点，构建商业模式进行创业机会的开发。随着创业企业的发展，可支配的资源越来越多。创业者为了更好地发展必须寻求更大价值的创业机会，并整合现有的资源以及设计相匹配的商业模式进行机会的开发。企业成长的过程也是创业机会与商业模式的不断动态调整的过程，二者的协同共演促进企业的成长。

（一）创业学习有助于企业识别新的创业机会

在创业的过程中，每一次活动都是以创业机会为起点和核心的。创业的过程就是创业机会识别、开发与利用的过程。在企业不断成长的过程中，每一次新的机会的识别都会有助于企业的成长绩效上一个新台阶。从案例分析中可以看出，在不同的成长阶段，新创企业的创业学习影响了创业机会的识别。在初创阶段主要是创业者个人的先前经验和创业网络等对创业机会的识别与开发起着重要作用。随着新创企业的成长和外部环境的变化，企业通过积累的信息和从外部获取的知识，可以进行新机会的识别和原有商业模式的调整以拓展企业新的经济增长点。此时的商业模式的设计，依然要与创业机会和企业的资源相匹配才能获利并提升企业的生存能力。

第六章 新创企业商业模式动态演化与企业成长

表 6-13　案例企业商业模式设计与企业成长分析汇总

企业	创业阶段	创业机会类型	创业学习	商业模式描述	创业成长特点	创业机会转换的驱动力
A企业	初创阶段	基于创业者先前经验的发现型创业机会	路径依赖式的利用式学习	效率型商业模式的设计	实现盈利,企业具备生存的能力,但生存能力较弱	市场竞争激烈,没有差异化竞争力
	再创阶段1	基于外部环境的变化、识别发现型创业机会的积累,识别发现型创业机会,进行创造型创业机会	注重外部知识和信息搜寻,试验创新为主的探索式学习	商业模式的调整,基于创造型商业模式进行新颖型商业模式的设计	销售额与盈利能力提高,员工增加	进行转型提高企业的生存能力
	再创阶段2	基于外部环境的变化与创业者社会网络的拓展和资源的积累,此时可发现型创业机会包含了发现型创业机会和创造型创业机会	创业实践中不断反思先前的成功或失败行为,同时探索对企业而言全新的知识技能:利用式学习+探索式学习	商业模式的完善,此阶段的商业模式设计有新颖型和效率型商业模式的设计	销售额进一步提升,盈利率提高。员工增加	利用自身积累的资源和能力拓展业务实现成长
B企业	初创阶段	基于创业者先前经验的发现型创业机会	路径依赖式的利用式学习	效率型商业模式的设计	实现盈利,但后期活力的能力,员工急剧减弱	市场竞争激烈,没有差异化竞争力
	再创阶段1	基于外部环境的变化、人力资源、社会网络、技术资源的积累,进行创造型创业机会的识别	注重外部知识和信息搜寻,试验创新为主的探索式学习	商业模式的调整,基于创造型商业模式进行新颖型商业模式的设计	获利能力增强,员工增加,但融资遇到瓶颈	进行转型提高企业的生存能力
	再创阶段2	基于前期知识、人力资源、社会网络等的识别,此时的创业机会包含发现型创业机会和创造型创业机会	创业实践中不断反思先前的成功或失败行为,同时探索对企业而言全新的知识技能:利用式学习+探索式学习	商业模式的完善,此阶段的商业模式设计有新颖型和效率型商业模式的设计	刚刚起步,盈利率高,预期市场前景较好	利用自身积累的资源和能力拓展业务实现成长

(二) 创业学习影响新创企业商业模式创新

从以上的案例分析可以看出，创业学习往往始于创业者经验，并逐渐拓展到整个组织及其网络的集体互动学习的过程。嵌入到创业生态系统中的新创企业，通过与创业生态系统中各主体，如政府、行业领先企业、合作伙伴、中介服务机构、客户等协同互动，获得组织外部来源的信息。例如，与客户的沟通，能够对企业所提供的价值主张有更好的理解，知道是否真正满足了客户需求，从而驱动价值主张的调整与创新；获取行业领先企业的相关信息，可以了解企业在价值经营方式、价值获取机制等方面的优劣势，驱动商业模式创新；向合作伙伴学习，与之互动进行资源整合，可以降低企业创新风险和成本。新创企业运用探索式学习从外部获取并应用新颖的不同种类的知识，促进新旧知识的融合、知识的重新组合，能够产生新颖的价值创造方式。同时，新知识的内部化可以降低组织惯性和路径依赖的影响，内外知识的整合拓宽了新创企业的知识基础，提高企业创业学习能力，有利于企业发现新的价值主张，创新价值经营或价值获取方式。

随着外部环境的改变，新创企业在创业过程会进行一系列适应性调整，新创企业的成长涉及企业定位的迭代、资源的整合等。商业模式的设计是高度情境化的，当商业模式的执行结果与预设有偏差时就需要进行调整和迭代。可以说，商业模式创新并不是一个按预先设定好的商业计划执行实施的结果，探索式学习的试验过程是组织克服障碍进行商业模式创新、降低商业模式创新风险和提高学习效率的关键环节。

(三) 创业机会影响商业模式的调整

新创企业商业模式的构建与创业机会有很大关系。机会识别出来以后，选择合适的商业模式进行资源的整合来开发创业机会是非常重要的环节。如果采取的商业模式适应已识别的创业机会便能产生较好的创业绩效，否则相反。在企业的初创阶段基于创业者先前经验识别的创业机会，其商业模式的设计也基于创业者现有的资源，创立了与行业内其他企业相似的商业模式，以效率最高、风险最小的方式进入市场，最大化提升了生存的可能性。随着企业的发展，初期的商业模式提供的价值因能得到客户的认可而积累相应的资源。在再创阶段1，创业者识别了创新型的创业机会找到利基市场，相应的商业模式也进行了再设计以保证有效地开发创业机会。此时的商业模式提出了新颖的价值主张，价值的创造过程也具有了一定的竞争力，盈利能力提升，此阶段为商业模式的调整期。在再创阶段2，企业的业务类型结合企业的特点开始向相关的业务拓展，从而形成了较为完整的系统方案解决的价值主张，在价值创造的过程中各个流程匹配良好，获利能力趋于稳定。此阶段为商业模式的完善期。由以上分析可以看出，商业模式的调整过程与创业机会的特点有很大的关系，同时只有商业模式设计与创业机会的特点相匹配才能更好地提高创业绩效。

（四）创业学习、创业机会与商业模式的共同演化促进新创企业成长

在创业的三个阶段，创业学习、创业机会和商业模式的设计不断演化。从以上案例分析可以看出，在创业过程的不同阶段，创业学习都伴随机会的识别开发与新创企业的成长，创业学习也是新创企业商业模式创新的重要前提（孙锐和周飞，2017）。新创企业受资源的约束和合法性缺失的影响，其商业模式往往容易受到外部环境的挑战。创业学习，尤其是探索式学习，是新创企业商业模式创新的重要驱动力（李永发和罗媞，2017）。创业学习能够帮助企业实现知识积累，克服其资源约束和合法性缺失，推动企业进行价值创造，从而实现商业模式创新。从这一角度上来说，创业学习是企业创新商业模式的有效途径。

在每个发展的阶段，商业模式与企业成长共同演化，每一次机会的开发都为企业下一次机会的识别与开发积累了资源和能力。研究的结果验证了作为创业机会开发方式的商业模式的设计对创业企业成长的作用，也进一步验证Timmons的理论。同时也可以看出，创业机会的识别类型与商业模式的匹配模式对新创企业绩效产生影响。由企业案例分析可以看出，两家企业都进行了机会的进一步开发，主营业务也随着新机会的开发而变化，由单一的产品系列的生产和销售转为提供完整的解决方案的知识型业务。每一次机会的识别得益于企业对客户需求的把握，同时积累的资源和能力也有助于这一机会的成功开发。每一次的转变都进一步提升了企业的获利能力，提高了行业的地位，为下一步的成长奠定了基础。本书验证了Teece等（2010）的结论，企业前一阶段的资源或能力积累能够为后续阶段的成长创造条件。Druilhe和Garnsey（2004）的案例研究显示，随着资源和机会知识的增加，新创企业会对商业模式加以调整。他们还指出了影响商业模式可行性的因素，包括初始资源禀赋、资源强度、资源可得性、技术的类型以及企业（技术）资源的成熟度。例

如，科技型企业家可能仅仅就其所掌握的技术资源选择商业模式，而商业模式却没有与市场机会很好地匹配起来。

通过以上分析，提出以下命题：

命题3：新创企业的成长就是通过不断地创业学习、创业机会的识别和设计与之适应的商业模式进行机会开发从而实现不断发展的过程。在这一过程中，创业学习、创业机会与商业模式相互影响、共同演进促进新创企业的生存和成长。

四　创业生态系统与新创企业商业模式的协同演化

生态系统是指在一定的空间内生物成分和非生物成分通过物质循环和能量流动而互相作用、互相依存而构成的一个生态学功能单位。生态系统是一个复杂的、动态的、开放的系统，为了维系自身的稳定，生态系统需要不断输入能量，随着内生力和外生力而进化，并不断适应环境。Ehrlich 和 Raven（1964）提出协同演化理论，指出所谓协同演化是指某一物种的某一特性通过进化来回应另一物种的某一特性，而后者也相应地为回应前者的特性而进化。协同演化理论为探析生态主体双向互动和动态演化过程提供了重要的理论视角。为了揭示新创企业商业模式与创业生态系统协同演化机理，本部分按上文所述的扎根理论方法，对案例文本资料进行分析编码，提炼核心构念。共得到122个现象的标签，58个概念，24个范畴，最后得到9个聚合构念。基于相关文献、研究报告、案例材料，发现新创企业商业模式与创业生态系统协同演化过程存在三个协同发展时期和两条主体演化路径（见表6-14），由此构建协同演化模型。

表6-14　　　　　　　　　　　　主轴编码

主体维度	过程维度		
	前期阶段	中期阶段	后期阶段
创业生态系统演化	资源整合（1a）	共赢网络（2a）	系统跨越（3a）
创业学习	桥接（1b）	协调（2b）	整合（3b）
商业模式演化	被动适应（1c）	主动适应（2c）	主动创造（3c）
驱动	适应型驱动（1d）	颠覆型驱动（2d）	整合型驱动（3d）

在协同演化的前期，创业生态系统由具有复杂性和多样性的创业主

体和相关环境因素共同组成，并通过复杂的协同互动实现资源汇聚、价值交换、平衡调节（刘旭等，2015）。新创企业往往会面临资源匮乏和合法性缺失的问题，新创企业会从创业生态系统中收集政策、技术、资源、市场与机会相关信息，并进行筛选和处理。为了能生存下来，新创企业往往采用被动适应环境的价值主张，不断收集市场反馈、调整现有模式的不足，利用资源识别开发系统中的商业机会，实现复制式价值创造。在协同演化前期阶段，新创企业创业学习主要起到了桥接的作用——新创企业亟待突破自身资源约束，通过利用式学习，获取创业生态系统中流动的信息和资源，同时通过创业学习与其他创业主体交流互动。

通过这样的互动，生态系统中核心企业能够引导其他生态主体协同作用、共同创造价值，使嵌入创业生态系统的各生态主体间形成复杂的共赢价值网络关系（蔡莉等，2016；Neumeyer et al.，2019）。由此，协同演化进入中期阶段。在协同演化的中期，颠覆型机制推动新创企业主动适应型商业模式的形成。面对市场和技术的压力以及上一阶段商业模式的刚性影响，新创企业从环境被动适应型价值主张转为环境主动适应型价值主张，主动探索环境中的新机会，实现新颖式价值创造。不同生态位的各主体之间彼此互依相互配合，实现互补性资源利用、共同应对环境变化。创业主体可以借助价值网络整合内外部创业资源、塑造创业能力，帮助其克服资源约束。在此阶段中，创业学习主要起了协调作用——依靠创业生态系统中形成的共赢价值网络，通过探索式学习，联结各主体信息和资源需求，逐渐突破新创企业资源匮乏和合法性缺失的问题。

经过一段时间发展之后，创业生态系统的主体数量和种类增加，主体之间的关系网络不局限于合作关系，也横向发展为能够充分利用生态系统要素的竞合关系，协同演化过程进入了后期阶段。随着协同演化的进程，创业生态系统会产生资源和信息的外溢效应，吸引更多的资源和信息，改变创业生态系统的整体结构。与此同时，新创企业在共赢网络之下与创业生态系统中其他生态主体互动增多，主体之间合作与竞争共存，新创企业的嵌入性增强。在此阶段，新创企业有必要的资源和能力，采用涌现型价值主张，主动探索潜在的市场、制度与技术环境的变化，通过利益分配和共享机制的创新、资源整合和能力延伸，实现集聚式价值创造突破。整合型机制推动新创企业主动创造型商业模式的形成，新颖型商业模式和效率型商业模式形成了良好的互补效应。在后期阶段，创业学习主要起到了整合的作用——新创企业通过整合探索式学习获得的前沿知识和技术，以及激活利用企业内部的资源和技术基础，获得与生态系统多主体的合作机会，识别和开发更多的商业机会，从而获得合法性和实现企业成长。新创企业的成长会使创业生态系统资源和信息的外溢效应进一步增强，吸引更多的生态主体和资源加入创业生态系统，价值网络变得密集、治理结构更专业、价值共享机制更完善，创业生态系统实现跨越。

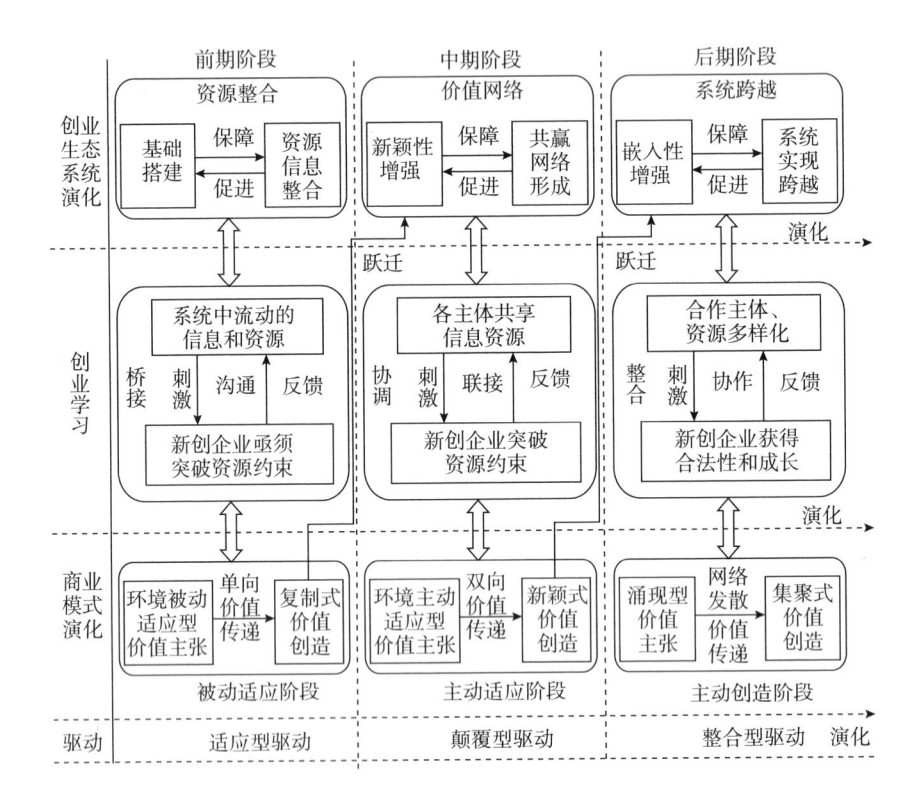

图 6-6　新创企业商业模式与创业生态系统协同演化过程

通过以上分析，提出以下命题：

命题 4："创业生态系统—新创企业商业模式"是一个包含动力机制、演化机制、反馈机制和资源整合机制的互相影响、互为因果的协同演化过程。创业生态系统为新创企业突破合法性和资源约束提供了资源和信息，新创企业通过创业学习探索和利用这些资源和信息，实现新创企业成长。新创企业成长过程伴随价值主张、传递和创造模式的调整，商业模式创新引致创业生态系统的生态主体互动和共赢网络的变化，触发创业生态系统演化压力，进一步驱动新创企业商业模式演化。

第四节 本章小结

本部分在创业生态系统对新创企业商业模式作用机理研究的基础上，对 A、B 两家公司进行扎根理论的跨案例研究，在创业生态系统、创业学习与新创企业商业模式演化，创业学习视角的不同成长阶段商业模式演化机制，基于商业模式动态演化的新创企业成长机制，以及创业生态系统与新创企业商业模式的协同演化四个方面，得到了四个命题。

本部分研究将创业学习理论扩展到商业模式的演化中，明确了商业模式演化的具体阶段及过程，对商业模式演化形成更清晰深刻的认识，并尝试构建新创企业商业模式动态演化及基于商业模式演化的新创企业成长理论分析框架，以及"创业生态系统—新创企业商业模式"互相影响、互为因果的协同演化过程。研究结果表明，新创企业商业模式是一个不断试错、迭代、调整的动态过程。特别是在当下易变、不确定、复杂且模糊（VUCA）的市场环境下，新创企业为了摆脱新进入者的困境、获得合法性，商业模式调整贯穿于新创企业创立与成长过程。新创企业通过跨界拓展式成长，实现与其他生态主体协同共演，新创企业商业模式通过不断优化、迭代、创新，增强其抗风险能力和组织韧性（谭智佳等，2019；韩炜等，2021）。创业生态系统的演进是创业主体和环境互相影响的结果，生态系统种群间有协同进化的特征（Basole，2009），创业生态系统随着相互依赖的创业主体彼此间相互进化而演化（Mack and Mayer，2016；滕堂伟，2017）。从系统理论的"刺激—反应"模型来看，嵌入创业生态系统的新创企业商业模式的演化和企业成长，会反馈到生态系统中，引致创业生态系统的升级跨越。

第七章 研究结论与展望

本书需要解决的三个问题如下:

第一,新创企业商业模式的概念构思建构。对新创企业商业模式概念内涵和内容结构的探析是进行作用机理分析和动态演化实证分析的前提,是本书的重点,通过对以往研究进行全面梳理,科学设计访谈和资料分析过程,得到比较科学的结论。

第二,创业生态系统对新创企业商业模式的作用机理。运用结构方程建模(SEM)方法,引入创业学习,构建"创业生态系统—创业学习—新创企业商业模式"理论分析框架,分析创业生态系统影响新创企业商业模式的途径、方式和结果。科学设计定量分析方法,保证分析样本的代表性、变量量化的科学性和数据的有效性,是本书的难点。

第三,构建系统的新创企业商业模式分析框架。当前缺乏对新创企业商业模式的动态演化研究,且理论差异较大。本书从创业生态系统视角,运用基于扎根理论的跨案例分析方法,建构新创企业商业模式动态演化理论模型。如何将商业模式演化、新创企业成长、创业生态系统纳入互动相联的理论模型,形成比较完整的新创企业商业模式分析框架是本书的重点,也是难点。

针对以上三个问题,本书运用不同研究方法,围绕"基于创业生态系统的新创企业商业模式及其动态演化"这一基本问题,对不同研究主题进行了全面而系统的理论分析与实证研究。

第一节 主要结论与讨论

一 新创企业商业模式的概念模型

从与新创企业成长匹配的视角出发,本书基于对经典理论和以往研究的梳理，对新创企业的 15 位创业者或总经理进行半结构化的深入访谈和小组讨论；邀请创业和商业模式领域专家对访谈材料进行编码；对编码结果开展分析与讨论，通过捕捉新创企业商业模式的特征与内涵，形成了新创企业商业模式的三维概念构思。新创企业商业模式是由多要素组成，并利用多要素之间的相互联系来创造和获取价值的系统，也是动态调整的过程，从而实现新创企业的生存和成长。它是一个系统的、动态的多维构思，包括价值主张、价值经营和价值获取三个维度。

对访谈资料的内容分析研究表明：价值主张是新创企业商业模式的基本前提与逻辑起点，通过市场定位来实现新创企业的价值主张；价值经营包括价值创造和价值传递，通过新创企业的价值经营，实现从机会的价值创造潜力转变为现实价值创造；价值获取是新创企业在满足客户需求的基础上，为自身和其他利益相关者创造经济价值的途径与方式，包含收入模式和成本模式，是商业模式的最终落脚点。商业模式以价值主张为引导，价值经营为途径，价值获取为最终目的，形成了一个价值创造的循环。这一结论与 Morris 等（2005）的研究结论"商业模式是战略方向、运营结构与财务价值的整合"一致。

结合访谈研究和内容分析的结果，通过编制新创企业商业模式测量问卷，并通过试测对测量问卷进行修订，对这一构思进行探索性因素分析，继而用修订过的量表进行大样本数据收集，对这一构思进行验证性因素分析。实证检验结果表明，新创企业商业模式的三维度构思具有较好的结构效度，由此得到的新创企业商业模式概念模型拟合良好。这三个维度并不是相互割裂的，而是互动匹配共同构成了新创企业商业模式。这与商业模式作为主效应研究范式的研究结果相一致，这类研究表明，商业模式作为一个整体比单个要素对新创企业成长与发展的影响要大得多。从价值创造视角进行的商业模式研究旨在解答"谁是客户，客户价值是什么"，以及新创企业都关心的基本问题"应该如何赚钱，企业在特定成本水平能够为客户传递价值的潜在经济逻辑是什么"。价值创造视角的商业模式研究通过对以上问题的解答，为构建"具有核心竞争力的且不易被模仿的商业模式"提供理论指导。

新创企业商业模式的概念构思在以往研究成果基础上，其内涵"价值主张—价值经营—价值获取"三要素从价值创造视角诠释了商业模式运营的内在机理。可以说，这一新创企业商业模式概念构思既是状态表征，也是解决方案，三个维度对其内涵和解决方案作了具体的诠释。从与创业生态系统适配角度出发构建的这一系统性构思，体现了开放性、动态性的特征，并且力求贴切简洁地表述理论意义，直接切入新创企业商业模式的本质。

二 创业生态系统对新创企业商业模式作用机理

新创企业商业模式概念构思的提出与验证为创业生态系统对其影响机理的研究奠定基础，使创业生态系统与新创企业商业模式之间相联成为可能。创业生态系统对新创企业商业模式作用机理分析是静态的横向分析尝试，新创企业商业模式动态演化研究则是商业模式动态的纵向分析尝试，从而可能形成纵横交互的立体分析框架。社会学习理论强调环境、认知、行为的互动因果关系，将社会学习理论拓展到组织领域，从理论上看，创业学习受到环境的影响，也是组织行为的有效预测指标。从这一逻辑出发，基于对相关文献的梳理，采用实证调研方法，对创业生态系统对新创企业商业模式作用机理加以解释，尝试为生态系统理论视角下新创企业商业模式研究提供新的思路。

（一）创业学习的概念剖析

新创企业通过创业学习，获取创业知识、信息和能力，从而更好地适应外部不确定和动态的环境，克服市场新进入者劣势（蔡莉等，2010；林琳和陈万明，2016），快速有效地识别和利用商业机会，提高资源拼凑或编排效果，实现新创企业的生存和发展。创业情境下的组织学习本质是，基于创业核心成员共享的规则和程序的社会化互动，创业者通过创业生态系统获取资源，并得到有效信息，在此基础上对这些信息进行有效的整合与利用，把这些信息有效运用到创业实践中（Zhao et al.，2021）。

通过深度访谈研究和内容分析，本书将创业学习分成利用式学习和探索式学习两个维度。其中，利用式学习是指，新创企业充分整合和利用现有知识和技术，稳步提升企业运营和组织效率，进而实现企业价值增加。探索式学习是指，新创企业探索新的知识和技术，积极开拓新业务、研发新技术、开发新产品等，进而实现企业价值创新。对大样本数据分别进行的探索性和验证性因素分析结果表明，创业学习二维度构思具有良好的结构效度。创业学习正是在利用式学习和探索式学习两种学习模式的耦合、互适、互促的过程中实现自我提升与演化的。

(二) 创业生态系统对新创企业商业模式作用机理

1. 创业生态系统对新创企业商业模式的直接效应

从创业生态系统对新创企业商业模式的直接效应检验可以看出：创业生态系统中对价值主张直接影响显著的维度有政府政策、创业资源基础、创业网络和创业服务；创业生态系统中对价值经营直接影响显著的维度有创业资源基础、创业文化、创业网络和创业服务；创业生态系统中对价值获取直接影响显著的维度有政府政策、创业资源基础、创业网络和创业服务。研究结论证实，创业生态系统的各维度共同对新创企业商业模式的设计产生影响，通过政策的导向机制、资源的信号显示机制、创业服务的培养支持机制、文化的引领机制和价值网络的驱动机制，促成新创企业商业模式的设计和调整。

创业资源基础、创业网络、创业服务对新创企业商业模式具有重要性，对价值主张、价值经营和价值获取三个维度都有显著直接影响。资源基础观强调，企业创造性地整合和编排具有价值性、稀缺性、不可模仿性和不可替代性的资源。创业生态系统会将各创业主体提供的要素和外部环境提供的资源进行汇集，并通过系统内的信息和资源流动，将零散的创业资源进行整合形成系统化的资源。再通过创业生态系统的"传递—反馈"机制将整合的资源传递到创业主体。新创企业根据自身的创业资源基础形成不同的价值主张，以不同的资源获取途径塑造不同的价值经营方式，最终获得不同的收入模式和价值分配方式。

相关研究结果表明，创业生态系统中各创业主体通过相互协同形成复杂的创业网络关系 (Spigel, 2017)。创业生态系统中的创业网络被视作价值网络，各主体间相互依存，旨在共享资源、信息和意愿，实现价值共创。创业生态系统网络具有网络主体和网络关系异质性的特征。嵌入创业生态系统中的不同生态主体形成的创业网络存在差异，与其他主体间信息、资源和认知互动也存在差异，进而捕捉到环境信息和识别的创业机会也各不相同，最终影响商业模式的设计。

创业服务的内涵是指有利于创业者优化配置市场、技术、信息、资本、人才等创业资源，为创业活动的顺利开展提供相应服务，包括各类服务机构和设施为创业活动提供各方面的基础服务。创业服务是引进创业人才和资金、提高创业资本利用率和创业成功率的重要影响因素。创业服务维度的发展为新创企业商业模式的建立与运转提供了可靠的第三方支持，为有效解决部分系统化问题提供渠道帮助，并能够为新创企业商业模式设计提出开拓性建议（陈敏灵等，2019）。

政府政策对价值主张和价值获取两个维度有显著的直接影响。新创企业面临资源约束和合法性缺失，新创企业的商业模式设计是一个高度复杂的创业活动。社会化的制度结构要求，新创企业必须时刻关注外部制度环境中的政府政策。罗兴武等（2019）研究结果表明，企业的组织因素与制度环境的政策因素相互作用，有助于新创企业进行意义战略（构建意义和制造意义），并逐步在创业活动中形成并强化企业的商业逻辑。新创企业的价值主张、价值获取与政策导向的匹配是新创企业获得合法性的关键路径，有助于新创企业获取战略资源，并减少制度风险和不确定性。

2. 创业学习在"创业生态系统—新创企业商业模式"中的中介作用

运用结构方程模型，分别检验创业学习双维度在"创业生态系统—新创企业商业模式"的中介作用，实证研究结果表明：①利用式学习的中介效应在"政府政策—价值主张/价值获取""创业资源基础—价值主张/价值获取""创业网络—价值主张/价值经营/价值获取""创业服务—价值主张/价值经营/价值获取"中有部分中介效应，在"创业文化—价值经营"有完全中介效应。②探索式学习的中介效应在"政府政策—价值主张""创业网络—价值主张/价值经营""创业服务—价值主张/价值经营"有部分中介效应，在"创业资源基础—价值主张/价值经营""创业文化—价值经营"有完全中介效应。此外，运用逐层回归法，发现利用式学习和探索式学习对新创企业商业模式的影响具有交互效应。相关实证分析结果较好地支持了理论假设，并得出以下理论与实践结论。

首先，持续的创业学习是新创企业商业模式演化的关键。新创企业面临着比成熟大企业更大的挑战，如资源短缺、经验缺乏、合法性缺失、产品服务尚未得到顾客的认可等，大量的新创企业难以应对这些严峻的挑战，导致在创业实践中屡屡失败。创业学习是新创企业获取创业知识和信息的持续动态过程，帮助企业积累创业经验和知识（Holcomb et al.，2009）。新创企业成长很大程度上依赖创业经验和资源，创业学习是获取这些经验和资源的主要方式，因而创业学习为新创企业的生存和发展提供动力，对新创企业成长至关重要（蔡莉等，2014；张秀娥和赵敏慧，2017）。新创企业通过创业学习积累的创业经验、行业经验和管理经验，以及大量的相关信息，可以通过事前控制来降低创业风险。新创企业面临的环境复杂多变，需要根据市场情况适应性进行商业模式设计和调整。新创企业进行商业模式设计和创新时，需要不断地探索与试错，以调整价值主张、价值经营和价值获取方式（Chesbrough，2010）。

其次，不同类型创业学习对新创企业商业模式的影响存在差异。本书的实证分析结果表明，尽管利用式学习和探索式学习是新创企业创业学习不可或缺的两种学习方式，但其对新创企业商业模式的作用效果存在差异。新创企业进行利用式学习时，利用已有的资源和知识，拓展和挖掘企业现有的价值潜力，从而实现商业模式创新。通过利用式学习挖掘和提炼现有知识、信息和资源应用于战略选择和管理活动中，从而降低新创企业成本费用，优化交易架构。新创企业进行探索式学习时，积极进行外部知识的探寻、收集和处理，使企业能更准确地了解市场，识别新的知识信息、探索和开发新的产品和市场，深层次挖掘顾客需求和市场机会，以发现更大的价值创造空间，推动新创企业商业模式创新。两种创业学习方式共同作用于商业模式创新。利用式学习和探索式学习交互作用有助于新创企业获得异质性的知识和信息，吸收和转化这些异质性知识和信息促使重新设计商业模式要素，逐步实现商业模式创新，创造有价值的市场机会，提升新创企业绩效。

最后，创业学习是创业生态系统对新创企业商业模式的关键影响路径。第四章的访谈研究表明，创业学习视角下创业生态系统对新创企业商业模式的作用，包括启发和激发创业者的思维和创意，帮助创业者形成并不断聚焦创业机会，为创业者提供感情支持，为创业者提供各类与创业、企业管理相关的专业知识等。嵌入创业生态系统中的多创业主体进行信息和知识交换，整合资源为客户提供解决方案（Thomas and Autio，2014）。创业生态系统存在的各类正式和非正式网络，能降低新创企业对创业资源的依赖，并促进隐性知识共享。大量研究也已经表明，创业学习对新创企业获取知识、信息和资源具有重要作用。新创企业需要在创业过程中不断进行创业学习，以获得企业合法性。根据新制度主义理论，企业都以某种形式嵌入制度化、关系化的外部环境，企业的各项活动必须遵循环境规则和标准。新创企业寻求合法性，有利于其获取生存和发展所需的资金、人力、技术、市场等外部资源，而且对新创企业而言，合法性本身就是一种稀缺的战略资源。不同类型创业学习对新创企业商业模式的影响存在差异，选择适合新创企业所处情境的创业学习方式非常重要。新创企业不仅面临合法性缺失的问题，还存在资源约束、组织结构不完善、知识信息匮乏等问题。这便需要通过创业学习，不仅从创业生态系统中获取所需的知识、信息和资源，还要与各创业主体进行沟通交流，从而改变资源拼凑、编排的方式，了解创业生态系统中各主体需求，改变创业者的认知，进而主动进行商业模式创新，实现新企业的持续成长（吴晓波和赵子溢，2017）。

三　基于创业生态系统的新创企业商业模式多元组态研究

（一）研究结论

结构方程模型方法只能依据理论构建固定的变量路径，进行单一变量的简单统计验证，忽视了多变量间的协同交互对新创企业商业模式的复杂作用机理，没有回答创业生态系统的这种多元逻辑互动对新创企业商业模式的影响。因而，在运用结构方程模型方法对创业生态系统对新创企业商业模式创新的作用机理进行分析的基础上，本书还进一步运用模糊集定性比较分析（fsQCA）和必要条件分析（NCA）相结合的方法来探索新创企业商业模式创新的多元组态，分析了创业生态系统（政府政策、创业资源基础、创业文化、创业网络、创业服务）和创业学习（利用式学习和探索式学习）对新创企业商业模式创新的组态效应，主要研究结论有以下几个方面：

第一，新创企业商业创新并不存在单一必要条件。NCA和fsQCA均显示在政府政策、创业资源基础、创业文化、创业网络、创业服务、利用式学习和探索式学习这些前因条件中，没有任何单一变量是新创企业商业模式创新的必要条件，说明在当今乌卡（VUCA）时代，新创企业商业模式创新具有复杂的因果机制，并非某个单一条件能够完全决定的。从商业模式的视角来看，新创企业跨边界、跨网络的合作活动，是其商业模式活动框架中的一部分（Zott and Amit, 2008）。从生态位理论来看，生态主体在系统中的生态位影响了生物体之间的竞争性、生物对环境的适应性、生态系统的多样性和稳定性等。任何生物体单元的生态位主要取决于两点：一是主体与环境的物质、能量、信息的交流转换状况；二是主体自身的新陈代谢即主体内部各个部件运行及相互协调状况（梁嘉骅等，2005）。

第二，新创企业商业模式创新的前因组态包括创业生态系统主导型和创业学习推动型两种类型。创业生态主导型强调了创业生态系统嵌入与企业自身连接和利用外部环境行为对于新创企业商业模式创新的协同作用，该类型组态说明唯有新创企业与所处创业生态系统的深度融合与协同互动，才能够大力促进新创企业商业模式创新。商业模式的核心是如何为利益相关者和自身创造价值，商业模式创新涉及企业价值链的某个或多个点的新的交易方式。创业学习推动型强调了利用式学习与探索式学习在新创企业商业模式创新中的交互作用，该类型组态说明了在商业模式创新中新创企业自身资源储备和创业学习能力不可忽视。商业模式的研究中，价值创造的直接来源是内部资源和外部网络，内部资源的价值创造性主要基于资源基础观（RBV）（张璐等，2023），而外部网络的价值创造性研究主要基于社会资本理论（SCT）（Stam，2015）。基于 RBV 和 SCT，创业生态系统调解了各生态主体的交易关系，新创企业需要战略性地嵌入有价值的生态系统，整合企业内外部资源，从而积累资源、识别创业机会、获取顾客信息，实现价值创造和获取。研究结论在一定程度上揭示了新创企业商业模式影响因素的多样性和驱动机理的复杂性，为新创企业商业模式的进一步研究提供了新的视角。

（二）研究启示

本书得到的结论为新创企业和相关政府部门，提供了一些企业管理和政策制定等方面的实践启示。

对新创企业商业模式创新而言，首先，无论是创业生态系统主导型还是创业学习推动型，都是新创企业内外部多因素彼此间协同作用的结果。新创企业与嵌入创业生态中的各主体互动获得创业所需的机会和资源，创业生态系统和创业学习交互作用，从而触发形成新创企业商业模式创新的原型。随着商业模式与创业生态系统耦合互动过程的进行，商业模式各要素匹配的均衡态可能会被打破，新创企业调整原有的商业模式，不断尝试生成新的价值获取方式，即商业模式创新。其次，新创企业进行商业模式创新时有必要提高创业网络嵌入度。本书的结论表明，创业网络在新创企业商业模式创新的大多数组态中都以核心条件或边缘条件存在，嵌入创业生态系统在提高创业基础资源使用效率、实现组织与技术协同发展等方面都具有重要意义，嵌入创业网络中的新创企业应与其他生态主体进行积极的交流合作、信息共享，吸收整合创业生态系统中各主体的各类资源，提高自身资源多样性和异质性，实现新创企业商业模式创新。

对相关政府部门而言，应加强对新创企业的宏观指导和政策扶持，引导塑造有机的创业生态系统。嵌入创业生态系统中的新创企业，不仅能够与多生态主体进行资源互动、弥补内部资源禀赋的不足，与其他进行商业模式创新的新创企业共享商业模式创新经验，还可以借助创业生态系统激发自身的创业学习能力，这些活动都为新创企业商业模式创新提供重要的基础保障。此外，新创企业商业模式创新有创业生态系统主导型和创业学习推动型两种主要类型四个前因组态，相关政府部门在制定扶持新创企业商业模式创新政策时，应从微观视角出发，区分不同制造企业的资源禀赋和组织条件，进行有针对性、有区分度的指导和扶持。

四　新创企业商业模式动态演化与企业成长

新创企业成长过程的一个显著特征就是商业模式的动态演化，商业模式演化是一个不断互动、持续匹配的过程，也是一个创业学习的过程。在新创企业发展的不同阶段，需要采用不同的创业学习方式，创业学习的两个维度对新创企业商业模式的作用效果有差异。本书运用跨案例分析方法，分析新创企业商业模式演化的触发和转化的动力和机制，以及商业模式与创业生态系统协同演化过程，得到了四个命题。

嵌入创业生态系统中的新创企业，首先通过环境感知察觉和识别有关技术和市场的机会或潜在机会，与其他生态主体协作获取互补资源，或者向产业链上下游延伸突破资源和能力束缚，再通过资源编排和组织重构，完成新创企业商业模式的适应性调整，从而把握商业机会，实现价值创造。创业生态系统通过影响创业者对商业模式的认知和商业模式获取价值的有效性，影响新创企业绩效和新创企业成长。新创企业成长反过来影响创业生态系统平衡态，促进创业生态系统的演化。创业生态系统演化又会影响创业者认知的变化，进而影响商业模式的调整，促进新创企业成长，从而形成新创企业商业模式与创业生态系统的协同演化的良性循环，如图7-1所示。

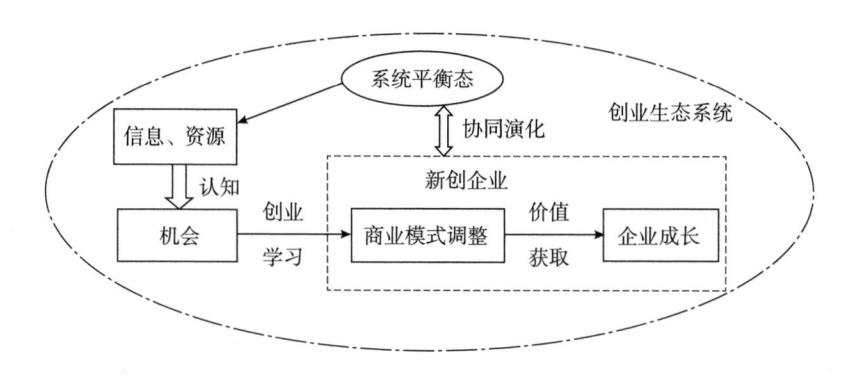

图7-1　新创企业商业模式演化整合模型

第一，从商业模式演化动因来看，由命题1的论证分析得到，创业生态系统下的新创企业在多主体协同作用下实现知识信息共享和资源整合，通过创业学习识别和开发涌现的创业机会，触发形成商业模式原型。新创企业在成长过程中，通过与其他生态主体互动产生资源新属性或联结成新资源组合，通过创业学习来不断检验商业模式设计，进行价值创造活动的迭代，实现商业模式创新。研究证实了，商业模式并不是静态的（云乐鑫等，2014），当外部技术或制度环境发生变化后，创业者会对资源进行优化和重组（Teece，2010），从而设计出最优的价值获取模式（纪雪洪等，2019）。

第二，从商业模式的演化过程来看，本书将创业学习引入新创企业商业模式演化过程。由命题2的论证分析得到，在企业初创阶段，新创企业主要通过利用式学习进行资源拼凑、整合，识别创业机会来实现效率型的商业模式设计；随着新创企业的不断成长，利用式学习效果减弱，新创企业开始通过探索式学习来实现商业模式创新，在再创阶段商业模式表现出"效率型+创新型"的特征。之前研究虽然认为新创企业商业模式演化是一个试错学习过程，但缺乏更具体明确的论述。命题2的分析论证过程将创业学习理论扩展到商业模式的演化中，明确了商业模式演化的具体阶段及过程，使人们对商业模式演化形成更清晰深刻的认识。新创企业结合利用式学习和探索式学习方式进行商业模式的快速迭代，也是新创企业商业模式演化与在位企业的重要差异。

第三，从商业模式演化结果来看，由命题3的论证得到基于商业模式动态演化的新创企业成长机制。新创企业的成长就是不断进行创业学习的过程，利用式学习和探索式学习有助于企业识别新的创业机会，创业机会影响商业模式调整，创业学习也进而影响新创企业商业模式创新。创业学习、创业机会与商业模式共同演化促进新创企业成长。由命题4的论证分析得到"创业生态系统—新创企业商业模式"是一个包含动力机制、演化机制、反馈机制、资源整合机制的互相影响、互为因果的协同演化过程。新创企业成长与创业生态系统中其他生态主体及创业环境密切相关，新创企业限于自身资源和经验的匮乏，需要借助生态系统中的网络关系，对内外资源进行创造性地整合与拼凑，识别和开发机会，实现商业模式的演进。从系统理论的"刺激—反应"模型来看，嵌入创业生态系统的新创企业商业模式的演化和企业成长，会反馈到生态系统中，引致创业生态系统的升级跨越。

相较以往的研究，本书做出了以下两方面补充：一方面，从商业模式演化视角，基于创业过程探索新创企业成长路径，尝试构建新创企业商业模式动态演化及基于商业模式演化的新创企业成长理论分析框架，如图6-4、图7-1和图7-2所示。新创企业商业模式演化与企业成长是相生相伴的过程（陈寒松等，2020），商业模式设计必须与创业学习、创业机会相匹配才能提高企业成长绩效，前一期的企业成长为下一阶段的创业机会的开发和创业学习奠定了基础。创业学习、创业机会、商业模式设计与新创企业成长之间存在的相互作用，呈现循环发展、阶梯式前进的成长模式。另一方面，从演化学习理论视角研究创业生态系统与新创企业商业模式的协同演化。演化学习学派认为，商业模式演化是新创企业在创业实践中不断学习的结果，是一个反复试错进行不断调整的过程，而非有预见性的战略变革（Teece，2010；纪雪洪等，2019），创业学习驱动了创业生态系统与新创企业商业模式的协同演化过程。

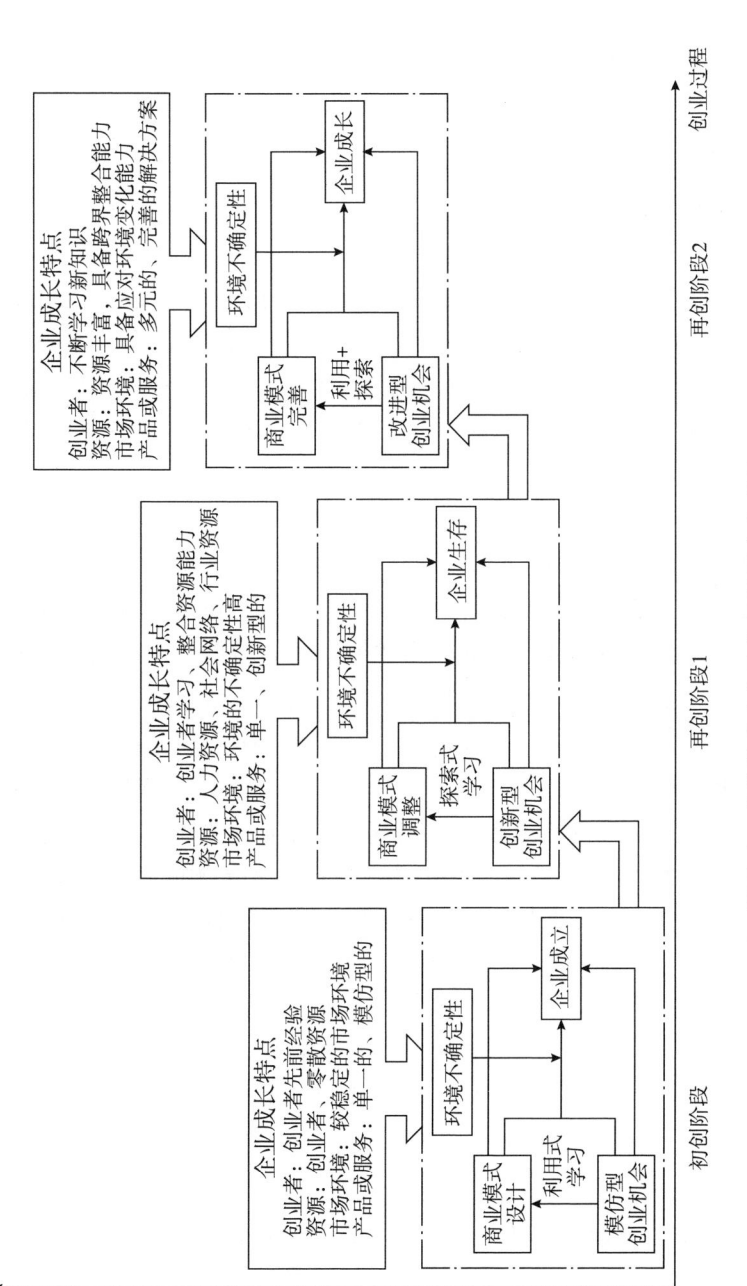

图 7-2 商业模式动态演化与新创企业成长

第二节 理论进展与展望

一 理论进展

本书紧扣理论前沿和企业实践所关注的问题,基于生态系统理论、创业学习理论和商业模式理论,运用了访谈研究、结构方程模型(SEM)、模糊定性比较分析(fsQCA)、必要条件分析(NCA)及扎根理论的多案例分析等方法,探讨了新创企业商业模式概念构思、创业生态系统对新创企业商业模式的作用机理,以及新创企业商业模式的动态演化机理。研究工作既重视理论和实践,同时又融合了多学科交叉的特点。研究的理论进展主要体现在以下几个方面。

(一)建构了新创企业商业模式概念模型

在创业实践领域,商业模式可行与否是风险投资家投资决策的重要依据。理论研究结果也表明,商业模式的设计与实施是关系新企业生存和发展的战略性问题,清晰的商业模式能够回应新创企业面临的不确定性。本书选择新创企业商业模式作为研究对象,将商业模式理论应用于存在高度不确定性的新企业成长情境中,能更准确地探究商业模式演化路径和耦合机理。

由于商业模式的现象复杂和维度多元的特征,学者从不同理论视角来解析商业模式的概念构思,但并没有统一定论,呈现出"概念多样化"的研究现状,且很多成果是在西方或成熟企业研究背景下得到的。我国特定的经济发展时期、特有的文化背景、各地区不同的创业活动特征,必然会对新创企业商业模式产生影响。本书尝试通过深层访谈和内容分析的方法,结合国外商业模式领域较成熟的研究,提出适合中国企业实际情况的新创企业商业模式维度,并设计本土化的测量工具。问卷数据分析结果表明,测量模型具有良好模型适配度,并具有较好的聚合和区分效度。

通过半结构化访谈和焦点小组访谈,并对访谈资料进行内容分析,达到了预期目的,初步归纳出新创企业商业模式的三个维度,即商业模式以价值主张为引导,价值经营为途径,价值获取为最终目的,形成了一个价值创造的循环。进一步深化了对新创企业商业模式概念构思的理解，并且在以往研究的基础上尝试提出相应的测量项目，为更加充分而准确地测量及进行相关的实证研究做了一些铺垫。

（二）探究了创业生态系统对新创企业商业模式的作用机理

本书旨在探究创业生态系统这一复杂概念与新创企业商业模式的关系。一方面，运用结构方程建模（SEM）方法对创业生态系统对新创企业商业模式创新的作用机理进行了分析。另一方面，从组态的视角探究新创企业商业模式创新的多条路径，探索创业生态系统、创业学习对新创企业商业模式的多种影响组态，从而能更好地解释创业生态系统对新创企业商业模式的影响机理。

一方面，SEM 的研究结论不仅回应了从战略视角得出的创业生态系统研究结论，也为新创企业商业模式是内外部环境的交互作用的产物提供了佐证。在结构方程建模的相关分析结果中，创业生态系统的各维度与创业学习都呈正向的相关关系，且都达到 0.01 的显著性水平。这与社会学习理论和社会建构理论的观点相符：认知机能是环境作用的产物，但环境的存在及其作用并不是绝对的，而是潜在的，并取决于主体的认知把握。结构方程建模结果表明，本书所建构的"创业生态系统—创业学习—新创企业商业模式"模型有较好的模型适配性。创业生态系统各维度对创业学习、新创企业商业模式有着不同的影响模式，创业学习在"创业生态系统—新创企业商业模式"关系中的中介作用得到部分验证，且不同的创业学习维度对这一关系的中介作用有所差异。

创业生态系统可以被视为一种经济协调模式，各创业生态主体间基于价值共创形成相互依存、协同发展的共生关系，创业生态系统的结构特征和生态要素，会深刻影响创业生态系统中新创企业的价值创造和价值获取的能力，每个新创企业能获取的价值都与创业生态系统中总的价值创造相关。新创企业作为开放复杂自适应系统存在于创业生态系统中，新创企业商业模式不是新创企业对外部环境的简单适应，而是新创企业内外要素交互适配产生的动态耦合。本书对这一模型的验证丰富了社会学习理论的内涵，为尚未被充分研究的创业生态系统和创业学习作用机理提供了有益的思路。

另一方面，本书还进一步采用模糊集定性比较分析（fsQCA）和必要条件分析（NCA）相结合的方法来探索驱动新创企业商业模式的复杂因果机制。首先，本书从组态视角进行研究，得出了与只考虑单一影响因素不同的研究结论，丰富和拓展现有相关领域的理论研究。聚焦新创企业商业模式创新的前因组态，从生态系统理论视角和组织学习理论视角阐释了创业生态系统和创业学习两个层面前因组态对新创企业商业模式创新的影响。研究结果表明，新创企业商业模式创新是以创业生态系统为主导，以利用式学习或探索式学习为关键推动力，"创业生态系统—创业学习"多因素协同作用的过程，具有基于因果机制的多样化前因组态和形成路径。其次，本书将 NCA 和 fsQCA 方法引入新创企业商业模式创新的研究中，从关注环境或组织某一前因条件的影响，转向关注内外部多因素协同作用，从组态视角对新创企业商业模式创新进行定性比较分析，丰富了新创企业商业模式创新研究的方法工具，更符合企业的现实情境，为新创企业商业模式创新实践提供更科学的指导。

（三）探讨了新创企业商业模式的动态演化及其与创业生态系统协同演化

目前还鲜有对新创企业商业模式动态演化，以及商业模式与创业生态系统协同演化进行的研究。本书的结论表明，创业生态系统通过创业学习影响新创企业对商业模式的认知和商业模式获取价值的有效性，影响新创企业绩效和新创企业成长。创业生态系统和创业学习影响资源的获取和整合、创业机会的识别和利用，并进而影响商业模式的设计与创新。新创企业成长反过来影响创业生态系统平衡态，促进创业生态系统的演化。创业生态系统演化又会影响创业者认知的变化，进而影响商业模式的调整，促进新创企业成长，从而形成新创企业商业模式与创业生态系统的协同演化。

第一，创业生态系统、创业学习与新创企业商业模式的动态演化。对新创企业商业模式动态演化的探索，能更清晰地了解新创企业商业模式的触发和转化机制。触发机制是商业模式创新前因的研究，即寻求商业模式创新动力。商业模式转化机制是商业模式动态性的问题，使商业模式与企业、市场内部组织知识的变化以及组织结构和管理过程相适应。从这个意义上说，新创企业商业模式演化的研究为创业管理和战略管理理论的结合提供了有益的视角。

第二，基于商业模式动态演化的新创企业成长机制。已有研究着重分析了不同阶段商业模式要素的调整，但没有分析在企业成长的过程中影响商业模式调整的因素，也没有把商业模式调整放到整个企业成长的系统过程中探讨调整的动因和促进企业成长的机理。本书发现，创业学习、创业机会与商业模式共同演化促进新创企业成长，构建了"创业生态系统—创业学习—新创企业商业模式"的新创企业成长模型。新创企业的成长分为初创阶段、再创阶段 1 和再创阶段 2。在这一过程中，商业模式经历了效率型商业模式设计、新颖型商业模式设计、"效率型+新颖型"商业模式设计三个发展阶段，创业学习经历了利用式学习、探索式学习、"利用式+探索式"的学习过程。每一个阶段商业模式的设计与创业学习、创业机会的特点有关，同时每一阶段的创业机会的开发进行了资源和能力的积累，也为下一阶段创业机会的识别和商业模式的设计奠定了基础。从这一角度验证了新创企业成长是资源不断积累和各个机制相互协调的过程。本书突破了以往的仅仅关注生命周期成长理论和阶段论模型的成长模式的研究，将新创企业探索经营方向、克服新进入缺陷和应对环境的不确定性进行综合考虑纳入新创企业成长的视野，以演化的视角研究新创企业成长，这一视角的研究在现有的文献中不多见（王迎军和韩炜，2011）。本书为新创企业成长的研究进行了新方向的探索。

第三，创业生态系统与新创企业商业模式的协同演化。研究结论支持"创业生态系统—新创企业商业模式"是一个包含动力机制、演化机制、反馈机制和资源整合机制的互相影响、互为因果的协同演化过程。创业生态系统作为开放的复杂自适应系统，也应有其内在反馈和演化机制，创业生态系统的反馈和演化机制使分析其影响因素间的互动关系显得更为必要。本书从创业生态系统与创业活动适配视角，将创业生态系统嵌入创业过程和新创企业商业模式演化中，尝试形成基于新创企业商业模式动态演化的新创企业成长动态分析框架。

二 研究不足与展望

新创企业成长是创业领域研究的关键问题之一，商业模式为研究新创企业成长过程提供了重要的理论视角。本书基于创业生态系统理论和创业学习理论视角对新创企业商业模式进行了探索，尽管具有一定的创新性，也得出了比较有意义的结论，但在研究过程中仍然存在一些局限，需要在未来的研究中进一步深化和完善。

第一，对新创企业商业模式与创业学习的概念与测量尚须进一步深化与完善。本书在新创企业商业模式和创业学习构思开发过程中，基于以往研究成果和访谈结果自行开发了测量工具,测量工具的有效性和可信性都达到了预期的效果。但受到样本的限制,对新创企业商业模式测量工具并没有做到大规模的反复检验,今后还需对测量工具在不同结构的大样本下进行反复验证,以期得到更为可靠的结果。

第二,新创企业商业模式内涵的丰富性带来其分析过程的复杂性,研究方法须进一步完善。本书运用了访谈与内容分析、结构方程建模、模糊集定性比较分析(fsQCA)和必要条件分析(NCA)等多种方法,对创业生态系统、创业学习对新创企业商业模式的作用机理进行了比较深入的分析。未来可从网络视角将更多创业领域的元素和外部环境因素嵌入分析中,利用仿真或准实验方法控制一些干扰因素,在更复杂的背景下探究新创企业商业模式的内涵,更好地剖析创业生态系统对创业活动的影响机理,并对新创企业商业模式和企业成长对创业生态系统的反作用进行分析,以期对创业生态系统与创业活动间关系进行更科学、明晰的阐释。或从其他视角进一步解构这一复杂的作用机理,增加其他的中介变量和调节变量全面地对这一机理进行解析。

第三,商业模式的动态演化研究仍不足。尽管进行了扎根理论的多案例研究,深入动态地分析了新创企业商业模式演化,及新创企业商业模式与创业生态系统协同演化,尝试对新创企业商业模式的纵向动态特征进行探究,但仍有一些研究问题有待深入。新创企业商业模式动态演化本身的复杂性,使本书对这一问题的论述可能还不够全面,未来可以增加更多的案例对这一问题进行更深入的分析和比较。此外,为了进一步探索新创企业商业模式演化及其与创业生态系统协同演化,采用时序实证研究也是后续努力的方向。未来可以采用跨期数据,用十年、二十年或更长时间的数据,以更科学地分析新创企业商业模式形成的动态过程。

第四,数据获取方式和方法待改进。在研究过程中,在多源数据的采集上做了相当的努力,也采取统计分析方法对同源性偏差进行了诊断与控制,最后收获的有效问卷数量也基本满足实证分析的要求。但由于数据获取的难度高,不可避免地存在共同方法偏差的问题。未来将问卷调查数据与统计数据相结合开展分析,尽量采用客观性测量而减少主观报告的比例,以进一步加强实证分析的说服力。

第三节 相关政策建议

新创企业商业模式是新创企业价值创造方式和竞争优势的来源，其模式的优劣和水平的高低决定着企业能否实现高质量成长。本书研究结果表明，初创企业商业模式创新并不是孤立的，受到所处创业生态系统的深刻影响，同时也取决于企业自身诸如创业学习等能动性行为和各项创新能力。因此，为了切实提升新创企业商业模式创新与可持续发展，相关部门应重点采取措施不断优化区域创业生态系统建设，同时注重持续优化公共服务质量和成效，并始终大力支持新创企业全面提升自身创业学习行为和各项能力，从而提升区域创业活动质量，并降低创业失败率。[①] 具体的政策建议包括以下几个方面。

一 提高创业生态系统的"孕育力"

（一）提升要素能级，实现"高"质

各级各类组织、机构和人才构成了创业生态系统的基本要素，基本要素质量的高低从根本上决定了创业生态系统的状态与功能，因此应采取各种措施提升创业生态系统基本要素的能级，从而实现创业生态系统的高质量发展。在访谈研究中发现，高等院校、创新创业中介机构和各类人才在创业生态系统中承担关键角色的要素，高等院校决定了创业生态系统源头的创新创业高度和底色，创新创业中介机构是整个系统的"桥梁""黏合剂"，而人才是最具动能的要素，决定了创业生态系统的活力强弱，因此建议聚焦高等院校、创新创业中介机构和各类人才，进一步提升要素能级。

1. 大力打造创新创业策源高地

首先，新技术、新产品的开发建立在新的科学发现的基础之上，高水平大学担负着基础研发和大部分应用开发研究的重要使命，为新技术、新产品的诞生提供了源泉和支撑；高水平大学和科研机构本身是各类高

---

① 课题相关的政策咨询报告有《苏州市优化营商环境条例（草案）重大利益调整事项第三方论证咨询报告（2021）》《加快苏州独角兽企业发展建议（2020）》《苏州市企服中心三年行动计划（2021）》《落实"去降补"助力"智造梦"——芜湖传统制造业转型升级情况调研报告（2018）》《苏州产业技术研究院的建设基础与对策研究（2018）》。

层次人才的载体，是集聚高层次人才的"磁力场"；高水平大学和部分科研机构承担着为社会培育和输送各类高尖端人才的职能。因此，拥有各类高端人才和创新创业资源的高水平大学和科研机构是创新生态中的关键要素之一，在创业生态系统中扮演的角色越来越重要。因此，应进一步加大引进、培育高水平大学和科研机构的力度。

其次，进一步提升研发投入，尤其是提升对基础研发的资助比重。在现有基础上，进一步加大对区内高校、科研机构的财政资助力度；提高用于基础研发的资助比重；尤其是要围绕所在区域重点发展的高新技术，例如新一代信息技术、生物医药、纳米技术、人工智能等重点领域，强化前瞻性技术创新部署、关键技术攻关以及战略性产业联合攻关，深入实施产业创新专项，积极布局大科学装置、国家产业创新中心、技术创新中心等重大创新平台，实施重大基础科研专项。

最后，引导大学和科研机构发挥在培育创新中的推进器作用，打造产业创新高地。引导大学和科研机构围绕"新经济""新范式"发展要求，与本地的特色产业和重点产业相衔接，优化学科设置，发展新兴交叉学科和应用型学科，使学科发展与区域产业发展相向而行，为特色产业发展提供技术支撑和人才保障；鼓励大学和科研机构发挥技术资源优势，完善以市场需求为导向的科研项目立项机制，围绕经济社会发展的难点和热点展开科研攻关，重点在基础研究上下更大功夫，在核心技术研发上下更大功夫；推进科技成果管理改革，赋予大学和科研机构更多成果自主处置权，释放科技创新潜力；提高项目承担单位经费使用自主权，建立科研人员职务成果转化收益分配机制，释放创新活力。

2. 大力增强创新创业中介水平

（1）应大力提升创新创业中介机构多元化运营水平。正如同自然界的生态系统一样，物种多元化也是创业生态系统得以实现可持续、自发性发展的基本前提。创新创业中介机构的多元化主要体现在两个方面：一是服务业态的多元化；二是投资运营主体的多元化。

首先是服务业态的多元化，其本质在于创新创业活动得以从实验室走向市场，实现经济效益和社会价值。在创新价值链的各个环节，其所需要得到的资源和服务是各种各样的，相应需要的创新创业服务机构的业态也是各种各样的。普遍而言，我国各地的创新创业服务中介机构已经初步实现了多元化，在研发设计、技术转移、科技金融、知识产权、创业孵化、科技咨询、检验检测、科普服务和综合服务等领域进行了较为全面的布局，各业态下的机构均有长足的发展。但具体来说，在各个业态中，无论是从整体表现，还是从骨干机构以及科技服务业集聚区的发展情况来看，研发设计均较大幅度领先于其他业态。因此，在未来的发展中，应从以下几个方面加强业态多元化：一是在研发设计现有发展基础上，进一步提升其自主创新能力，提升研发服务与技术输出质量；二是大力加强创业孵化、技术转移转化、知识产权和科技金融等业态的发展水平；三是平衡好科普、检验检测和综合服务等其他领域的创新创业中介机构的发展。

其次是投资运营主体的多元化。由于国情和发展阶段的原因，我国的创新创业中介机构在早期为政府主导，但这样的模式无法适应创新创业中介机构现阶段和未来的发展需求，因此有必要在投资和运营主体方面实现多元化。应鼓励民营企业和投融资公司等社会资本参股或投资创新创业中介服务产业，促进该行业整体的有效运行。通过企业对创新创业中介机构的扶持，帮助创新创业中介机构成长和发展。另外，可以通过企业与创新创业中介机构的合资、合作，提高创新创业中介机构成果转化效率和服务质量。

（2）提升中介机构专门化服务能力。在现阶段，要实现创新创业中介机构的高质量发展，其关键途径之一是提升其专门化服务能力，主要措施包括大力培育和引进专门化的高层次人才、加大对创新创业中介机构的资金资助水平以及充分借力大数据等信息技术手段。

首先是大力培育和引进专门化的高层次人才。纵观全球创新创业中介服务发达的国家和地区，无不在人才队伍建设方面采取了强有力的措施。相比之下，通过对我国创新创业服务行业人力资源现状的调研，发现无论在规模还是质量上我国都存在一定的差距。同时，通过量化研究发现，人力资源水平是影响创新创业中介服务业整体发展的重要因素之一。因此，可以通过培育和引进更多的人才，逐步提高创新创业中介服务业的整体水平，推动地区的产业发展。具体可以采用以下三种措施：一是各地应结合实际制定中长期创新创业中介服务人才发展战略规划，优先培养高层次创新创业服务人才，构建人才储备系统，同时加强各地人才发展和人才交流合作；二是开拓创业人才培训和能力提升途径，依托各类创新创业载体，开展专业技能培训、专题讲座、行业资讯研讨等活动，强化实践教育，倡导企业承担人才实践与历练的社会责任；三是吸引高端人才，通过政策吸引高端人才和海外人士来华开展创新创业服务工作，完善人才奖励机制，同时要建立人才保障机制，协调和解决人才队伍建设中的重大事项。

其次是加大对创新创业中介机构的资助水平。通过对创新创业中介服务业发展影响因素的分析发现，资金是重要的发展动力之一；同时，在调研中也发现，创新创业中介机构普遍反映在发展过程中面临资金不足的限制。因此，在未来的发展中，有必要积极建设多元化的投融资机制，通过政策引导创新创业中介机构的融资方式由单一化向多元化转变，即向政府、风险投资商、科研机构、大企业等各种渠道寻求投资，并通过这种资金联结方式，实现多方利益的捆绑，加强各方合作，最终实现"共赢"。重点措施包括：充分利用银行信贷，提高科技服务机构的资金利用率；加强风险投资基金建设，重视风险投资公司在创新创业中介服务行业发展中的作用；将政府资助作为引导基金和补充基金，通过降低社会资本进入的风险，引导商业性资本加大对创新创业中介机构的资本投入。

最后是借力大数据等信息技术手段。引导创新创业中介机构运用互联网、移动互联网、大数据、云计算等技术，推进"互联网+科技服务""大数据+科技服务""人工智能+科技服务"融合发展，实现创新创业中介服务由线下服务向线下线上服务相结合转变，不断创新和催生创新创业中介服务新模式新业态。

3. 大力激发人才驱动发展动能

人才是创业生态系统中最小的分子，也是最有创造力的基础创新创业资源。通过引进一批高端人才，可以创新一项业务、带动一个团队、形成一个产业。区域高层次人才的数量、质量和类别，在很大程度上决定了特定团队、产业乃至整个区域的创新创业发展成效。吸引和集聚人才、发挥人才对创新创业发展的引领作用是构筑创业生态系统的基础工程和关键工程。因此，各地应通过进一步优化引才用才举措、完善高层次人才队伍结构，建立健全政府、用人单位、社会多元投入机制，构建更适宜的人才工作生活环境等措施，加快构建国际化、高端化、特色化人才集聚中心，打造人才引领发展高地、人才环境建设高地和人才价值实现高地。

首先，进一步优化引才用才举措、完善高层次人才队伍结构。进一步加大力度引进若干在前沿科技创新领域拥有重大原始创新技术，具有前瞻性、颠覆性、引领性和跨领域融合创新能力的高层次人才和国际一流创新团队；加大力度引进一批具有企业运营管理能力的，知晓市场、企业和管理规律的高层次管理人才；加快培育和集聚既懂科技又懂市场的复合型创新创业人才；进一步大力引进和培育高技能人才队伍，发挥企业、院校、公共实训基地、各类大师工作室的人才培养平台作用，形成多元化、立体化培养高技能人才的工作格局，实现高技能人才队伍的规模发展；进一步完善实施相关现有人才政策和人才计划，通过建立院士工作站、千人计划工作站、长江学者工作站等方式，使更多的创新团队和高端智力资源汇聚；加大并优化对高层次人才的扶持和引导力度。

其次，建立健全政府、用人单位、社会多元的人才工作投入机制。进一步加大财政投入，安排人才专项资金纳入财政预算，保证重大人才项目实施；支持各区县结合区域发展实际，制定激励政策；鼓励各用人单位实施更有助于创新的薪酬体系，通过股权、期权、分红等激励方式充分调动人才的主动性和创造力；按照向用人主体放权、为人才松绑的原则，充分发挥市场决定性作用，优化人力资源配置，让人才流动更自由；注重发挥市场决定性作用，激励企业做好人才培养工作，以市场为导向制定人才政策，招揽全球人才。

最后，构建更适宜的人才工作生活环境。进一步完善高层次人才的社会保障制度，落实配偶工作、子女入学、购房住房，以及社保、医疗、公积金、个税等扶持和保障措施；积极应对"长三角一体化"战略带来的新挑战和新机遇，探索更加灵活有效的社保、医疗、公积金、个税等社会保障制度，进一步促进人才的自由流动；健全人才评价制度，充分发挥市场、专业组织、用人单位等多元评价主体作用，建立健全以能力、业绩为主，科学化、社会化、市场化的科技人才评价和激励制度；切实优化人才服务体系，积极整合市场化资源，进一步完善包含金融、法律、知识产权咨询、学术服务等在内的优质服务体系，积极推行响应式服务、全过程服务和人性化服务，优化人才发展环境。

（二）构建开放关系，实现"融"合

创业活动不是孤立的、封闭的，而是联合的、开放的。同样地，创业生态系统也不是封闭的自我循环式发展，创业生态系统应通过不断与更大范围区域进行信息知识、技术、人才、文化等方面的交流与合作，促进系统自身的不断演化和提升对创新创业的服务输出。在新的时代下，我国各地创业生态系统建设应该紧紧抓住自贸区建设、"一带一路"倡议，以及区域一体化等国家战略和政策交汇叠加的大好机遇，从区内一体化、区域一体化和国际协同合作三个层面构建一个充分开放融合的创业生态系统，全面开发关系网络。

1. 进一步加强区内一体化

过去较长的一段时间内，我国各个区域、各个市县、各个板块之间在很大程度上是以竞争的关系存在的，相应地，创业生态系统的布局和发展在一定程度上也是"各自为政"的，面向的服务对象主要为所在区域的创新创业主体。面对新的发展挑战和机遇，为真正实现创新创业整体高质量跨越式发展，应采取"融"的策略，应立足于现有产业发展实际，全面剖析优势和不足，基于所在地区一体化视域，各个地区根据自身发展愿景和功能定位，分别从自身的优势产业出发，突出主导发展方向，形成区内各个板块错位发展并密切协作，从而在整个地区范围内形成统筹联动、协作互通的良性发展局势，并最终推动经济转型升级和高质量发展。在这种发展背景下，创业生态系统的发展也需要基于区内一体化的思路谋篇布局。首先，应当面向所在区域创新创业活动和产业发展的重点和需求，有重点、有选择地引导与特定产业、特定行业相匹配的创新创业中介机构，形成业态明显、优势突出的产业集群；其次，在所在区域范围内，创业生态系统和创新创业中介服务自身应该实现一体化发展，与其他产业的发展一样，应在充分评估区内各板块创新创业中介服务和创业生态系统自身优势和不足的基础上，重新定位，突出主导，并在所在地区范围内开展深度的合作，实现优势互补与融合发展。

2. 进一步加强区域一体化

实施区域一体化发展是我国当前的重要国家战略之一。目前，京津冀协同发展、长江经济带发展、粤港澳大湾区建设、长三角一体化发展、黄河流域生态保护和高质量发展、成渝双城经济圈建设等区域一体化发展战略正在稳步推进中，面向上述一体化发展战略，创业生态系统建设应该突破各个区域和机构之间的界限和阻碍，构建资源共享、风险共担和利益共享的协同合作运营机制，并不断创新和改进，最终形成资源有序流动、服务链式输出的区域一体化创业生态系统。具体措施包括：围绕与所在地区密切相关的区域一体化发展战略，明确重点合作领域，构建一体化发展的创新创业中介服务生态圈，创新创业中介服务机构不仅要与其他中介机构密切协作，还要主动对接区域内高校院所、研究机构和大中小企业等，形成横纵交错、立体联通的创新创业生态系统；应主动对接区域内各个创新创业高地，获取并有效利用各类创新、创业资源，深度参与区域重大科技创新和成果转移转化战略等。

3. 进一步提升国际化水平

在国际合作方面，创业生态系统建设和发展要从"走出去""引进来"两个方面深化国际交流合作。一方面，要充分利用各地开放型经济和"一带一路"倡议，支持创新创业中介服务机构"走出去"，鼓励和支持一些具有研发设计、创业孵化和创业投资等国际化经验的创新创业服务机构，通过海外并购、联合经营、设立分支机构等方式积极深入"一带一路"沿线国家和地区，支持其在境外设立分支机构。另一方面，要加强与发达国家，尤其是创新创业服务业发展历史悠久、发展模式成熟和发展成效明显的国家和地区合作，加强同其在人才、技术、资本等方面的对接、交流和合作，积极引进和吸收先进的经验、模式、技术和人才等资源。

（三）强化功能输出，实现"优"化

对于创业生态系统来说，其输出的基本服务和支撑功能主要包括研发设计、创业孵化、技术转移、金融服务、知识产权和检验监测等，各地后续在创业生态系统建设中，应重点加强上述这些功能的发展。

1. 形成面向前沿的研发设计服务功能

（1）建立与一流高等院校的合作关系

对于研发设计服务领域的中介机构来说，在下一阶段的发展中，其核心任务是提升自主创新能力，提高研发设计和服务的水平。要达成这一目标，建立与一流大学的合作关系是关键途径。例如，硅谷地区的科技服务机构，与斯坦福大学、加州大学等就存在紧密的联系，不仅从大学获取了必要的人才，还源源不断地得到了新的技术。具体措施可以包括联合开展科研项目、深度参与产学研合作、参加高校组织的技术联盟、提供大学生实习岗位等。

（2）参与企业创新网络

对于技术研发服务机构来说，一流的高等院校是其人才和技术的供给方，企业便是其服务的需求方，要想真正实现高质量发展，在保证源头供给的同时，还要精准对接企业的实际需求。因此，研发设计服务机构应深度参与企业创新网络。具体措施可以包括：加入特定行业的产业联盟，搭建和打通产学研各方的沟通和合作桥梁，定期组织丰富的产学研对接活动，为中小企业提供技术培训和指导，开展企业技术服务项目等。

（3）不断强化重大创新载体建设

大型科学仪器设备、大科学装置、实验基地、重点实验室等科技基础设施为开展创新活动提供了基础保障。通过重大创新载体建设实现重点领域、关键环节的原始创新，突破产业转型升级和新兴产业培育的技术瓶颈，具体包括：一方面，充分利用国家战略布局的需求，争取国家的资源投入建设重大创新载体；另一方面，充分挖掘自身的资源并积极投入，接入大科学装置、技术创新中心等重大创新平台；同时，主动引入外部力量，积极与国内外一流大学和科研院所开展合作，共建重大创新平台。

2. 形成覆盖全链的创业孵化服务功能

创业是从零开始创造新颖的产品或服务并实现其潜在价值的过程，也是企业能力成长的过程，这个过程需要获得各种资源的支持。例如，实体资源（土地、房产、设备等）、人力资源、资金资源、科技资源、社会资源、组织和管理资源等。不同类型的新创企业所需要的资源不尽相同，创业孵化机构的功能是针对不同类型新创企业的特点和需求，提供相应的资源和服务，帮助其顺利地形成自身的竞争能力，降低创业风险和创业成本，提高企业的成活率和成长性，最后催生成功的企业。创业孵化机构多样化、高水平和专业化，才能为区内的企业提供尽可能个性化的资源与服务。因此，在创业孵化服务方面，在接下来的阶段，应着重做好以下几方面的事情。

其一，鼓励民间力量参与孵化器投资与经营，促进区内创业孵化机构多样化发展。首先，要制定政策鼓励区内成功企业家、风险投资机构以及民营企业等参与创办各类孵化器，这些投资主体往往在创业指导、投融资以及经营管理等方面具有优势，能够为在孵企业提供高水平的增值服务；另外，国内外有很多经过多年发展且业绩优良的孵化器，其管理模式和运营机制具有学习借鉴价值，区域政府可以适度引进一些类似的孵化器，以便提升本区域的初创型企业孵化产出的数量和质量，同时促进区内其他孵化器运营和管理水平的提高。

其二，密切关注和学习先进地区创业孵化行业的发展。创业孵化行业是一个创新能力很强、发展很快的领域，国内外一些区域，例如美国硅谷、以色列和国内的深圳、杭州、北京等地区具有良好的发展积淀，且处于持续快速变化和发展优化之中。因此，密切关注、学习和借鉴这些地区发展创业孵化机构的经验很有必要。

其三，加强初创企业的"加速"服务。"加速器"的核心作用是在特定时间内帮助企业实现特定目标。国际上一些优质加速器因为占有初创公司股权，在筛选企业方面竞争力更强，门槛更高，而且会提供更密集的指导。"加速器"内的企业必须在短期内"毕业"，因此强制企业在短期内证明自己的商业模式有前景，而不会像一般的孵化器和众创空间那样更易孵生没有可行商业模式的"僵尸企业"。现在发展阶段，有较大存量的优质新创企业进入快速成长期，也有不少企业陷入成长瓶颈期，因此设立"加速器"（或在现有的孵化器和众创空间中增加"加速"服务）帮助企业打破瓶颈，催化成长很重要。

3. 形成精准高效的技术转移转化功能

经过近些年的发展，技术转移转化已经形成了一定的规模，但尚未能有效克服"市场失灵""系统失灵"的阻碍，从"技术"到"市场"的"死亡之谷"仍未缩小。然而，技术转移转化是一个系统性较强的工作，需要从政策、体系、资金、平台等各个方面着手，相关完善建议包括以下几个方面。

其一，进一步细化相关政策文件支持技术转移工作。由于各行为主体价值取向的不一致，技术转移存在自组织、自调节功能的"失灵"状态，需要借助政府进一步发挥好公共服务职能，充分利用政策这只"有形的手"强力介入技术市场的运行，促进形成良好的科技成果转化和技术转移市场经济秩序。

其二，建立和完善科技成果转化体系。打通产业与科技的对话渠道，发展技术经纪人才队伍，搭建供需沟通平台，完善技术评价指标，完善技术市场体系是解决信息不通畅问题、畅通技术成果供求渠道、加速科教资源向生产力转化的重要途径。

其三，建立多层次的技术转移投资基金。设立由风投、银行和天使投资等构成的多元化的金融资本,发起技术成果转移转化发展基金,支持技术转移公共服务平台和服务体系等的建设、支持种子研发成果的验证、助力技术的产品化生产,推进知识产权质押融资与作价入股,推动创新链、产业链和资金链融合。

其四,搭建产品定型及小批量生产验证平台。建立技术评价与产业化评估体系,推行科研成果定型校验平台建设,大力实施科技成果的验证及产品化,缩小技术与产品之间的距离,助力科技成果的转化实施。同时,发挥知识产权在科技成果向生产力转化中的桥梁和纽带作用,促进研发、创新和市场各个环节的对接和融通,更大力度、更大规模地吸引、配置和集聚创新资源。

4. 形成丰富多元的科技金融服务功能

基于本书的调查与分析发现,资本是创新创业活动的驱动力之一,因此必须在引进和集聚创业资本、促进科技与金融的融合等方面取得更多突破。可采取构建多层次、多维度的科技金融产品序列,优化科技金融发展环境,鼓励金融机构不断通过体系创新、服务创新和模式创新等措施和手段,促进金融要素、创新要素的有效自由流动,从而达到不断完善创新价值链的目标。

第一,构建类型丰富、层次充足的科技金融产品体系。进一步拓展新模式和探索新机制,构建包括科技信贷、科技保险、创业投资基金、股权投资基金、天使投资、产业基金等产品在内的科技金融产品体系;进一步优化风险补偿资金运作模式,创新收益互换机制;充分调动各级政府财政资金的引导作用,探索有效的政企投资联动模式,建立科技保险风险补偿资金池;联合大型保险集团共同设立创投基金,引导保险资金直接支持科技型企业推动区域科技金融保险市场发展;推动各类天使资金、风投资金和股权众筹机构的建设,设立政府引导基金和社会跟投基金,鼓励各类社会资本进行创新创业相关的投资,拓宽投资的社会参与度。

第二,不断优化科技金融发展环境。首先,提升法制化发展水平,进一步完善科技金融体制机制改革创新,研究制定相应的保护性法规;其次,提升国际化发展水平,加快对接国际科技服务机构的标准和模式,并积极打通国际化合作和海外发展渠道;再次,提升协作化发展水平,建立科技金融交易信用和绩效信息归集和共享机制,鼓励金融机构、中介机构开展横向合作，不断创新科技服务模式和形式，推动形成"科技+金融+服务"的联动机制；最后，提升数字化发展水平，引导科技金融机构充分借力"互联网+"工具，依托大数据、云平台等新兴信息技术手段，不断完善和革新服务和产品模式，提升服务水平。

第三，不断完善科技金融服务链条。积极推动科技金融与其他科技服务有机结合，聚焦创新创业活动全生命周期各个阶段的需求，重点联合知识产权、财政支持、税收优惠以及风险投资等服务内容，不断探索精准化的、个性化的、全覆盖的科技金融服务。

5. 形成体系完善的知识产权服务功能

随着知识产权保护意识的提升，国内企业对知识产权服务的需求也随之增强，我国各地近年来在知识产权服务行业取得了一定的进展，但普遍而言专利质量不高、知识产权保护力度不足、技术成果转化率不高等问题仍是发展痛点。因此，在下一阶段的发展中，知识产权服务行业仍是创新创业中介服务行业与创业生态系统发展的重点业态之一。可进一步构建知识产权密集型产业培育体系，发展知识产权密集型产业，强化专利密集型产业的统筹规划，推动专利密集型园区和产业密集区建设等。

第一，构建知识产权密集型产业培育体系。首先，要重点针对战略新兴产业，尤其是新一代信息技术产业、高端软件和信息服务业、生物技术和新医药产业、新材料产业、高端装备制造产业、节能环保产业、新能源与能源互联网产业、新能源汽车产业以及数字创业等产业，明确培育目标和培育框架；其次，各地区要针对自己的区域发展状态和产业特征，建立知识产权密集型产业发展的监测体系；再次，针对不同的产业类别，积极探索适宜的技术转移转化模式和机制，推动技术尽快转变为财富；最后，积极探索设立"线上+线下"知识产权公共服务平台和发展试验区，推动新模式和新机制的小规模先行先试。

第二，发展知识产权密集型产业。首先，在省级层面上，各地应围绕自身的重点新兴产业，例如新一代信息技术产业、高端软件和信息服务业、生物技术和新医药产业、新材料产业、高端装备制造产业、节能环保产业、新能源与能源互联网产业、新能源汽车产业以及数字创业等重点战略新兴产业，在深入分析的基础上，进行顶层布局，明确各个产业的专利布局，开展预警分析，引导知识产权密集型产业的有序发展；其次，各个区域应该重点聚焦优势产业和战略产业，充分利用高新技术产业开发区、经济开发区等创新创业载体，积极发展知识产权密集产业的集群化发展。

第三，推动知识产权密集型园区和产业密集区建设。在充分和系统分析现有发展状态的基础上，支持条件具备的区域主动构建知识产权密集区，具体措施包括明确目标和定位，加强顶层设计，引导技术、人才、服务和资金等要素的有序流通和集聚。

6. 形成规范的检验检测服务功能

检验检测服务对于区域创新创业的发展具有引领和支撑作用。但目前而言，我国各地检验检测服务行业仍处于发展初级阶段，虽然已经达到了一定产业规模，产业结构也较之前有所优化，创新能力也有所增强，但总体来说，相对于国外先进地区的检验检测行业以及其他科技服务行业，在一定程度上仍存在"小、散、弱"的状况。

其一，建立统一完善的行业标准。首先，在检验检测认证行业发展方面，完善的法律法规与标准体系是必须的。这方面可以借鉴欧盟的做法。欧盟在检验检测认证方面，建立了完善的法律法规与标准体系，包括基础条约、条例、指令和决议等，规定在欧盟市场流通的产品必须符合上述标准，取得欧洲标准委员会认证标志和ISO9001认证，并加贴强制性安全合格标志。

其二，注重技术研发和人才培养。技术研发和高水平人才是检验检测认证行业的基石和保障，因此，注重技术研发和人才培养是必须的，相关措施可参考欧洲的做法。欧洲检验检测认证行业重视技术研发和成果的转化。荷兰应用科学组织专门设立中小企业服务中心帮助中小企业制定发展战略和进行技术创新，促进科研成果转化为生产力。英国国家物理实验室是英国贸工部下属的世界领先的计量检测科学实验室，积极吸引年轻科学家加入，负责技术咨询，研制和出售标准物质，转让研究成果。瑞士通用公证行等大型第三方检验检测认证机构非常注重对于员工的培训工作，每年专门拨款用于人员继续教育和培训，通过培训，储备一批创新人才和管理骨干。

其三，完善检验检测认证产业链构建。检验检测认证全产业链指在产业集聚区中，以检验检测认证服务为核心构建起来的检验检测认证产业体系。检验检测服务的发展依赖于上游设备的研发制造和下游人才的培养，又由于该行业产业关联度极高，其自身巨大的需求也会带动上下游产业的发展。上游和中游的关联融合可推动检测技术创新发展、检测仪器设备更新等。中游和下游的关联融合可推动产业链纵向延伸。

其四，加强检验检测集群建设。首先，加大力度扶持检验检测行业的龙头企业，并通过龙头企业的辐射和引领作用形成集群式发展；其次，不断通过人才引进、技术引进和模式创新大力提升检验检测认证服务业的行业附加值和服务效能，推动检验检测认证机构向规模化、品牌化、专业化发展；加强国际合作，通过"引进来""走出去"的方式，跟踪行业前沿，吸收借鉴国外新的技术，引进领军型人才和不断改进服务模式与机制。

二 强化公共管理服务的"支撑力"

（一）不断提升创业生态系统规范化治理水平

要提升创业生态系统的发展能级，实现"高"质水平，其重要前提是制定和实施完善的法律法规和政策体系，以保障包括各级各类创新创业主体的发展环境，规范运行模式和机制。其中，重要措施之一是强化创新创业中介机构的规范化运营程度，美国以及欧洲等国家和地区非常重视创新创业中介服务机构在创业生态系统中的运行，以及通过制定完善的法律法规促进创新创业中介服务机构的发展。

1. 持续转变政府职能并进一步注重优化创新治理

在经济新常态下，政府角色既不是"放任"也不是"干预"，应是"服务员""协调员""激励者"。首先，从宏观层面来说，在知识经济时代，自上而下的干预型和放任自流的治理模式已不再适用，政府的角色定位既不是放任自流也不是过度干预，而是协调、激励及服务，其核心职责是通过不断完善政策、体制和机制，构建一个有利于创业要素充分沟通、互动与合作的创新环境。其次，从微观方面来说，新常态下区域系统中的政府职能表现在其与各创新主体和要素的双向互动关系上，并且通过这种双向互动及时、准确地把握创新创业活动的动态和规律，从而实现更有效和更精准的创新资源配置。

2. 完善创新创业中介服务行业法律、制度和规范

为了促进创新创业中介服务机构在区域创业体系中的规范、有效运行，应完善促进创新创业中介服务机构发展的法律规范，进而实现创新创业中介服务机构与区域其他创新创业主体的有效互动与协作，最终达到区域创业生态系统的可持续良性发展。相关的政策、规范和制度体系主要包括市场运行规范制度、税收规范制度、财政规范制度以及有效激励制度等方面。不仅仅要包含宏观的政策、制度、措施，还应有配套性、执行性的细则和措施；同时，政策、规范、制度应该具有明确、有效的层次，层次之间的逻辑合理，内容衔接；并且，需要明确每一类型、每一层次政策、规范和制度的责任主体及其职责，以及各个责任主体之间的关系。总之，现阶段应当注重从技术交易规范、知识产权保护、技术成果股权分配等方面形成一系列的制度政策，从而促进创新创业中介服务机构在创业生态系统中的规范、有效运行。

3. 注重并提升政策制定与实施的持续性和整体化

创新创业需要长期投资，同时伴随高风险和高不确定性，因此创新创业更易受到政策环境的影响。政出多门、朝令夕改、政策模糊、难以落地等严重影响投资者的投资意愿，不利于形成稳定预期。另外，政策碎片化、统筹力不够、协调性不强的问题突出，导致了整体创新创业的战略目标不清晰明确，创新创业的效能较低，创新创业的统筹协调、组织管理缺乏力度，创新创业潜能发挥不足与创新能力不强同时存在。因此，稳定的政策预期、完整的政策体系和整体政策优势对于培育创业生态系统来说至关重要，打造创业生态系统首先要完善创新创业政策体系，打造创新创业政策高地。围绕创业生态系统发展趋势，优化经济、产业和创新政策。把握创新创业主体由单一走向多元格局，由科研机构扩散至产学研各界的趋势，突出创新创业政策设计的全链条全覆盖。推进创新创业理念从技术供给到满足用户体验和个性需求成为创新创业的核心理念转型，更加注重支持和推动技术创新基础上的商业模式创新。促进创新活动从内部组织到开放协同，让低成本、便利化、全要素、开放式的创新创业模式不断发展壮大，创新创业要素在全球范围内加速流动，更加注重开放式政策设计，着力构建创新的开放发展格局。构建创新创业机制从政府为主到市场主导，发挥政府政策引导作用，重点支持专业化机构自发建立新型孵化器并提供开放共享服务的孵化模式。

4. 加强创新创业政策的精准化定位和科学化导向

位于创新价值链不同环节的创新创业主体分别具有不同的优势，承担不同的功能，创新创业政策的重要使命是引导不同的主体准确定位，充分、有效地扮演自身的角色，并引导各类资源在不同的创新创业主体间合理、均衡地配置。就目前而言，我国各地普遍面临的最大"短板"

为原始创新能力不足，创新创业长远发展的后劲缺乏；创新资源配置的不足主要体现在过度侧重于企业研发，而对于基础研究的支持力度不足。因此，在创新创业政策的制定和实施方面，应注重引导和扶持基础研发活动，鼓励大学和科研机构将发展重心聚焦于原始创新和突破性技术研发方面；同时，在财政政策方面，应大幅提高用于基础研发和原始创新的支出比例。

5. 进一步推动营商环境全面性建设与持续化改进

持续放宽市场准入，实行全国统一的市场准入负面清单制度，推进"证照分离"，压减企业开办和注销手续；按照"放管服"要求，深入推进行政管理和审批改革，减少审批环节，提升管理效率，优化服务水平，形成区域政府治理优势，激发市场创新活力；着力降低制度成本，提升政策含金量，减少创业准入的制度成本，增强创新创业主体"获得感"，进一步调动全社会创新创业热情；开展新制订政策是否制约创新审查，及时废止或修改有违创新规律、阻碍新兴产业和新兴业态发展的政策内容；加强市场主体保护，依法保护市场主体经营自主权和企业经营者人身财产安全，严禁违反法定权限、程序对市场主体和经营者个人的财产实施查封、扣押等行政强制措施；保障各类市场主体平等使用生产要素、平等享受国家支持政策；建立健全知识产权侵权惩罚性赔偿制度和维权援助等机制；推动已有经济、科技等优惠政策落地生根，在全社会形成创新创业的热潮，让"大众创业、万众创新"蔚然成风，形成政策环境吸引力。

（二）持续优化区域创新创业服务模式

1. 坚持并持续完善创新创业风险补偿机制

鼓励创新创业，需要全社会形成开放氛围，以包容的心态对待创新创业，而不能简单以财务指标作为唯一考量。

首先，应完善企业研发成本补偿机制。一是鼓励创新创业者积极申报各类科技支撑项目和国际科技合作项目，辅导有竞争力的创新者申报国家级技术创新基金项目或是省级技术创新资金计划项目。将各类项目和基金的申报要求和流程详细告知社会，并提供免费专业服务，培训创新创业者掌握申报技巧，在全社会形成一种大众知晓、大众参与的申报高潮。由于会有很高的失败率，因此容许试错、容许失败是创新创业氛围的内在要求。二是鼓励创新创业者引进国内外优秀的科技成果项目，对经认定的科技项目，按技术合同交易额给予一定比例补助。结合各地产业转型升级整体需要，以及科技创新创业空间布局与产业布局规划，分产业类型、分技术含量确定不同补贴档次，更有利于吸引国内外高水平科技项目落户，带动项目本身及周边配套项目的创新与创业。三是鼓励创新创业者与高等院校和科研机构联合开展自主创新成果转化项目。创新创业者与高校和科研机构合作，能充分利用后者雄厚的科研基础设施条件，为创新者提供更广阔空间，是创新创业氛围建设的主要环节。对经认定的项目，按技术合同交易额给予补助。建议根据产业转型升级目标和规划，为确保多主体发挥各自优势，加强联合开发创新的积极性，对补助的分配做出进一步细分。

其次，应完善企业研发融资风险补偿机制。良好的创新创业氛围，让创新创业者不仅更充分得到资金支持，而且更轻松使用资金，集中精力于创新与创业。目前，多地金融支持科技创新创业已经取得长足进步，形成了由银行、创投、保险、担保以及小贷机构组成的各种组合融资模式。政府也设立了引导基金，鼓励社会资本参与创投基金，政府既投入了资金，又起到对被投资企业的间接担保作用。然而，过分要求金融机构放松对被投资项目的要求也是不科学的。为此，本书建议政府部门在降低创新创业融资成本的同时，也给予金融机构风险补偿，有利于开放性氛围的持续存在。

2. 不断优化托底型和保障型公共服务措施

充足的资金保障和庞大的人才支撑是区域提升创业活跃度和创业生态系统实现可持续发展的根本保障和底线，政府部门应该始终保持对此的高度重视，不断优化托底型和保障型公共服务措施。

首先，应利用财税政策进行创新创业扶持。丰富各类创新创业基金，扶持创新创业活动。对众创空间等孵化机构的办公用房、用水、用能、网络等软硬件设施给予适当的税收优惠政策。为鼓励天使投资者、创业投资机构对种子期和初创期的创新创业活动开展投资，政府要统筹研究相关税收支持政策。

其次，形成开放的创新创业融资环境。不断扩大社会资本参与创投基金规模，引导创业投资更多向种子期和初创期项目延伸。不断完善新兴产业创业投资引导基金，建立支持创新创业的市场化长效运行机制。在现有两大"双创"高地基础上，建立一批"双创"示范基地，引导社会资金支持创新创业。形成并发挥科技金融方面的优势，推动发展"银行+创投+保险+担保+政府"模式。

最后，不断探索和形成有效的人才引进和激励措施。通过股权、期权、分红等激励方式，调动科研人员创业积极性。鼓励各类高等院校统筹资源，落实大学生创业指导服务机构、人员、场地、经费等，邀请成功创业者、知名企业家、天使和创业投资人、专家学者等担任兼职创业导师，提供包括创业方案、创业渠道等方面的创业辅导。继续发挥留学回国人才特别是领军人才、高端人才的创业引领带动作用，吸引高级人才创业，对高端人才和境外高端人才创办高科技企业给予一次性创业启动资金，并在配偶就业、子女入学、医疗、住房、社会保障等方面完善相关措施。

3. 支持创新创业中介服务行业协会的发展

此外，在制定法律政策的同时，要充分发挥行业协会在创新创业中介服务业建设中的作用。通过完善创新创业中介服务行业协会，有效规范竞争主体的行为，完善市场调节机制。行业协会的重点职责主要包括：制定行业标准，并发挥对行业内创新创业中介服务机构行为的监督作用；协调行业内政策研究、项目培育、服务规范、创新文化建设、信息交流、人员培训、沟通合作等日常运作管理工作；在行业内指导建立创新创业中介服务机构的信誉评价体系。

（三）大力推进创新创业基础设施建设

1. 进一步完善"双创"服务平台

良好的关系网络是创新创业氛围的重要组成部分，创业网络是创新创业氛围形成的持续动力。关系网络既有社会成员内部的私人关系网络，也有政府与社会成员间的公共关系网络。搭建并完善各类服务平台，整合平台资源形成健全的平台体系，是政府参与关系网络的主要内容。本书研究发现存在三个问题，即研发成果转化为创业实践渠道不畅通，创投机构支持创业不明显，已有创业成果的示范效应不充分。从政府角度看，进一步搭建和完善各类服务平台，能有效消除上述三类问题，塑造活跃的创新创业氛围。

2. 进一步完善成果转化平台

科技成果转化包括多种形式，最直接的是将专利技术等各类成果转化为满足市场需求的产品或服务，这也是最终目标。但需要较长时间，并且很可能需要在原有成果基础上持续改进和创新。间接渠道是将科技成果资本化，即抵押或转让给其他社会成员，以换得资金或资本。例如，苏州已经搭建起科技成果转化服务平台——科易宝交易系统，是全国首创的技术交易服务系统。此外，还可通过各类展会，推进科技成果转化。苏州还建立了知识产权交易市场，便利开展技术鉴定、评估和经纪业务。建议从两个方面继续完善成果转化平台建设：一是完善技术中介平台；二是发挥科技镇长团作用。

3. 进一步完善创投对接平台

当前，各地有创业大赛、创业训练营、对接会等渠道，鼓励社会创新创业实践者将成熟的项目通过路演方式介绍给创投机构，并获得改进建议，或者直接获得融资机会。建议建立具有行业特色的对接平台，创投机构投资收益不仅取决于被投资企业自己的努力程度，也取决于创投机构的资源使用效率。跨行业投资尽管是一种投资组合策略，但从政府角度看，引导对接平台往特色化、集群化方向发展，不失为一种高效率举措，也更有利于形成专业化社会关系网络。例如，建立生物医药对接平台，将地区范围内生物医药领域的创新创业项目，与该领域创投机构和天使投资者集聚在一起，定期开展交流、培训和路演，更有利于形成专业化创新创业氛围。

4. 建立完善产业联盟

建立产业联盟，打造引智新模式，营造创新创业的文化氛围，是为了建立优良的产业生态环境。要打造有活力的创新创业氛围，形成优良的产业生态环境，有赖于政府减少干预、破除垄断，让企业在宽松的环境中竞争和成长。在营造宽松、竞争充分的产业环境之外，政府还要加强交通、教育、医疗等公共服务配套体系建设，打造宜工作、宜生活的成熟"创新创业社区"，达到吸引人才和留住企业的目的。

创新创业文化的形成，有赖于政府部门进行引导，可以通过建立一个培训机制，也可以开办一个读书会，或设立一个咖啡馆，以非常轻松的学习交流方式让人参与进去。政府也可以通过第三方的 NGO 组织建立类似的机制，举办相应的活动。政府通过"穿针引线"，不断引入优质"活水"，营造创新创业的文化氛围，吸引人才，留住企业。

三 激活企业运营发展的"内驱力"

（一）培育具有引领效应的"航母型"企业

"航母型"企业是指在一定的城市和区域范围内具有引擎效应的创新

型企业，是所在城市与区域科技创新和产业革新的发动机。与一般的企业相比，"航母型"企业的最大特征是其带动作用强与辐射效应大。"航母型"企业通常拥有其他企业所没有的创新理念、创新技术和创新成果，是技术市场活跃的基本力量，能够辐射行业内其他企业技术进步，或在行业内占有较大份额，从而在行业发展中显现出较强的引导性和带动力。目前而言，国内有不少地区在产业发展方面的"短板"之一是缺乏重量级的"航母型"企业。随着全球新一轮科技革命和产业变革的加速演进，要实现经济提质增效和转型升级，迫切需要培育一批真正拥有核心技术、具有核心竞争力的"航母型"企业。因此，可通过转型一批传统产业领军企业、培育一批新兴产业领军企业、加大对领军企业的扶持力度来实现培育创新型领军企业的目标。

1. 转型一批传统产业领军企业

每个城市和区域都或多或少拥有一定的传统优势产业，例如纺织、电子、机械等传统制造业，它们是国内不少地区经济发展最强劲的推动力，已经形成了较大的规模，也涌现出一批领军型企业。但传统产业附加值低，核心竞争力缺乏，面临严峻的挑战。应充分利用传统产业现有产业基础和规模，遴选一批具备潜力的行业领军企业，引导其以创新引领产业转型升级，并能把改造提升传统产业与技术改进有效地结合起来，借助信息技术、人工智能和大数据等新兴技术手段推动传统产业朝智能化、高端化方向迈进，变单纯的产能扩张为内涵式发展，进一步厚植发展优势，促使传统产业领军企业转型为创新型领军企业，从而带动传统产业整体转型升级。

2. 培育一批新兴产业领军企业

各地应根据自身产业发展的长远规划，围绕新一代信息技术、生物医药、纳米技术、人工智能等重点领域，健全完善分层孵化体系，构建从科技型中小企业、高新技术企业、瞪羚企业、独角兽企业到领军型企业的成长培育机制，通过开展分类精准施策扶持，培育形成一批具有行业辐射力和影响力的领军型企业。

3. 强化一套扶持政策"组合拳"

进一步强化企业创新主体地位，优化政策环境，形成企业集聚的"磁力场"和创新型领军企业蓬勃发展策源地；加快推动有关财税优惠政策，如研发费用补贴、税收减免等措施，降低企业研发成本；加大扶持政策向创新型企业倾斜的力度，尤其是加大对经济发展具有重大影响的高科技创新项目的支持力度，集中力量发展具有比较优势的创新型产业；引导企业加大研发投入，激发企业创新动力，进一步加大对创新型企业的资金支持力度，如成立科技型专项资金，对创新型企业予以资金支持等；加大对企业建设国家重点实验室、工程（技术）研究中心、技术中心等创新载体的支持力度；建立相应的人才引进、培养与激励机制，全面激发企业创新活力。

（二）全面提升中小微企业创新能力

研究表明，中小微企业对于区域经济发展活力和创业生态系统繁荣发挥着重要作用。发展中国家的中小微企业在转型升级时，往往会遭到来自发达国家掌握全球销售终端或品牌的跨国公司的"俘获效应""纵向压榨效应"，有继续被锁定在全球价值链低端的可能。提升强化创新创业主动性、构建开放式创新模式、支持企业特色化发展，都是有效突破价值链"低端陷阱"的具体对策。

1. 强化创新创业主动性

结合企业素质条件，深入分析市场细分潜力，发现市场机会，努力创造新的市场需求，培育新的产业，使企业的产品或服务朝着"专精特新"方向发展。引导中小企业进入新材料、新能源、生物医药等战略性新兴产业，支持高成长性中小企业做强做大，成为主业突出、拥有自主核心技术、具有规模效益、带动力强的龙头企业。引导中小企业走专业化发展道路，成为大企业或龙头企业协作配套产业链中的骨干企业。鼓励中小企业适应个性化、多样化市场需求，成为一定区域和细分市场的"小巨人"企业。

2. 构建开放式创新模式

提升中小微企业的创新能力需要将企业内外资源加以整合利用，以缓解创新资源不足的瓶颈。促进中小微企业与高等院校、科研院所合作，推动"官产学研"各方有效对接，组建产学研联盟，不断提高合作层次，深化合作内容，加快形成优势互补、风险共担、利益共享的"产学研"长效合作机制，从而有效突破中小微企业创新创业基础薄弱的问题。

3. 支持企业特色化发展

对于中小微企业而言，要提高创新创业绩效实现转型升级，必须对企业经营战略进行精准定位，找准利基市场，并在企业内营造良好的创新创业氛围；同时注重技术创新的持续性和累积效应。从全球价值链的视角来看，中小微企业大多数处于价值链的低端，普遍存在着资源少、人才缺乏、技术基础薄弱、管理经验缺乏等问题。这些特点决定了中小微企业必须将有限的资源投入专业化的业务或相对较小的细分市场上，或专注于提升产品性能或技术的特性，提供具有独特性能的服务等，从而形成局部的竞争优势，并逐步走上自我驱动的发展轨道。

各地应根据本地产业发展方向，有效引导和推进"专精特新"中小微企业及产品、技术和品牌的培育和发展。通过完善制度政策供给，引导和鼓励民营中小微企业推进技术创新、市场创新和商业模式创新。实行"专精特新"中小微企业的动态调整和筛选机制，选择重点企业进行有针对性的扶持，更好地发挥中小微企业在"实施创新驱动发展核心战略"中的作用。鼓励中小微企业实施品牌战略，提高名牌产品的数量和比重，开发自主知识产权新产品，培育竞争力强、知名度高的名牌产品，保护老字号等传统品牌，加大驰（著）名商标培育扶持力度。提升产品质量，扶持优质产品，加强质量安全保障。

（三）系统增强企业持续动态发展能力

创业和企业发展是社会化和动态化的，商业模式水平的高低和成效直接取决于创业团队对于社会网络的撬动程度以及创业学习的行为，因此社会网络和创业学习的重要性日益凸显。因此，初创企业、创业团队和创业者应持续拓展和维护关系网络，积极采用线上线下各种途径和渠道寻求战略同盟、建立客户关系网络，形成持续的创业学习模式，采取激励措施构建学习型组织，不断汲取和借鉴新的创业、管理和技术知识。政府应通过制定鼓励开放合作的创新创业政策，搭建行业协会、众创空间、孵化器和创新创业训练营等中介机构平台，丰富公共培训课程资源等形式，营造有利于开放合作、持续学习的区域创新创业生态系统。

1. 大力支持企业间协作网络建设与优化

加强规划引导和政策扶持，充分发挥政府协调服务和政策激励作用，推动各种类型的企业围绕产业链开展深度协作；推动企业成立战略联盟和产业联盟；鼓励企业共建研究中心、工程中心、企业技术中心、企业重点实验室、工程实验室等研发机构；鼓励企业联合承担国家科技专项、重点研发、省科技成果转化等重大科技计划项目。完善新一代信息技术基础设施建设，重点围绕纳米技术及材料应用、生物医药及医疗器械、机器人及精密制造、新能源与节能环保、人工智能等产业，加快将云计算、大数据、物联网、人工智能、5G 技术等领域的新技术和新成果应用到具体产业和行业中，推动企业协作网络的形成和深化，助力产业集群更高效高质地可持续发展。同时，要积极推动行业协会建设，尤其是在新兴产业内组建行业协会，并大力支持行业协会开展各种活动，提升产业协作力。

2. 不断丰富和拓展创业学习的资源供给

一是要遵循创业活动企业成长规律，围绕创业团队和企业家能力提升路径构建创业者和企业家培训体系。应重点聚焦技术开发、技术转化、商业运营和资本运作等多个关键阶段，应围绕这些阶段的创新能力提升需求，形成包括战略规划、商业模式、产品创新、服务创新、市场营销、团队建设、组织文化、财务管理、资本运作等模块的创业者和企业家培训体系。二是要建立由企业高管、优秀科技型企业家、创投专家、政策专家、战略专家和各行各业创新创业研究人员组成的创业者和企业家能力提升师资库。三是要持续开发创业者和企业家能力提升课程资源，围绕行业科技前沿、企业管理、创业管理、投融资管理等形成教学资源库。四是要建立创业者和企业家俱乐部，分行业建立创业者和企业家联盟等组织，并定期举办圆桌论坛、沙龙等活动，推动形成创业者、企业家的沟通和互动机制，促进创业者和企业家之间的互相学习与能力提升。

3. 进一步拓展多层次多维度的融资渠道

资金是企业能否长期发展和蓬勃壮大的"命脉"之一，融资渠道是否畅通和便捷决定着企业能否形成持续动态发展能力的关键因素之一。由于创新型企业需要的资金投入较大，但抵押物较少，融资困难已成为创新型企业特别是中小微创新型企业发展面临的主要问题。需要进一步拓展创新型企业融资渠道，包括扩大科技型基金规模、提高科技贷款额度、降低科技贷款门槛、发展创业板与新三板市场、拓展直接融资方式等；尽快建立以政府投入为引导、企业投入为主体、金融贷款为支撑、外资和社会集资为补充的多渠道、多层次的投融资体系，为创新型企业发展提供资金保障。

附录1　企业商业模式与企业成长研究访谈提纲

请告知访谈对象：本次访谈是国家社会科学基金项目的一个专题调研。不涉及公司名称及填写者信息，答案无对错之分，您的回答仅作学术研究之用，您提供的任何信息都将予以严格保密，不会对您个人和公司造成任何影响。

如果您期望获得本课题的研究成果，请您提供以下联系方式，以便我们将本书成果反馈给您。电子邮箱/手机号：_____

访谈提纲：

1. 请您简要介绍贵企业的基本情况
- 公司成立时间与员工数
- 公司主要业务及所处行业概况
- 企业近三年的销售情况
- 企业创业发展绩效在行业内所处的水平

2. 当初是什么情况促使您创业的？当时您的基本情况（教育经历、先前的产业、管理及创业经验、创办该企业时的年龄）是怎样的？

3. 创业初期遇到的比较关键的问题是什么？或关键阶段迫切需要解决什么问题或掌握何种技能？最后是如何解决的？

4. 创业初期中其他印象深刻的事情有哪些？迫切需要解决什么问题或掌握何种技能？最后是如何解决的？

5. 贵公司产品的市场定位是什么？是怎么样的经营过程？获取收益的方式是什么？

6. 请问您是如何理解商业模式的？请简要介绍一下贵企业的商业模式。

7. 商业模式设计整体效果（新颖、速度、效率、成本等）如何？在哪些环节或流程降低了企业成本？

8. 贵企业与合作伙伴的信息共享情况如何？如何帮助利益相关者提高效率、降低成本？有没有不断改进交易机制？

9. 商业模式有没有经历过调整？调整的原因是什么？

10. 目前企业发展面临的最大挑战是什么？对政府促进创新创业发展有什么建议？

11. 贵企业（销售额、员工数、市场份额）发展速度如何？贵企业的发展与行业内领先企业发展差距如何？

12. 您还有什么内容需要补充吗？

附录 2 "新创企业成长与创业生态系统"焦点小组讨论报告

一　研究背景和目的

本焦点小组讨论是国家社会科学基金项目"基于创业生态系统的新创企业商业模式及其动态演化研究"和江苏省软科学项目"基于要素、关系和功能三维视角的区域科技服务业生态系统建设研究"的一部分。本焦点小组讨论旨在分析新创企业商业模式和成长现状，以及苏州工业园区创业生态系统的现状，探究区内政、产、学、研间的联动与深度融合，从而为新创企业和创业生态系统可持续发展提出相关政策建议。

二　研究方法

1. 参与讨论人员的确定和邀请

为全面而深入地讨论新创企业成长与创业生态系统现状与存在的问题，参与人员的范围确定为以下三类：区内企业家和创业者代表；政府部门和机构负责人；中介服务机构负责人。

焦点小组讨论参与人员具体情况

类别	单位名称	职务
企业家和创业者代表	×××	创始人
	×××	CEO
	×××	CEO
政府部门和机构负责人	×××	副主任
	×××	副处长
	×××	副局长
中介服务机构负责人	×××	创始人
	×××	总经理助理
	×××	总经理

2. 讨论大纲

讨论大纲的主题来源于前期的研究，在相关资料分析、文献研读、深度访谈的基础上，研究团队选取了苏州工业园区的新创企业、政府机构以及中介服务机构等进行了深度的访谈，对与新创企业商业模式相关的内容进行了分类、归纳和分析，按照质性研究的方法，提炼了此次焦点讨论的大纲。

具体讨论大纲如下：

（1）聚焦企业：区内初创企业数量增加快，但存活率较低，成长速度不够快；区内初创企业往往不能动态适应市场的快速调整，把握战略方向和机遇的能力不足；区内缺乏龙头型企业，未能形成自然行业集群；区域产业政策偏重新技术，对商业模式重视不够，因此区域内技术型企业较多，平台型企业较少；政府背景和民营风投对民营创业都关注比较少，特别是政府背景风投选择项目主要关注获得政府奖励的项目，民营企业融资比较困难；政府背景的风投对公司的经营管理限制和干涉比较多，不利于企业的发展。

（2）聚焦创业生态系统：创业咖啡馆等创业者社交场所提供的活动能够促进创新创业，但本区域数量少，服务功能也需要进一步加强；区内交流活动数量少，多样化程度低，主要原因是民间创新创业非营利组织少、自发活动少，园区缺乏鼓励民间非营利组织创新创业相关的政策；政府和学校是区内孵化器和投资的主力，但投资和管理主体较单一，民间力量弱，服务内容多样性程度较低；公共实验室等服务平台利用效率不高，没有发挥出资源共享的效应；大学和企业就合作项目的价值和产出物差别很大，产学研合作市场机制失灵；园区产业生态不完善，没有形成上下游产业链布局和对接的环境，因此科技转化率受限制。

3. 讨论实施

本次焦点小组讨论的实施主要由两个环节组成：首先是针对讨论大纲列举的问题展开讨论，并对各个问题进行判断和选择；然后针对认同度较高的几个问题，聚焦讨论它们的各种可能的解决方案。具体讨论程序如下：

（1）介绍研究背景和目的；

（2）参与者自我介绍；

（3）针对讨论大纲列举的问题进行讨论；

（4）对讨论大纲列举的问题按照"非常同意、同意、也许、不同意、非常不同意"五类标准进行判断和选择；

（5）聚焦讨论认同度较高的问题的解决方案；

（6）讨论总结。

4. 资料分析方法

（1）确定参与者对讨论大纲列举问题认同度的排序，对"非常同意、同意、也许、不同意、非常不同意"进行如下的赋分：5分、4分、3分、2分和1分；对每一个问题的得分进行累加统计；按照总分从高到低排序。

（2）按照质性研究的分析方法，对问题讨论和解决方案讨论进行分类、归纳和分析。

三 讨论结果与分析

序号	问题	观点	小结
1	区内初创企业数量增加快，但存活率较低，成长速度不够快，占经济总量的比重小	A：对于医疗行业的企业来说，国内医疗器械行业的市场存在结构性的缺陷，需要政府的引导和帮助。以通过加强和优化政府采购的形式改善这个问题。例如浙江省的政府采购，通过给本地产品加分的方式，完善政府采购扶持本地产品的政策 B：有关政府采购的政策，我们可以建议江苏省和苏州市通过发文等形式，以法律的手段来实施 C：政府采购原则是有利于中小企业成长的，但真正实施的时候，在执行层面会有很多问题，做不到公平化 D：很多科技型企业的成长速度低于我们的预期，其实与本地的产业结构有关。苏州工业园区本地的基础是制造业，制造业有自身的规律、自身独特的风险和时间成本，因此需要一定时间的政府扶持，目前不应该拼政策，政策红利的时代已经过去了，现在的核心是拼氛围，树口碑。第一要去中心化，要营造更加开放互助合作的文化，鼓励机构之间的相互合作。第二是政府的支持要有延续性，新兴技术门槛高，成长需要一定的周期，因此政府的支持要有长期性和延续性。第三是政府的补贴不要大而全，要有针对性 E：建议对企业的发展分析要分行业，因为各个行业有自己的特点	1. 新兴技术门槛高，成长需要一定的周期，因此政府的支持要长期和延续性 2. 建议对企业的发展分析要分行业，因为各个行业有自己的特点。例如，国内医疗器械行业的市场存在结构性的缺陷，需要政府的引导和帮助 3. 政府采购是一个扶持企业发展的有效措施，但需要在执行层面加强监督和设计 4. 政府补贴不要大而全，要在客观分析的基础上有针对性

续表

序号	问题	观点	小结
2	区内初创企业往往不能动态适应市场的快速调整,把握战略方向和机遇的能力不足	A:苏州工业园区内已经存在很多企业,有一小部分已经做得很好,但大部分还在初创期,还需要突破 B:我们是工业互联网平台公司,目前存在的比较大的问题是产品矩阵不够完善,技术革新能力不足,金融资源相对匮乏,人力资源不足,让我们错失了很多机会 C:在培训领域,政府应该转变职能:从直接资助培训转变成构建良好的服务和活动环境 D:对于生态圈来说,重要合作伙伴数量少,客户关系不够深入,这样很难形成合作共赢的效果	1. 作为一个生态系统来说,还是各种企业都需要的,以形成优势互补 2. 生物园的租金很高,阻挡了一部分创业者,目前也有很多空闲着,建议降低租金 3. 经过多年的发展,加以一定的引导,园区的企业即将迎来一个爆发的阶段,形成一些明星企业和标杆企业。现有一些政策,需要有效地加以利用
3	区内缺乏龙头型企业,未能形成自然行业集群	A:你怎么看待你的下属以后单独出去创业?我可以接受,是推动区域创新的一种方式,这种创业者有一定经验,不需要培训,成功率高。但目前园区尚缺少龙头企业,不存在这种现象 B:企业这方面,我觉得经过多年的发展,加以一定的引导,园区的企业即将迎来一个爆发的阶段,形成一些明星企业和标杆企业。我们也有一些相应的政策,例如小巨人计划,要有效利用	
4	区域产业政策偏重新技术,对商业模式重视不够。因此区域内技术型企业较多,平台型企业少	A:我觉得科学家是技术出身,那么还是专注自己的本职比较好。市场和销售应该交给专业人士去做 B:我一直认为技术不等于产品,产品不等于市场,市场不等于利润。商业模式是十分重要的 C:创新有两种创新,除了技术创新,还有商业模式的创新 D:在创新方面,目前我实践了两种创新模式,一种是迭代创新,另一种是协同创新。我将自己公司的产品与别家公司的产品整合,就形成一种新功能的产品,效果不错 E:对于我们国际科技园来说,最开始很看重技术门槛,目前也在调整,也越来越重视商业模式。也开始注重创业社区、创业生态的营造	创新有两种创新,除了技术创新,还有商业模式的创新。应在技术创新的同时注重商业模式创新

续表

序号	问题	观点	小结
5	政府背景和民营风投对民营创业都关注比较少，特别是政府背景风投选择项目主要关注获得政府奖励的项目，民营企业融资比较困难	A：赞同，需要制定一些普惠的政策 B：据我所知，园区目前大概有 10 个民营风投关注种子期和早期阶段，但是都相对比较低调。其实很多风投不投教授、海外留学人员这些"高大上"的人员。另外园区有很多本土的风投，是非常愿意投本地的企业的 C：政府目前对民营企业的关注正在改善，但还是不够，需要帮助民营企业在市场、行业的上下游链接，创新生态等方面提供帮助，例如中介服务，中小企业都很需要，但双方无从对接 D：中小企业本身是希望被政府关注，但是政府关注带来的复杂程序和流程，又使得中小企业不愿意被政府关注	1. 有一些关注民间的创投，但还需进一步发展 2. 政府目前对民营企业的关注正在改善，但还是不够，需要帮助民营企业在市场、行业的上下游链接，创新生态等方面提供帮助；另外相关程序和手续需要简化
6	政府背景的风投对公司的经营管理限制和干涉比较多，不利于企业的发展	A：不赞同 B：在风投方面，我觉得政府可以有两种方法：一种是成为别的风投的 LP，目前的母基金是类似的功能，但是做得不够彻底；另一种是直接投资，但是要放弃盈利的立场。在评估专家方面，应该增加民营企业家的比例，同时要设计好评估流程，要综合考虑"高大上"和民营的情况	1. 在风投方面，政府可以有两种方法：一种是成为别的风投的 LP，此法目前已采用，但不够彻底；另一种是直接投资，但是要放弃盈利的立场 2. 在评估专家方面，要多样化
7	创业咖啡馆等创业者社交场所提供的活动能够促进创新创业，但本区域数量少，服务功能也需要进一步加强	A：赞同。目前正在逐步发展中 B：赞同。创业咖啡馆需要进一步发展 C：苏州工业园区有十几家创业咖啡馆，目前的问题是硬件提供没有问题，有问题的是软件，例如师资等各种资源。而这种资源是需要时间积累的 D：北京 1898 咖啡馆的众筹模式很值得参考	创业咖啡馆能够促进创新创业，本地区的创业咖啡馆正在逐步发展中，但师资等软性条件存在困难，众筹模式是一种解决方案

续表

序号	问题	观点	小结
8	区内交流活动数量少，多样化程度低，主要原因是民间创新创业非营利组织少、自发活动少，园区缺乏鼓励与创新创业相关的民间非营利组织的政策	A：我联合四家企业一起成立了独墅联盟，目前参与单位已经有20多家。独墅联盟的目的在于发掘同一行业内企业的共同需求，互相宣传，共同寻找代理商、销售商渠道，一起整合上下游产业链。目前已经正式注册，影响力正在逐步形成 B：我们从2014年开始，成立了生物医药联盟，主要通过举办研讨会和培训班的形式。之所以成立这个联盟，是因为我们在日常工作中发现产品的好坏、效果与用户的使用水平有关。因此我们定期邀请能够解决实际问题的专家，帮助用户解决实际问题。另外，我觉得做公益活动，主持人和发起者一定要有公益心，而且参与者之间必须是互利的 C：我曾经发起成立生物光电联盟，但是因为真正能够贡献、做工作的人少，慢慢地就没办法坚持下去了 D：深圳地区的创业与苏州工业园区不同，深圳的创业以企业为主导，例如新材料在线就挖掘整合市场需求、落地需求和投融资需求，定期形成各种会议和交流活动。苏州这边，民间的力量不够强大，民间的创业大赛不多 E：我觉得目前需要通过扶持各种科技服务机构来共同提高创新创业生态的氛围，仅仅依靠政府的力量是不够的。应该支持各类孵化器等社会化机构	1. 苏州地区的民间创新创业公益活动较少 2. 发展民间公益活动，在形式和模式上需要特别关注，需要让参与的人能看到益处，并且要形成互惠互利的氛围，尽量避免"搭便车" 3. 政府应对社会机构组织创新创业相关的公益活动给予资助
9	政府和学校是区内孵化器和投资的主力，但投资和管理主体较单一，民间力量弱，服务内容多样性程度较低	A：联想之星的培训已经形成自己的特色，做得很好 B：现在创业很流行拼图的方式。孵化器的服务内容在不断多样化，组合拼图的方式是一个潮流 C：我们创业长廊主要通过以下几种方式来推动孵化器的发展： 第一是把一些创业要素放在一起；第二是搭建高效的平台；第三是注重孵化器之间的合作，形成内部互动，并且强强联合吸引外部的资源。孵化器的发展需要注重以下几个方面：内部打通，内部联动；内外联动，利用外部的资源；外部联动，将外部的资源联系起来，变成自己的资源，外部包，联动 D：我觉得目前需要通过扶持各种科技服务机构来共同提高创新创业生态的氛围，仅仅依靠政府的力量是不够的。应该支持各类孵化器等社会化机构	1. 孵化器要经过挖掘和实践形成自己的特色服务 2. 孵化器之间要开放，加强合作和互动 3. 政府要加强对民间孵化器的支持力度

附录 2 "新创企业成长与创业生态系统"焦点小组讨论报告 | 239

续表

序号	问题	观点	小结
10	园区民间非营利组织数目很少，很少活动，应该促进其发展从而使它们能够在区域创新创业过程中发挥更大作用	A：政府应该去掉对 NGO 日常运行的种种限制 B：政府应该为中介组织提供信息渠道 C：在场地、宣传、资金等方面政府可以提供一些帮助；在运行方面需要去行政化 D：NGO 之间相互帮助，形成联盟也是发展的一种方式	1. 政府应该为 NGO 提供场地、宣传、资金以及信息渠道方面提供帮助；而在日常运行中去行政化 2. NGO 之间可以形成联盟
11	公共实验室等服务平台利用效率不高，没有发挥出资源共享的效应	A：政府或学校直接投资和拥有所有权是目前公共平台利用效率低的根本原因 B：建议对园区目前的公共平台进行调研、梳理和整合，采取外包的方式经营 C：从建设之初，就要有企业的实质性参与，这样才能保证每一个平台都有实际用途	1. 在建设公共服务平台时，不应该只有政府或大学的投资，应有企业的参与 2. 建议对园区目前的公共平台进行调研、梳理和整合，采取外包的方式经营
12	大学和企业就合作项目的价值和产出误差别很大，产学研合作市场机制失灵	A：目前我们公司主要和北大、西交大有合作。由于理念的差异，跟学校合作过程中有很多磨合。但经过磨合，还是基本达成预期的目标。与园区内的学校没有合作，一个原因是双方的需求供给对接不畅。我觉得企业家应该去学校当讲座教授和兼职教授 B：学校和企业之间合作，应该利用信息化时代的优势，建立平台和机制，发布和共享消息	1. 大学与企业之间信息、理念、知识水平存在差距，需要有中间桥梁 2. 学校和企业之间合作，应该利用信息化时代的优势，建立平台和机制，发布和共享消息 3. 鼓励企业家去高校兼任兼职教授或讲座教授
13	园区产业生态不完善，没有形成上下游产业链布局和对接的环境，因此科技转化率受限制	—	—

附录3 创业生态系统与新创企业商业模式研究调查问卷

尊敬的女士/先生：

您好！首先感谢您在百忙之中抽出时间完成这份问卷。

本调查问卷是国家社会科学基金项目的一个专题调研。本问卷不涉及公司名称及填写者信息，答案无对错之分，您的回答仅作学术研究之用，您提供的任何信息都将予以严格保密，不会对您个人和公司造成任何影响。

如果您愿意为我们提供访谈机会，或者期望获得本课题的研究成果，请您能提供以下联系方式，以便我们将本书成果反馈给您。电子邮箱/手机号：_____

提示：您在选择时，请在认同的"□"或数字处打"√"

第一部分：背景信息

1. 请问您是 □创业者 □高层管理者 □中层管理者 □普通员工 □其他（请注明）_____

2. 请问您的性别 □男 □女

3. 请问您是否曾经创业 □是 □否

4. 请问您的教育经历 □博士 □硕士 □本科 □大专及以下

5. 请问您的企管经历 □1年以下 □1—3年（含） □3—5年（含） □5年及以上

6. 请问您的行业经历 □1年以下 □1—5年（含） □5—10年（含） □10年及以上

7. 贵公司主营业务所属的行业类型 □传统行业 □高新技术行业

8. 贵公司成立年限 □1年以下 □1—3年（含） □3—5年（含） □5—8年 □8年及以上

9. 贵公司现有规模 □50人以下 □50—100人 □100—200人

□200—500 人　　□500 人及以上

第二部分：创业生态系统问卷

根据您所在地创业生态系统的实际符合程度打分	非常不符合	较不符合	不确定	比较符合	非常符合
1. 政府对新成立公司提供创业融资渠道	1	2	3	4	5
2. 政府政策整合创业教育	1	2	3	4	5
3. 有充足的创业资本提供给新成立和成长型公司	1	2	3	4	5
4. 当地媒体对成功创业事迹广为宣传	1	2	3	4	5
5. 新技术、新科学和其他知识迅速从高校、公共研究机构向新成立和成长型公司转移	1	2	3	4	5
6. 所在区域产业联盟内企业联系密切	1	2	3	4	5
7. 新创企业能够找到服务中介机构	1	2	3	4	5
8. 所在区域产学研究合作普遍	1	2	3	4	5
9. 社会环境鼓励人们去创业	1	2	3	4	5
10. 有多种融资渠道解决新成立和成长型公司的资金问题	1	2	3	4	5
11. 税务不构成新成立的和成长型公司的负担	1	2	3	4	5
12. 我的很多朋友都在创业	1	2	3	4	5
13. 新创企业可以获得高质量的中介服务（咨询、法律、会计等）	1	2	3	4	5
14. 所在区域有充足的资质高的中介机构为新创企业提供帮助	1	2	3	4	5
15. 地方政府在制定政策时，优先考虑扶持新成立的和成长型公司	1	2	3	4	5
16. 新创企业能够从周围大学、科研机构聘请到所需数量的专业人才	1	2	3	4	5
17. 教育鼓励创造性、自立和个人原创	1	2	3	4	5
18. 地方政府为创业提供了足够的支持	1	2	3	4	5
19. 新创企业获得中介服务成本合理	1	2	3	4	5
20. 新创企业获得专业人才的成本较合理	1	2	3	4	5
21. 新创企业经常接受创业文化教育与培训	1	2	3	4	5
22. 所在区域存在各种形式的创业社交组织	1	2	3	4	5
23. 当新创企业遇到问题时，孵化器能够为其提供有针对性的服务	1	2	3	4	5

续表

根据您所在地创业生态系统的实际符合程度打分	非常不符合	较不符合	不确定	比较符合	非常符合
24. 基础设施（道路、设施、通信、互联网、污染处理）为新成立和成长型公司提供良好的支持	1	2	3	4	5
25. 所在区域经常举办各种形式的创业活动	1	2	3	4	5

第三部分：新创企业商业模式评价量表

根据企业实际情况符合程度进行评分	非常不符合	较不符合	不确定	比较符合	非常符合
1. 能够准确地进行市场细分和目标顾客的锁定	1	2	3	4	5
2. 产品生产流程中各环节及资源的协调管理水平	1	2	3	4	5
3. 产品成本水平行业的领先程度	1	2	3	4	5
4. 以客户需求为导向	1	2	3	4	5
5. 生产过程中的要素组合使用效率高	1	2	3	4	5
6. 产品成本结构的合理性	1	2	3	4	5
7. 企业产品或服务的创新程度及技术的先进性	1	2	3	4	5
8. 供应链运营的经济价值创造能力	1	2	3	4	5
9. 能够吸引客户	1	2	3	4	5
10. 最有价值的、能够保持企业竞争优势的资源与竞争者资源的差异化程度	1	2	3	4	5
11. 供应链运营的经济价值创造能力	1	2	3	4	5
12. 获得规模增长的盈利模式是创新性的	1	2	3	4	5
13. 积极思考企业在价值链上的定位	1	2	3	4	5
14. 生产系统对用户需求变化和市场竞争的响应速度	1	2	3	4	5
15. 主营业务利润为公司主要利润来源	1	2	3	4	5

第四部分：创业学习评价量表

请根据企业实际情况符合程度进行评分	非常不符合	较不符合	不确定	比较符合	非常符合
1. 企业提炼解决产品或市场问题的方法	1	2	3	4	5
2. 企业搜寻易实施且能保障企业运营的方法和信息	1	2	3	4	5

续表

请根据企业实际情况符合程度进行评分	非常不符合	较不符合	不确定	比较符合	非常符合
3. 企业寻求具有试验性和高风险性特征的信息和知识	1	2	3	4	5
4. 企业收集还没有被识别的产品或市场信息	1	2	3	4	5
5. 企业搜索已被实践证明有效的产品或市场的解决方案	1	2	3	4	5
6. 企业收集客户和竞争对手的相关信息，以帮助企业学习和更新经验	1	2	3	4	5
7. 企业积极学习有关新市场和新技术的信息和知识	1	2	3	4	5
8. 企业搜寻超越目前市场和技术经验以外的信息和知识	1	2	3	4	5
9. 企业注意利用与现有经验有关的知识	1	2	3	4	5
10. 企业探索对行业而言全新的产品或市场信息和知识	1	2	3	4	5

问卷到此结束，再次感谢您的参与和帮助！

主要参考文献

一 中文参考文献

［美］埃里克·莱斯：《精益创业：新创企业的成长思维》，吴彤译，中信出版社 2012 年版。

安宁、王宏起：《创业者先前经验、学习模式与新技术企业绩效——基于初始条件视角的实证研究》，《商业经济与管理》2011 年第 9 期。

安欣欣：《不确定性环境下的商业模式动态调整》，《未来与发展》2017 年第 4 期。

［美］巴伦、伯恩：《社会心理学（第十版）》，杨中芳译，华东师范大学出版社 2004 年版。

白峰：《基于生命周期理论视角的创业生态系统研究》，《现代管理科学》2015 年第 12 期。

蔡莉等：《创业学习研究回顾与整合框架构建》，《外国经济与管理》2012 年第 5 期。

蔡莉、单标安、周立媛：《新创企业市场导向对绩效的影响——资源整合的中介作用》，《中国工业经济》2010 年第 11 期。

蔡莉等：《创业生态系统研究回顾与展望》，《吉林大学社会科学学报》2016 年第 1 期。

蔡莉等：《创业学习、创业能力与新企业绩效的关系研究》，《科学学研究》2014 年第 8 期。

蔡义茹等：《创业生态系统的特性及评价指标体系——以 2006—2015 年中关村发展为例》，《中国科技论坛》2018 年第 6 期。

曹钰华、王书蓓：《从"能动性"到"使能性"：创业网络双重嵌入对科技创业能力的作用机制研究》，《科技管理研究》2022 年第 3 期。

［美］查尔斯·C. 拉金：《重新设计社会科学研究》，杜运周等译，机械工业出版社 2019 年版。

常璨心：《双元创业学习对新创企业绩效的影响研究——商业模式创新的中介作用》，硕士学位论文，吉林大学，2021年。

陈国权：《学习型组织的过程模型、本质特征和设计原则》，《中国管理科学》2002年第4期。

陈娟、邢建国：《基于新企业成长的商业模式与创业机会匹配——多案例纵向研究》，《科技进步与对策》2018年第21期。

陈敏灵、王孝孝、毛蕊欣：《创业生态系统的模型构建及运行机制研究》，《生态经济》2019年第9期。

陈熹、云乐鑫、杨俊：《基于商业模式调整的创业企业成长机制研究》，《现代管理科学》2016年第9期。

程建青等：《何种创业生态系统产生女性高创业活跃度？》，《科学学研究》2021年第4期。

池毛毛等：《我国中小制造企业如何提升新产品开发绩效——基于数字化赋能的视角》，《南开管理评论》2020年第3期。

杜运周、贾良定：《组态视角与定性比较分析（QCA）：管理学研究的一条新道路》，《管理世界》2017年第6期。

杜运周等：《复杂动态视角下的组态理论与QCA方法：研究进展与未来方向》，《管理世界》2021年第3期。

杜运周、刘秋辰、程建青：《什么样的营商环境生态产生城市高创业活跃度？——基于制度组态的分析》，《管理世界》2020年第9期。

郭海、沈睿：《如何将创业机会转化为企业绩效——商业模式创新的中介作用及市场环境的调节作用》，《经济理论与经济管理》2014年第3期。

郭毅夫：《商业模式创新与企业竞争优势：内在机理及实证研究》，博士学位论文，东华大学，2009年。

韩炜等：《商业模式创新如何塑造商业生态系统属性差异？——基于两家新创企业的跨案例纵向研究与理论模型构建》，《管理世界》2021年第1期。

［美］赫伯特·A.西蒙：《管理行为》，詹正茂译，机械工业出版社2013年版。

侯杰泰、温忠麟、成子娟：《结构方程模型及其应用》，教育科学出版社2004年版。

胡保亮:《商业模式、创新双元性与企业绩效的关系研究》,《科研管理》2015 年第 11 期。

黄芳铭:《结构方程模式:理论与应用》,中国税务出版社 2005 年版。

纪雪洪、张思敏、赵红:《创业企业商业模式调整机制研究:直接动因、调整过程与主要模式》,《南开管理评论》2019 年第 5 期。

姜佳莹、蒋兵、程钧谟:《新创企业商业模式成熟度评价研究》,《统计与管理》2021 年第 5 期。

金语、张国庆:《返乡创业生态系统评价指标体系构建与实证研究》,《资源开发与市场》2021 年第 1 期。

阚丽雯:《创业资源拼凑对新创企业绩效的影响研究》,硕士学位论文,江南大学,2020 年。

[法] 克劳德·列维-斯特劳斯:《野性思维》,华先发导读、注释,上海译文出版社 2020 年版。

[英] 拉德克利夫—布朗:《安达曼岛人》,梁粤译,梁永佳校,广西师范大学出版社 2005 年版。

李晶:《区域创业环境的形成与作用机理研究》,苏州大学出版社 2019 年版。

李静薇:《新进入缺陷理论:新企业成长研究》,《企业管理》2012 年第 1 期。

李丽莉、俞剑、张忠根:《中国农村人力资本投资:政策回顾与展望——基于中央"一号文件"的内容分析》,《浙江大学学报》(人文社会科学版) 2021 年第 1 期。

李芊、李海芹、郭建伟:《区块链政策文本量化分析——基于政策工具与政策目标视角》,《财会月刊》2021 年第 2 期。

李雪灵等:《创业拼凑还是效果逻辑?理论适用条件与未来展望》,《外国经济与管理》2020 年第 1 期。

李业:《企业生命周期的修正模型及思考》,《南方经济》2000 年第 2 期。

李怡欣、赵文红、张文伟:《初创企业创业学习对绩效的影响:创业决策逻辑的调节作用》,《科学学与科学技术管理》2019 年第 10 期。

李永发、罗媞:《初创企业未获取价值与商业模式创新》,《科技进步与对策》2019 年第 11 期。

李正卫、刘济浔、潘家栋：《创业生态系统中的政府治理：新创企业成长视角》，《科研管理》2019 年第 12 期。

梁嘉骅等：《企业生态与企业发展——企业竞争对策》，科学出版社 2005 年版。

林琳、陈万明：《创业导向、双元创业学习与新创企业绩效关系研究》，《经济问题探索》2016 年第 2 期。

［美］林南：《社会资本：关于社会结构与行动的理论》，张磊译，世纪出版集团、上海人民出版社 2005 年版。

林嵩：《创业生态系统：概念发展与运行机制》，《中央财经大学学报》2011 年第 4 期。

刘慧坡、李季鹏：《基于零售业企业生命周期的财务战略研究——以国美电器为例》，《北京财贸职业学院学报》2018 年第 3 期。

刘井建：《创业学习、动态能力与新创企业绩效的关系研究——环境动态性的调节》，《科学学研究》2011 年第 5 期。

刘新民、孙向彦、吴士健：《政府规制下众创空间创业生态系统发展的演化博弈分析》，《商业经济与管理》2019 年第 4 期。

刘旭、柳卸林、韩燕妮：《海尔的组织创新：无边界企业行动》，《科学学与科学技术管理》2015 年第 6 期。

陆园园、薛镭：《基于复杂适应系统理论的企业创新网络研究》，《中国科技论坛》2007 年第 12 期。

吕佳、林樾、马鸿佳：《创业生态系统演化及其多主体知识治理结构协同研究》，《情报科学》2021 年第 10 期。

罗小鹏、刘莉：《互联网企业发展过程中商业模式的演变——基于腾讯的案例研究》，《经济管理》2012 年第 2 期。

罗兴武等：《商业模式创新如何影响新创企业绩效？——合法性及政策导向的作用》，《科学学研究》2017 年第 7 期。

罗兴武等：《商业模式创新双重属性如何作用创业企业成长：裸心的案例研究》，《管理评论》2019 年第 7 期。

马斌荣主编：《医学科研中的统计方法（第三版）》，科学出版社 2005 年版。

马鸿佳、肖彬、王春蕾：《大数据能力影响因素及效用：基于元分析的研究》，《南开管理评论》2023 年第 2 期。

马庆国：《管理统计：数据获取、统计原理、SPSS 工具与应用研究》，科学出版社 2002 年版。

庞长伟、李垣、段光：《整合能力与企业绩效：商业模式创新的中介作用》，《管理科学》2015 年第 5 期。

乔晗等：《银行外部环境、商业模式与绩效间关系研究——基于国内 16 家上市商业银行的数据》，《管理评论》2017 年第 6 期。

［美］琼·玛格丽塔、南·斯通：《管理是什么》，慈玉鹏译，机械工业出版社 2020 年版。

曲延军：《创业企业战略选择及成长模式研究》，硕士学位论文，清华大学，2005 年。

任声策、胡迟：《独角兽企业培育绩效的创业生态系统建设路径——基于模糊集定性比较分析的观点》，《技术经济》2019 年第 7 期。

荣泰生：《企业研究方法》，中国税务出版社 2005 年版。

沙德春、孙佳星：《创业生态系统 40 年：主体—环境要素演进视角》，《科学学研究》2020 年第 4 期。

尚玉昌编著：《普通生态学》，北京大学出版社 2002 年版。

申佳、李雪灵、马文杰：《不同成长阶段下新企业关系强度与绩效研究》，《科研管理》2013 年第 8 期。

沈漪文、卢智健：《创业生态系统概念辨析》，《商业经济》2013 年第 16 期。

苏芳、毛基业、谢卫红：《资源贫乏企业应对环境剧变的拼凑过程研究》，《管理世界》2016 年第 8 期。

苏秦、王灿友、杨毅：《商业模式视角下 3D 打印企业成长过程研究》，《中国科技论坛》2016 年第 8 期。

孙锐、周飞：《企业社会联系、资源拼凑与商业模式创新的关系研究》，《管理学报》2017 年第 12 期。

谭智佳、魏炜、朱武祥：《商业生态系统的构建与价值创造——小米智能硬件生态链案例分析》，《管理评论》2019 年第 7 期。

滕堂伟：《创业生态系统研究的知识基础与前沿重点》，《管理世界》2017 年第 9 期。

王勃：《创业学习对新创企业绩效的作用机制研究》，博士学位论文，吉林大学，2019 年。

王海花、熊丽君、李玉：《众创空间创业环境对新创企业绩效的影响》，《科学学研究》2020 年第 4 期。

王素娟、王建智：《商业模式匹配跨界搜索战略对创新绩效的影响》，《科研管理》2016 年第 9 期。

王翔：《商业模式对技术创新和获利间关系的调节效应研究》，《管理学报》2014 年第 4 期。

王翔、李东、张晓玲：《商业模式是企业间绩效差异的驱动因素吗？——基于中国有色金属上市公司的 ANOVA 分析》，《南京社会科学》2010 年第 5 期。

王雪冬、田明昊、匡海波：《初创企业商业模式预评价指标体系构建研究》，《科研管理》2018 年第 9 期。

王迎军、韩炜：《新创企业成长过程中商业模式的构建研究》，《科学学与科学技术管理》2011 年第 9 期。

王重鸣：《心理学研究方法》，人民教育出版社 2001 年版。

魏江、刘洋、应瑛：《商业模式内涵与研究框架建构》，《科研管理》2012 年第 5 期。

魏炜、朱武祥、林桂平：《基于利益相关者交易结构的商业模式理论》，《管理世界》2012 年第 12 期。

文亮：《商业模式与创业绩效及其影响因素关系研究》，博士学位论文，中南大学，2011 年。

邬爱其：《集群企业网络化成长机制研究——对浙江三个产业集群的实证研究》，博士学位论文，浙江大学，2004 年。

吴金希：《创新生态体系的内涵、特征及其政策含义》，《科学学研究》2014 年第 1 期。

吴隽等：《新颖型商业模式创新与企业绩效：效果推理与因果推理的调节作用》，《科学学与科学技术管理》2016 年第 4 期。

吴伟、陈仲常、黄玮：《国家创业生态系统要素与创业活动关系研究》，《科技进步与对策》2016 年第 18 期。

吴晓波、赵子溢：《商业模式创新的前因问题：研究综述与展望》，《外国经济与管理》2017 年第 1 期。

项国鹏、宁鹏、罗兴武：《创业生态系统研究述评及动态模型构建》，《科学学与科学技术管理》2016 年第 2 期。

项国鹏、曾传圣：《国外创业生态系统研究最新进展及未来展望》，《科技进步与对策》2020 年第 14 期。

谢宝峰、刘金林：《乡村创业生态系统适宜度评价研究》，《改革与战略》2020 年第 3 期。

谢洪明、韩子天：《组织学习与绩效的关系：创新是中介变量吗？——珠三角地区企业的实证研究及其启示》，《科研管理》2005 年第 5 期。

谢雅萍，黄美娇：《社会网络、创业学习与创业能力——基于小微企业创业者的实证研究》，《科学学研究》2014 年第 3 期。

徐碧祥：《员工信任对其知识整合与共享意愿的作用机制研究》，博士学位论文，浙江大学，2007 年。

许芳、李建华：《企业生态位原理及模型研究》，《中国软科学》2005 年第 5 期。

闫华飞、孙元媛：《双元创业学习、创业拼凑与新企业成长绩效的关系研究》，《管理学刊》2019 年第 3 期。

杨隽萍、李瑾：《基于 GEM 模型的创业生态系统现状分析——以浙江省为例》，《浙江理工大学学报》（社会科学版）2021 年第 6 期。

杨隽萍、于青青、肖苏卿：《创业生态系统研究述评——基于系统学理论视角》，《浙江理工大学学报》（社会科学版）2018 年第 4 期。

杨俊、薛鸿博、牛梦茜：《基于双重属性的商业模式构念化与研究框架建议》，《外国经济与管理》2018 年第 4 期。

杨俊、张玉利：《社会资本、创业机会与创业初期绩效理论模型的构建与相关研究命题的提出》，《外国经济与管理》2008 年第 10 期。

姚梅芳、黄金睿、张旭阳：《基于关键创业要素的生存型创业绩效评价研究》，《管理现代化》2008 年第 4 期。

易加斌、柳振龙、杨小平：《数字经济能力驱动商业模式创新的机理研究》，《会计之友》2021 年第 8 期。

于晓宇：《基于知识默会性的先天学习对新创企业绩效的影响机理》，《情报科学》2011 年第 11 期。

张红、葛宝山：《创业学习、机会识别与商业模式——基于珠海众能的纵向案例研究》，《科学学与科学技术管理》2016 年第 6 期。

张洁、安立仁、张宸璐：《开放式创新视角下双元与绩效关系研究脉络与未来展望》,《外国经济与管理》2015年第7期。

张敬伟、王迎军：《双重视角下的竞争优势：内涵、代表性研究与基本分析单位》,《管理评论》2012年第2期。

张玲斌、董正英：《创业生态系统内的种间协同效应研究》,《生态经济》2014年第5期。

张璐等：《资源基础理论：发展脉络、知识框架与展望》,《南开管理评论》2023年第4期。

张敏：《双元创业学习对国际创业企业可持续竞争优势的影响研究》,硕士学位论文,吉林大学,2021年。

张新香、胡立君：《商业模式动态演化机制：基于互联网业的多案例内容分析》,《科研管理》2018年第3期。

张秀娥、徐雪娇：《创业生态系统研究前沿探析与未来展望》,《当代经济管理》2017年第12期。

张秀娥、赵敏慧：《创业学习、创业能力与创业成功间关系研究回顾与展望》,《经济管理》2017年第6期。

张玉利、白峰：《基于耗散理论的众创空间演进与优化研究》,《科学学与科学技术管理》2017年第1期。

张郑熠等：《商业模式设计对新创企业绩效的影响机制研究》,《西安电子科技大学学报》（社会科学版）2015年第6期。

赵文红、孙万清：《创业者先前知识对创业绩效的影响——基于创业学习的调节作用》,《软科学》2015年第3期。

赵晓：《企业成长理论与中国工业发展》,《首都经济贸易大学学报》1999年第5期。

周方涛：《基于AHP-DEA方法的区域科技创业人才生态系统评价研究》,《管理工程学报》2013年第1期。

周明、杜佳仕：《我国采矿业上市公司环境信息披露对财务绩效的影响研究》,《东华理工大学学报》（社会科学版）2021年第6期。

朱秀梅、孔祥茜、鲍明旭：《学习导向与新企业竞争优势：双元创业学习的中介作用研究》,《研究与发展管理》2014年第2期。

朱兆珍、毛宪钧、张家婷：《商业模式评价指标体系及指数构建——基于财务管理视角》,《东南大学学报》（哲学社会科学版）2018年第2期。

祝振铎、李非:《创业拼凑、关系信任与新企业绩效实证研究》,《科研管理》2017年第7期。

二 英文参考文献

Abootorabi, H. et al., "A Holistic Approach to the Evolution of an Entrepreneurial Ecosystem: An Exploratory Study of Academic Spin-offs", *Journal of Business Venturing*, Vol. 36, No. 5, 2021, pp. 106-143.

Adizes, I., *Corporates Life Cycles: How and Why Corporations Grow and Die and What to Do about It*, NJ: Prentice Hall, 1989.

Aldrich, H. E., Fiol, C. M., "Fools Rush in the Institutional Context of Industry Creation", *The Academy of Management Review*, Vol. 19, No. 4, 1994, pp. 645-670.

Amezcua, A. S., Grimes, M. G., Bradley, S. W. et al., "Organizational Sponsorship and Founding Environments: A Contingency View on the Survival of Business Incubated Firms 1994-2007", *Social Science Electronic Publishing*, Vol. 56, No. 6, 2013, pp. 1628-1654.

Amit, R., Zott, C., "Value Creation in E-Business", *Strategic Management Journal*, Vol. 22, 2001, pp. 493-520.

Anderson, J. C., Narus, J. A., van Rossum, W., "Customer Value Propositions in Business Markets", *Harvard Business Review*, Vol. 84, No. 3, 2006.

Ansoff, H. I., *Corporate Strategy-An Analytic Approach to Business Policy for Growth and Expansion*, NY: McGraw-Hill, 1965.

Argyris, C., Schon, D. A., *Organizational Learning: A Theory of Action Perspective*, MA: Addison Wesley Reading, 1978.

Atuahene-Gima, K., Murray, J. Y., "Exploratory and Exploitative Learning in New Product Development: A Social Capital Perspective on New Technology Ventures in China", *Journal of International Marketing*, Vol. 15, No. 2, 2007, pp. 1-29.

Audretsch, D. B., Belitski, M., "Towards an Entrepreneurial Ecosystem Typology for Regional Economic Development: The Role of Creative Class and Entrepreneurship", *Regional Studies*, Vol. 55, No. 4, 2021, pp. 735-756.

Baden-Fuller, C., Morgan, M. S., "Business Models as Models", *Long

Range Planning, Vol. 43, No. 2-3, 2010, pp. 156-171.

Baker, T., Nelson, R. E., "Creating Something from Nothing: Resource Construction through Entrepreneurial Bricolage", *Administrative Science Quarterly*, Vol. 50, No. 3, 2005, pp. 329-366.

Bandura, A., "Social Cognitive Theory of Moral Thought and Action", in W. M. Kurtines & J. L. Gewirtz (eds.), *Handbook of Moral Behavior and Development: Theory, Research and Applications* (Vol. Ⅰ), Hillsdale, NJ: Erbaum, 1991, pp. 45-103.

Barnes, J. A., "Class and Committes in a Norwegian Island Parish", *Human Relations*, No. 7, 1954, pp. 39-58.

Barney, J., Wright, M., Ketchen, D. J., "The Resource-based View of the Firm: Ten Years after 1991", *Journal of Management*, Vol. 27, 2000, pp. 625-641.

Basole, R. C., "Visualization of Interfirm Relations in a Converging Mobile Ecosystem", *Journal of Information Technology*, Vol. 24, No. 2, 2009, pp. 144-159.

Berends, H. et al., "Learning While (Re)Configuring: Business Model Innovation Processes in Established Firms", *Strategic Organization*, Vol. 14, No. 3, 2016, pp. 181-219.

Bigelow, L. S., Barney, J. B., "What can Strategy Learn from the Business Model Approach?", *Journal of Management Studies*, Vol. 58, No. 2, 2021, pp. 528-539.

Bourdieu, P., "The Social Space and the Genesis of Groups", *Theory and Society*, Vol. 14, No. 6, 1985, pp. 723-744.

Burt, R., *Structural Holes: The Social Structural of Competition*, Cambridge, MA: Harvard University Press, 1922.

Chandler, A. D., "Corporate Strategy, Structure and Control Methods in the United States during the 20th Century", *Industrial and Corporate Change*, Vol. 1, No. 2, 1996, pp. 263-284.

Chesbrough, H. W., "Why Companies Should have Open Business Models", *MIT Sloan Management Review*, Vol. 48, No. 2, 2007, pp. 22-28+91.

Chesbrough, H., "Business Model Innovation: Opportunities and Barriers", *Long Range Planning*, Vol. 43, No. 2-3, 2010, pp. 354-363.

Cohen, B., "Sustainable Valley Entrepreneurial Ecosystems", *Business Strategy and the Environment*, Vol. 15, No. 1, 2006, pp. 1-14.

Cope, J., "Toward a Dynamic Learning Perspective of Entrepreneurship", *Entrepreneurship Theory and Practice*, Vol. 29, No. 4, 2005, pp. 373-397.

Crossan, M. M., Lane, H. W., White, R. E., "An Organizational Learning Framework: From Intuition to Institution", *Academy of Management Review*, Vol. 24, No. 3, 1999, pp. 522-537.

Demil, B., Lecocq, X., "Business Model: Toward a Dynamic Consistency View of Strategy", *Long Range Planning*, Vol. 43, No. 2-3, 2010, pp. 227-246.

Di Maggio, P. J., Walter, W., "The Iron Cage Revisited: Institutional Isomorphism and Collective Rationality in Organizational Fields", *American Sociological Review*, Vol. 48, No. 2, 1983, pp. 147-160.

Druilhe, C., Garnsey, E., "Do Academic Spin-outs Differ and does it Matter?", *Journal of Technology Transfer*, Vol. 29, No. 3/4, 2004, pp. 269-285.

Duymedjian, R., Ruling, C. C., "Towards a Foundation of Bricolage in Organization and Management Theory", *Organization Studies*, Vol. 31, No. 2, 2010, pp. 133-151.

Ehrlich, P. R., Raven, P. H., "Butterflies and Plants: A Study in Coevolution", *Evolution*, Vol. 18, No. 4, 1964, pp. 586-608.

Elliot, T., "Fuzzy Set Qualitative Comparative Analysis", Research Notes: Statistics Group, UCI, 2013.

Elton, C. S., *Animal Ecology*, NY: The Macmillan Company, 1927.

Feld, B., *Startup Communities: Building an Entrepreneurial Ecosystem in Your City*, New Jersey: Wiley-Blackwell, 2020.

Fiss, P. C., "Building Better Causal Theories: A Fuzzy Set Approach to Typologies in Organization Research", *Academy of Management Journal*, Vol. 54, No. 2, 2011, pp. 393-420.

Fiss, P. C., "A Set-Theoretic Approach to Organizational Configurations", *Academy of Management Review*, Vol. 32, No. 4, 2007, pp. 1180-1198.

Funken, R., Gielnik, M. M., Foo, M. D., "How can Problems be Turned into Something Good? The Role of Entrepreneurial Learning and Error Mastery Orientation", *Entrepreneurship Theory and Practice*, Vol. 44, No. 2, 2020, pp. 315-338.

Garud, R., Karneo, P., "Bricolage Versus Breakthrough: Distributed and Embedded Agency in Technology Entrepreneurship", *Research Policy*, Vol. 32, No. 2, 2003, pp. 277-300.

George, G., Bock, A., "The Business Model in Practice and its Implications for Entrepreneurship Research", *Entrepreneurship Theory and Practice*, Vol. 35, No. 1, 2011, pp. 83-111.

Ghezzi, A., Cavallo, A., Woodside, A. G., "Agile Business Model Innovation in Digital Entrepreneurship: Lean Startup Approaches", *Journal of Business Research*, Vol. 110, 2020, pp. 519-537.

Gibson, C. B., Birkinshaw, J., "The Antecedents, Consequences, and Mediating Role of Organizational Ambidexterity", *The Academy of Management Journal*, Vol. 47, No. 2, 2004, pp. 209-226.

Granovetter, M., "The Strength of Weak Ties", *American Journal of Sociology*, Vol. 78, 1973, pp. 1360-1380.

Greve, H. R., "Exploration and Exploitation in Product Innovation", *Industrial and Corporate Change*, Vol. 16, No. 5, 2007, pp. 945-975.

Grinnell, J., "The Niche Relationship of the California Thrasher", *Ecology*, Vol. 34, No. 5, 1917, pp. 427-433.

Hoang, H., Antoncic, B., "Network-based Research in Entrepreneurship: A Critical Review", *Journal of Business Venturing*, Vol. 18, No. 2, 2003, pp. 165-188.

Holcomb, T. R. et al., "Architecture of Entrepreneurial Learning: Exploring the Link Among Heuristics, Knowledge, and Action", *Entrepreneurship Theory & Practice*, Vol. 33, No. 1, 2009, pp. 167-192.

Hunter, L., Lean, J., "Entrepreneurial Learning—A Social Context Perspective: Evidence from Kenya and Tanzania", *Journal of Small Business and Enterprise Development*, Vol. 25, No. 1, 2018, pp. 17-40.

Hutchinson, G. E., "Homage to Santa Rosalia or Why are There so Many

Kinds of Animals?", *American Naturalist*, Vol. 93, 1959, pp. 145-159.

Isenberg, D. J., "How to Start an Entrepreneurial Revolution", *Harvard Business Review*, Vol. 88, No. 6., 2010, pp. 40-50.

Johnson, M. W., Christensen, C. C., Kagermann, H., "Reinventing Your Business Model", *Harvard Business Review*, Vol. 87, No. 12, 2008, pp. 52-60.

Kolbe, R. H., Burnett, M. S., "Content Research: An Examination of Application with Directives for Reliability and Objectivity", *Journal of Consumer Research*, No. 18, 1991, pp. 243-250.

Kraus, S. et al., "Business Model Innovation: A Systematic Literature Review", *International Journal of Innovation and Technology Management*, Vol. 17, No. 6, 2020, pp. 1-22.

Kshetri, N., *Global Entrepreneurship: Environment and Strategy*, London: Routledge Chapman & Hall, 2014.

Larson, A., Starr, J. A., "A Network Model of Organization Formation", *Entrepreneurship: Theory and Practice*, Vol. 17, No. 2, 1993, pp5-15.

Lattacher, W., Wdowiak, M. A., "Entrepreneurial Learning from Failure: A Systematic Review", *International Journal of Entrepreneurial Behavior & Research*, Vol. 26, No. 5, 2020, pp. 1093-1131.

Leendertse, J., Schrijvers, M., Stam, E., "Measure Twice, Cut Once: Entrepreneurial Ecosystem Metrics", Papers in Evolutionary Economic Geography (PEEG), No. 2056, 2020.

Levitt, B., March, J. G., "Organizational Learning", *Annual Review of Sociology*, Vol. 14, No. 1, 1988, pp319-340.

Li, Haiyang, Yan Zhang, "The Role of Managers' Political Networking and Functional Experience in New Venture Performance: Evidence from China's Transition Economy", *Strategic Management Journal*, Vol. 28, No. 8, 2007, pp. 791-804.

Llanes, G., "Competitive Strategy for Open and User Innovation", *Journal of Economics & Management Strategy*, Vol. 28, No. 2, 2019, pp. 280-297.

Loarne, S., "Bricolage Versus Creativity: What's the Difference", Proceeding of the 21th EGOS Colloquium, Berlin, 2005.

Mack, E., Mayer, H., "The Evolutionary Dynamics of Entrepreneurial Ecosystems", *Urban Studies*, Vol. 53, No. 10, 2016, pp. 2118-2133.

March, J. G., "Exploration and Exploitation in Organizational Learning", *Organization Science*, Vol. 2, No. 1, 1991, pp. 71-87.

Mason, C., Brown, R., *Entrepreneurial Ecosystems and Growth Oriented Entrepreneurship*, Final Report to OECD, Paris, 2014.

Mayer, K. J., Salomon, R. M., "Capabilities, Contractual Hazards, and Governance: Integrating Resource-Based and Transaction Cost Perspectives", *Academy of Management Journal*, Vol. 49, No. 5, 2006, pp. 942-959.

McDonald, R. M., Eisenhardt, K. M., "Parallel Play: Startups, Nascent Markets, and Effective Business-Model Design", *Administrative Science Quarterly*, Vol. 65, No. 2, 2020, pp. 483-523.

Minniti, M., Bygrave, W., "A Dynamic Model of Entrepreneurial Learning", *Entrepreneurship: Theory and Practice*, Vol. 25, No. 3, 2001, pp. 5-16.

Minniti, M., "The Role of Government Policy on Entrepreneurial Activity: Productive, Unproductive, or Destructive?", *Entrepreneurship Theory & Practice*, Vol. 32, No. 5, 2010, pp. 779-790.

Moore, J. F., "Predators and Prey: A New Ecology of Competition", *Harvard Business Review*, Vol. 71, No. 3, 1993, pp. 75-86.

Morris, M., Schindehutte, M., Allen, J., "The Entrepreneur's Business Model: Toward a Unified Perspective", *Journal of Business Research*, Vol. 58, No. 6, 2005, pp. 726-735.

Neumeyer, X., Santos, S. C., Morris, M. H., "Who is Left out: Exploring Social Boundaries in Entrepreneurial Ecosystems", *The Journal of Technology Transfer*, Vol. 44, No. 2, 2019, pp. 462-484.

Nkusi, A. C., Cunningham, J. A., Nyuur, R. et al., "The Role of the Entrepreneurial University in Building an Entrepreneurial Ecosystem in a Post Conflict Economy: An Exploratory Study of Rwanda", *Thunderbird International Business Review*, Vol. 62, No. 5, 2020, pp. 549-563.

Osterwalder, A., Pigneur, Y., *Business Model Generation: A Handbook for Visionaries, Game Changers, and Challengers*, New Jersey: Wiley-Blackwell, 2010.

Osterwalder, A., Pigneur, Y., Tucci, C., "Clarifying Business Models: Origins, Present, and Future of the Concept", *Communications of the Association for Information Systems*, Vol. 16, No. 16, 2005, pp. 1-25.

Ostgaard, T. A., Birley, S., "New Venture Growth and Person Networks", *Journal of Business Research*, No. 1, 1996, pp. 37-50.

Penrose, E. T., *The Theory of the Growth of the Firm*, NY: John Wiley, 1959.

Petkova, A. P., "A Theory of Entrepreneurial Learning from Performance Errors", *International Entrepreneurship and Management Journal*, Vol. 5, No. 4, 2009, pp. 345-367.

Politis, D., Gabrielsson, J., "Entrepreneurs' Attitudes towards Failure: An Experiential Learning Approach", *International Journal of Entrepreneurial Behavior and Research*, Vol. 5, No. 4, 2009, pp. 364-383.

Rae, D., Carswell, M., "Towards a Conceptual Understanding of Entrepreneurial Learning", *Journal of Small Business and Enterprise Development*, Vol. 8, No. 2, 2001, pp. 150-158.

Rae, D., "Entrepreneurial Learning: A Conceptual Framework for Technology-based Enterprise", *Technology Analysis & Strategic Management*, Vol. 18, No. 1, 2006, pp. 39-56.

Ragin, C. C., *Redesigning Social Inquiry: Fuzzy Sets and Beyond*, University of Chicago Press, 2009.

Rahman, K. S., Thelen, K., "The Rise of the Platform Business Model and the Transformation of Twenty-First-Century Capitalism", *Politics & Society*, Vol. 47, No. 2, 2019, pp. 177-204.

Ravasi, D., Turati, C., "Exploring Entrepreneurial Learning: A Comparative Study of Technology Development Projects", *Journal of Business Venturing*, Vol. 20, No. 1, 2005, pp. 137-164.

Roundy, P. T., Bayer, M. A., "Entrepreneurial Ecosystem Narratives and the Micro-Foundations of Regional Entrepreneurship", *The International Journal of Entrepreneurship and Innovation*, Vol. 20, No. 3, 2019, pp. 194-208.

Roundy, P. T., "Leadership in Startup Communities: How Incubator Leaders Develop a Regional Entrepreneurial Ecosystem", *Journal of Management Development, Vol. 40, No. 3, 2021, pp. 190-208.

Salunke, S., Weerawardena, J., Mc Coll-Kennedy, J. R., "Competing through Service Innovation: The Role of Bricolage and Entrepreneurship in Project-Oriented Firms", Journal of Business Research, Vol. 66, No. 8, 2013, pp. 1085-1097.

Sarasvathy, S. D., Dew, N., Velamuri, S. R., Venkataraman, S., "Three Views of Entrepreneurial Opportunity", in: Acs, Z., Audretsch, D. (eds), Handbook of Entrepreneurship Research: International Handbook Series on Entrepreneurship (Vol. 5), NY: Springer, 2010, pp. 77-96.

Schaltegger, S., Hansen, E. G, Freund, F. L., "Business Models for Sustainability", Organization & Environment, Vol. 29, No. 1, 2016, pp. 74-96.

Senyard, J. M., Baker, T., Davidsson, P., "Entrepreneurial Bricolage: Towards Systematic Empirical Testing", Frontiers of Entrepreneurship Research, Vol. 29, No. 5, 2009, pp. 1-15.

Senyard, J. M., Bricolage and Early Stage Firm Performance, Ph. D. dissertation, Brisbane: Griffith University, 2015.

Sethuraman, R., Cole, C., "Factors Influencing the Price Premiums that Consumers Pay for National Brands over Store Brands", Journal of Product & Brand Management, Vol. 8, No. 4, 1999, pp. 340-351.

Shakeel, J., Mardani, A., Chofreh, A. G. et al., "Anatomy of Sustainable Business Model Innovation", Journal of Cleaner Production, Vol. 261, No. 10, 2020, pp. 1-50.

Shane, S., Venkataraman, S., "The Promise of Entrepreneurship as a Field of Research", Academy of Management Review, Vol. 25, No. 1, 2000, pp. 217-226.

Shapiro, C., Varian, H. R., Information Rules: A Strategic Guide to the Network Economy, Boston: Harvard Business Press, 2000.

Singh J. V., Tucker, D. J., House, R. J., "Organizational Legitimacy and the Liability of Newness", Administrative Science Quarterly, Vol. 31, No. 2, 1986, pp. 171-193.

Smith, D. A., Lohrke, F. T., "Entrepreneurial Network Development: Trusting in the Process", Journal of Business Research, Vol. 61, No. 4, 2008, pp. 315-322.

Sosna M, Trevinyo-Rodríguez, R. N., Velamuri, S. R., "Business Model Innovation through Trial-And-Error Learning: The Naturhouse Case", *Long Range Planning*, Vol. 43, No. 2-3, 2010, pp. 383-407.

Spice, D. P., Sadler-Smith, E., "Organizational Learning in Smaller Manufacturing Firms", *Small Business Journal*, Vol. 24, No. 2, 2006, pp. 133-158.

Spigel, B., "The Relational Organization of Entrepreneurial Ecosystems", *Entrepreneurship Theory and Practice*, Vol. 41, No. 1, 2017, pp. 49-72.

Spilling, O. R., "The Entrepreneurial System: On Entrepreneurship in the Context of a Mega-Event", *Journal of Business Research*, Vol. 36, No. 1, 1996, pp. 91-103.

Stam, E., "Entrepreneurial Ecosystems and Regional Policy: A Sympathetic Critique", *European Planning Studies*, Vol. 23, No. 9, 2015, pp. 1759-1769.

Steffens, P. R., Senyar, M., Baker, T., "Linking Resource Acquisition and Development Processes to Resource-based Advantage: Bricolage and the Resource-based View", Paper Delivered to 6th AGSE International Entrepreneurship Resource Exchange, Boston, U. S. A., 2009.

Strauss, A. L., Corbin, J., *Basic of Qualitative Research: Grounded Theory Procedure and Teciques*, CA: Sage Publications, 1991.

Suresh. J., Ramraj, R., "Entrepreneurial Ecosystem: Case Study on the Influence of Environmental Factors on Entrepreneurial Success", *European Journal of Business and Management*, Vol. 16, No. 4, 2012, pp95-101.

Tansley, A. G., "The Use and Abuse of Vegetational Concepts and Terms", *Ecology*, Vol. 16, No. 3, 1935, pp. 284-307.

Teece, D. J., "Business Models, Business Strategy and Innovation", *Long Range Planning*, Vol. 43, No. 2-3, 2010, pp. 172-194.

Thomas, L., Autio, E., "The Fifth Facet: The Ecosystem as an Organizational Field", Academy of Management Annual Meeting Proceedings, 2014.

Tornikoski, E. T., Newber, S. L., "Exploring the Determinants of Organizational Emergence: A Legitimacy Perspective", *Journal of Business Ventu-*

ring, Vol. 22, No. 2, 2007, pp. 311-335.

Trevelyan, R., "Entrepreneurial Attitudes and Action in New Venture Development", *Social Science Electronic Publishing*, Vol. 10, No. 1, 2009, pp. 21-32.

Vedula, S., Fitza, M., "Regional Recipes: A Configurational Analysis of the Regional Entrepreneurial Ecosystem for US Venture Capital-Backed Startups", *Strategy Science*, Vol. 4, No. 1, 2019, pp. 4-24.

Vedula, S., Kim, P. H., "Gimme Shelter or Fade Away: The Impact of Regional Entrepreneurial Ecosystem Quality on Venture Survival", *Industrial and Corporate Change*, Vol. 28, No. 4, 2019, pp. 827-854.

Wei, Z., Song, X., Wang, D., "Manufacturing Flexibility, Business Model Design, and Firm Performance", *International Journal of Production Economics*, Vol. 193, 2017, pp. 87-97.

Weick, K. E., "The Collapse of Sensemaking in Organizations: The Mann Gulch Disaster", *Administrative Science Quarterly*, Vol. 38, No. 4, 1993, pp. 628-652.

Wernerfelt, B., "A Resource-Based View of the Firm", *Strategic Management Journal*, Vol. 5, No. 2, 1984, pp. 171-180.

Xie, Z. et al., "Entrepreneurial Ecosystem and the Quality and Quantity of Regional Entrepreneurship: A Configurational Approach", *Journal of Business Research*, Vol. 128, 2021, pp. 499-509.

Yin, H. H., Knowlton, B. J., "The Role of the Basal Ganglia in Habit Formation", *Nature Reviews Neuroscience*, Vol. 7, 2006, pp. 464-476.

Yin, R. K., *Case Study Research: Design and Methods*, Thousand Oaks, CA: Sage, USA, 1994.

Zaheer, A., Bell, G. G., "Benefiting from Network Position: Firm Capabilities, Structural Holes, and Performance", *Strategic Management Journal*, Vol. 26, No. 9, 2005, pp. 809-825.

Zahra, S. A., Bogner, W. C., "Technology Strategy and Software New Ventures Performance: Exploring the Moderating Effect of Competitive Environment", *Journal of Business Venturing*, Vol. 15, No. 2, 2000, pp. 135-173.

Zahra, S., Bogner, W. C., "A Conceptual Model of Entrepreneurship as

Firm Behavior: A Critique and Extension", *Entrepreneurship Theory and Practice*, Vol. 17, No. 4, 1993, pp. 5-21.

Zhao, W. et al. , "Entrepreneurial Alertness and Business Model Innovation: The Role of Entrepreneurial Learning and Risk Perception", *International Entrepreneurship and Management Journal*, Vol. 17, No. 2, 2021, pp. 839-864.

Zhao, Y. , Delft, S. V. , Morgan-Thomas, A. , Buck, T. , "The Evolution of Platform Business Models: Exploring Competitive Battles in the World of Platforms", *Long Range Planning*, Vol. 53, No. 4, 2020, pp. 1-24.

Zhao, Y. B. , Li, Y. , Lee, S. H. , Bo, C. L. , "Entrepreneurial Orientation, Organizational Learning, and Performance: Evidence from China", *Entrepreneurship Theory and Practice*, Vol. 35, No. 2, 2011, pp. 293-317.

Zimmerman, M. A. , Zeitz, G. J. , "Beyond Survival: Achieving New Venture Growth by Building Legitimancy", *Academy of Management Review*, Vol. 27, No. 3, 2002, pp. 414-431.

Zott, C. , Amit, R. , "Business Model Design and the Performance of Entrepreneurial Firms", *Organization Science*, Vol. 18, No. 2, 2007, pp. 181-199.

Zott, C. , Amit, R. , "The Fit between Product Market Strategy and Business Model: Implications for Firm Performance", *Strategy Management Journal*, Vol. 29, No. 1, 2008, pp. 1-26.